臺灣歷史與文化研究輯刊

初 編

第 30 冊

清代臺灣漢語文獻原住民記述研究（下）

王幼華 著

花木蘭文化出版社

國家圖書館出版品預行編目資料

清代臺灣漢語文獻原住民記述研究（下）／王幼華 著——初版
—— 新北市：花木蘭文化出版社，2013〔民 102〕
目 6+240 面；19×26 公分
（臺灣歷史與文化研究輯刊 初編：第 30 冊）
ISBN：978-986-322-283-5（精裝）
1. 漢語 2. 臺灣原住民

733.08   102002958

ISBN-978-986-322-283-5

臺灣歷史與文化研究輯刊
初 編 第三十冊   ISBN：978-986-322-283-5

清代臺灣漢語文獻原住民記述研究（下）

作 者 王幼華
總 編 輯 杜潔祥
出 版 花木蘭文化出版社
發 行 所 花木蘭文化出版社
發 行 人 高小娟
聯 絡 地 址 235 新北市中和區中安街七二號十三樓
電話：02-2923-1455／傳真：02-2923-1452
網 址 http://www.huamulan.tw 信箱 sut81518@gmail.com
印 刷 普羅文化出版廣告事業
初 版 2013 年 3 月
定 價 初編 35 冊（精裝）新 台幣 60,000 元
版權所有・請勿翻印

清代臺灣漢語文獻原住民記述研究（下）

王幼華　著

目

次

第六章　文學作品中的原住民

第一節　各類文體記述模式

一、分期與分類

　　臺灣是清代疆域中一塊新闢疆土，在此之前，仍然是以一種模糊的、不為人知的狀態存在，荷、鄭時期，人們對臺灣的了解也較集中於南臺灣。清政府領臺後，隨著官員及移民的陸續遷入，墾拓的領域不斷擴大，其面貌才慢慢的呈現出來。

　　臺灣究竟有何異於中原的風土民情，有何山川景物、奇花異草，這是來到這片新天地人們所好奇的，所期望明瞭的。尤其是居住在臺灣的人民，還處於原始的部落社會，族群各異，語言不同，狀貌特殊，在在引起人們的興趣。因此有清一代，以文學手法描述臺灣的作品非常多。這些作品裏，因為社會發展情況不同，有其階段性的內容，可以按照其時代的演進，將清領的二百一十二年大略的分成幾個時期：

　　一、探索期：約由康熙二十三年（1684 年）至雍正元年（1723 年），約
　　　　　　　　四十年。

　　二、拓展期：約由雍正元年（1723 年）至乾隆六十年（1795 年），約七
　　　　　　　　十二年。

　　三、穩定期：嘉慶、道光、咸豐三朝，（約 1796 年至 1861 年）約六十五
　　　　　　　　年。〔註1〕

〔註 1〕 江寶釵：《臺灣古典詩面面觀》以文學發展為標準，將清代文學劃分為前、中、

四、變動期：同治年間至光緒割臺（1862 年至 1895 年），約三十三年。

這四個時期隨著臺灣的逐步開發，朝廷政策的轉變，國內外政治情勢的衝突，而有所不同，文學反映了各個時期的課題，展現了他們所處時代的特色。

由於臺灣的四面環海，山川、氣候與中土有所不同，原住民風俗迥異於漢人，這些「奇風異俗」、「異域風貌」正可以激發文士們的靈感，促使有志者下筆爲文，我們可以從這些作品中，看出此島兩百年來逐步發展的面貌。可以看到此島的風土給予文士們怎麼樣的啓發；臺灣的野性如何一步一步消失，走向中國式的文明與開化。在「探索期」、「拓展期」的一百年間，所謂臺灣文學作品是如郁永河、孫元衡、藍鼎元、黃叔璥、朱仕玠、劉家謀等「流動」的人士所創作的，風土民情是他們最有興趣書寫的主題。不過由於「流動」的特性，許多作家對臺灣原住民的認識仍僅一知半解，所以所寫甚表面化。就算進入了「穩定期」、「變動期」的作品這種現象依然存在。如：黃逢昶、唐贊袞、王凱泰、何澂、馬清樞等人的作品，和前面兩個時期的內容、深度無甚差別，甚或還有不及。這正是缺乏「在地性」所造成的結果。眞正以臺島爲中心創作，或確實具有獨立創作精神的作家，要到清代中葉步入「穩定期」以後才出現，如陳肇興、施瓊芳、吳子光、林占梅等人，而清領的末期的出身島上的施士洁、許南英、丘逢甲等才算是成熟的作家，這些「地著」型的寫作者〔註 2〕，臺灣的風土民情也是他們筆下的重要主題之一。這些記載裏由於作者所處時代的不同，開發的空間不同，對臺灣的知解並不一致，各有其主觀認知。因此筆下的原住民面貌，便顯得繽紛多樣了。不過同樣是「流動」文人的吳性誠、柯培元等人所寫的〈入山歌〉、〈生番歌〉、〈熟番歌〉則一針見血的、深刻的指出臺灣

晚三期。前期爲康熙 22 年至雍正 13 年，共 52 年。中期爲乾隆元年至道光 20 年，共 106 年。晚期爲道光 21 年至光緒 21 年，共 56 年。見其書第一章緒論，（台北市：巨流出版社，1999 年），頁 4。廖一瑾的《臺灣詩史》則用「康雍」、「乾嘉」、「道咸同」、「光緒」皇帝統治時期作爲分類，（台北市：文史哲出版社，1999 年），兩書分期觀念以文學發展及表現爲主，各有取捨理由。

〔註 2〕個人在〈河海不擇細流故能就其深——臺灣文學史撰述商榷〉一文將臺灣作家分爲「流動」、「移入」、「固著」等三類。現將「固著」改爲「地著」，似較恰當。所謂「流動」即郁永河、孫元衡、藍鼎元、黃叔璥、范咸等人，所佔人數最多。「移入」指的是如：沈光文、吳子光、查少白等爲移民來臺之後，即定居於此，成爲本島人。「地著」如：陳肇興、施瓊芳、林占梅、施士洁、許南英、丘逢甲則爲移民臺灣數代後出生的「臺灣人」。文見 1994 年 5 月 22、23 日《中時晚報》副刊。

原住民悲慘的境遇，這種道德勇氣，則非「過客文士」、「賞玩番俗」者所能比擬的。此外由移民的大量湧入，由乾隆年間開始，原住民的社會起了很大的變化，土地的易手，部落的瓦解，憤而蜂起的抵抗行動，血腥的「開山撫番」政策，再再呈現了一個弱肉強食，外來者「取代」原住者的殘酷歷程。這些原漢間的激盪與衝突，在文學作品中有著正面與負面的記載。臺灣有關風土的記載很多，且有許多是刻意為之的。尤其在清領的初期「探索期」，一直到中葉的拓展期以前，這些作品大多保存在各種地方方志中，且有許多作品是為了編纂方志，特別要求相關人士依題為文或分韻寫作的。因為創作動機來自志書的編修，為志書的編撰而寫作，非出於內心真正的情感所趨迫，所以這些作品文學性較低，藝術及技巧的層面較無特出之處。除了方志之外，在官式文書、個人載籍中，出現大量重複書寫、仿製訛誤的現象，這種草率的、敷衍的創作態度，製造出許多內容欠佳的作品。

　　寫這些作品的秉筆之士，其目的如前所述，通常是很多方面的。而這些人所開創的、累積的文獻，讓臺灣很快的進入「漢化文明」之境。逐步揭開了臺灣的原始面貌，也為後來大量的漢人移民建立了基礎，為本島作家的成熟，做出了貢獻。

二、文類辨析

　　清代有關原住民的文學作品，在韻文方面可分為古詩、近體詩，竹枝詞、雜詠、巡行詩、賦等，散文方面則有書、疏、奏、議、筆記、雜著、駢文等類。其中以韻文類最為豐富，文學性較高。散文類則有官式文書、個人觀察記述、就事議論等，比較起來散文之作與現實面較貼近。

（一）散　文

1. 官式文書

　　有關於原住民的漢文散文書寫大概可分為三類，其一是官修的方志中收錄的風土民俗記載。其二為有關原住民政務的論、疏、策、議、告示等官方文書，其三是個人的記載，有清一代許多官員文士，將在臺灣為官時的議政文章及筆記雜述，刊行成書，其中言及原住民者甚多。

　　第一類在清代刊行三十多本方志中的〈風俗志〉、〈風土志〉的專卷中，有許多記載原住民語言、居處、喪葬、器物、婚嫁、衣飾等紀錄，內容非常豐富，其中較為重要的有：

　　蔣毓英、楊芳聲、季麒光等《臺灣府志》卷五〈風俗〉（附土番風俗）。高拱乾《臺灣府志》卷七〈風土志・土番風俗〉。周鍾瑄《諸羅縣志》卷八〈風俗志〉中之番俗，分狀貌、服飾、飲食、廬舍、器物、雜俗等，《諸羅縣志》還包括以漢字擬音的方式紀錄番語。周元文《重修福建臺灣府志》卷六〈風俗〉土番風俗，引《東番記》、《閩書》、《臺海使槎錄》、《理臺末議》等書。范咸《重修臺灣府志》卷十四、十五、十六〈風俗志〉，按照各府、縣分類論述，內容引用前人著述包括各番社所在地、番曲、番俗、番語等，為繼《諸羅縣志》後，內容最為豐富的資料。王瑛曾《重修鳳山縣志》卷三〈風土志〉引用何喬遠《閩書》、沈文開《雜記》、《東番記》、《臺海使槎錄》、《裨海紀游》等資料。陳淑均《噶瑪蘭廳志》卷五〈風俗下.番俗〉分番俗（居處、飲食、衣飾、婚嫁、喪葬、器用）番情（番界、彈壓、撫綏、番割）等兩類，番情中亦分生熟番分別記載，並有〈附考〉。陳培桂《淡水廳志》卷三〈建置番社〉、卷十一〈風俗考〉對轄內原住民風俗記載頗詳。屠繼善等《恆春縣志》卷五〈招撫（番社）〉、卷十九〈兇番〉兩卷，〈番語〉一則，以漢字擬音的方式紀錄番語內容，價值頗高。胡傳等《臺東州采訪冊》〈風俗附番語〉對東臺灣一帶原住民風俗及語言紀錄甚多。陳朝龍等《新竹采訪冊》卷七〈風俗・番話〉，對轄內賽夏、泰雅族風俗有實地的紀錄，番語方面則用各省方言及平上去入加以標音，務求音近，做法十分特殊。這些載記平鋪直敘，以曉暢明白為主，並不講究修辭，在史料方面的意義較大。〔註3〕

　　第二類為有關原住民政務的策、議、論、辯，這些文章的出現，絕大部分是為了統治上的需要而做的，他們針對個別的問題提出了對策或命令，以因應發生的問題。事實上清代臺灣「理番」是非常重要的行政工作，尤其是清代中葉以前，原住民問題事實上是臺灣政務的核心，臺灣本即為原住民擁有之地，漢人移民雖以強勢的武力入侵，並逐步控制此地的主權，但原住者的存在，始終都為移入者必須面對的問題。這個問題處理是否得宜，往往關係到整個臺灣社會的安危，由同治年間的牡丹社事件來看，甚至造成國際間的衝突，其嚴重性足以動搖到整個清朝政府。連橫《臺灣通史》〈撫墾志〉說：

> 臺灣固土番之地，我先民入而拓之，以長育子姓，至於今是賴。故
> 自開闢以來，官司之所經畫，人民之所籌謀，莫不以理番為務。……
> 故理番之事，臺灣之大政也。成敗之機，實繫全局。〔註4〕

〔註3〕詳見第一章第二節〈原住民記述資料表列〉，頁10～29。
〔註4〕連橫：《臺灣通史》卷十五〈撫墾志〉，（台北市：眾文圖書公司，1978年），

連雅堂說中國移民入臺以來，所最需關心的便是處理原住民的事情，所以「莫不以理番爲務」而臺灣政治是否安定，施政是否能成功，與治理原住民是否成功有最大的關係。這個說法實際掌握了兩百餘年來，臺灣社會、政治的核心現象。

第三類則較爲混雜，因爲有許多作品既是撰述者因公務而寫的文章，也有個人私下的筆記、纂述，有的還將他人的著作也編入自己的文集中，如黃叔璥、藍鼎元、姚瑩、徐宗幹、丁曰健、黃逢昶等人的文集。這類著作中，有些是相當精采的經濟文章，或具有政治、社會與文學上的價值。

2. 個人著作

清代臺灣散文中除了官方文書，個人刊刻的文集也是很重要的一類，如：林謙光《臺灣紀略》、郁永河《裨海紀遊》、黃叔璥《臺海使槎錄》、藍鼎元《東征集》、《平臺記略》、朱仕玠《小琉球漫誌》、朱景瑛《海東札記》、董天工《臺海見聞錄》、翟灝《臺陽筆記》、謝金鑾《蛤仔難記略》、鄧傳安《蠡測彙鈔》、陳盛韶《問俗錄》、姚瑩《東槎記略》、丁紹儀《東瀛識略》、吳子光《臺灣紀事》、林豪《東瀛紀事》、蔣師轍《臺遊日記》、陳衍《臺灣通紀》、唐贊袞《臺陽見聞錄》等等。這些個人文集大部分爲遊宦臺灣的官員所記述的，沒有官職或僅爲幕僚身份的僅有郁永河、林豪、陳衍、蔣師轍等數人。這些個人文集中的文章，有的專記番民番事，有的散在各章節之中，論述方式亦很多樣，或爲實地考察，或爲雜錄前人之作，或夾敘夾議，觀點也不一致。這些個人載籍很多被收錄在方志〈藝文志〉、〈文徵〉之中，以爲參考文獻，亦可見出其重要性。〔註5〕

（二）韻　文

韻文的形式甚多，有律詩、絕句、歌行、古詩、竹枝詞及雜詠等，但以竹枝詞及雜詠比率最高，佔了百分之九十以上。這兩種韻文，大概是最適合吟詠臺灣原住民的形式，是以創作者樂於採用。此外有一種名稱特殊的體式「巡行詩」，這類詩作是來臺的知縣、巡臺御史、參將等，因職責所在巡視轄內人民生活的情形，藉此機會將沿途所見所感，吟詠成詩，這類作品的內容與性質其實與雜詠非常相類，可將之歸類爲雜詠的一種。

頁 475、476。
〔註 5〕詳見第一章第二節〈原住民記述資料表列〉，頁 10～29。

1. 竹枝詞

（1）竹枝詞體溯源

一般來說〈竹枝詞〉的內容表達有兒女艷情、旅懷鄉愁、記述風土、詼諧嘲謔等主題，形式上有聯歌、唱和、酬贈等方式，因〈竹枝詞〉本身與民間俚樂的關係密切，作品常伴隨各類樂器演唱。由於歌詞通常較淺顯，很容易造成雅俗共賞的效果，流傳較為廣遠。〈竹枝詞〉創體者為中唐時的劉禹錫，劉禹錫以其所熟悉的七言四句詩體，嘗試將四川一帶的民歌〈竹枝〉文字化，將其「詞」化、「雅」化。他不守七言絕句的規律作詩，一方面是七絕無法規範〈竹枝〉的音調，另一方面是希望接近歌謠原貌，以能夠歌唱為主，而非如白居易等提倡的「新樂府」做法，使民歌成為案頭文章而已；他的〈竹枝詞〉有意與七言絕句區隔另作新體。〈竹枝〉之名歷代頗有歧義，解說頗有不同，然應來自此類歌謠歌唱時的特殊和聲，載紀之人模擬其音以「竹枝」兩字加以落實，「竹枝」一詞與竹枝實物之義無關；且「竹枝」為夔州當地少數民族語言漢譯擬音而來的。〔註6〕

清代〈竹枝詞〉有很大一部分是以「采風錄俗，經世備治」為理念而創作的，有關臺灣原住民風土民俗的〈竹枝詞〉數量甚多，最早的作者是康熙年間的郁永河，其後頗多效尤者。〈竹枝詞〉不重視華美的詞藻，不刻意雕琢意境，常以口語入詩，是一種較為淺白易懂的的詩體。這種體裁在表述作者想法時，是很直接也很有效的工具，是以以「經世備治」為目的文士們，樂於運用它來寫眼前所見所聞之事。不過也因如此，以紀事為主的臺灣〈竹枝詞〉普遍不能歌唱，音樂性很低，詞意理性的成份遠多於情感，紀事敘事的特色明顯。

（2）竹枝詞簡表

作者	籍貫	作品名稱、數量	出　處	作者小記	作品小記
郁永河	浙江仁和	土番竹枝詞二十四首	《裨海記游》	康熙三十六年二至十月因採硫礦至臺灣	為臺灣首見之竹枝詞，詩註並存
孫霖	浙江吳興	赤嵌竹枝詞十首	《續修臺灣府志》	乾隆二十五年或稍後渡臺，連橫認為他是位游幕文士	詩註並存

〔註6〕王幼華：〈劉禹錫竹枝詞辨析〉，《育達人文社會學報》創刊號，（苗栗縣：2004年7月），頁220～232。

薛約	江蘇江陰	臺灣竹枝詞二十首	《續修臺灣縣志》	乾隆五十二年完成	七首詩註並存 序云：因閱邸報而作此詞
謝金鑾	福建侯官	臺灣竹枝詞三十一首	《續修臺灣縣志》	嘉慶九年任嘉義教諭，十二年與鄭兼才合纂臺灣縣志	十八首詩註並存
林樹梅	福建金門	臺陽竹枝詞四首	《全臺詩》	道光四年入臺任臺灣水師副總兵，平許尙、楊良彬之亂。道光六年隨父駐西螺堡，十六年任鳳山縣曹瑾幕僚	
劉家謀	福建侯官	臺海竹枝詞十首	《觀海集》	道光二十九年任臺灣府訓導。	十首詩註並存
康作銘	廣東南澳	遊恆春竹枝詞十二首	《恆春縣志》	光緒年間在恆春任教	
胡徵	廣西桂林	恆春竹枝詞八首	《恆春縣志》	光緒年間人	三首詩註並存
史齡	江西	臺南竹枝詞七首	《臺灣詩錄拾遺》	光緒年間游幕臺灣	
吳德功	彰化	番社竹枝詞六首	《瑞桃齋詩集》	歲貢生，輯有《彰化採訪冊》	
黃逢昶	湖南湘陰	臺灣竹枝詞七十五首	《臺灣生熟番記事》	光緒八年曾奉委宜蘭堆收城捐事	六十二首詩註並存
李振唐	江西南城	臺灣竹枝詞六首	《臺灣詩鈔》	光緒十二年遊臺，爲劉銘傳上客	著有《宜秋館詩詞》
丘逢甲	臺灣苗栗	臺灣竹枝詞四十首	《臺灣詩乘》	光緒十五年進士，乙未組臺灣民主國，事敗後返祖籍	光緒十三年作，或曰時年二十四歲，待考
屠繼善	浙江會稽	恆春竹枝詞十首	《恆春縣志》	貢生，光緒十九年應聘主修恆春縣志	詩註並存

　　這些〈竹枝詞〉有些是專門以原住民爲吟詠對象，有些是兼及敘述，最早的是郁永河的〈土番竹枝詞〉二十四首，最後是屠繼善歌詠恆春一帶民情所寫的〈恆春竹枝詞〉十首。內容上有原住民的外貌裝飾，愛情婚姻、捕鹿抓魚、居住環境、獵首習慣等。劉家謀、黃逢昶、屠繼善等則談到原、漢混居之後產生的各種現象，很能反映當時社會狀況。民國七十二年陳香編著的

《臺灣竹枝詞選集》〔註7〕收錄了甚多的《竹枝詞》作品，然而因其編輯方式以及作者判斷上皆有疑義，此節不加收錄，移於本章第四節予以討論、辨析。

2. 雜　詠

（1）雜詠詩辨體

〈雜詠〉之作，可以分爲〈雜詠〉及〈類雜詠〉兩類，如此分法是因爲前者直接標明其作爲〈雜詠〉，後者雖未題爲〈雜詠〉然其性質及內容實爲〈雜詠〉一類。〈雜詠〉一體歷代名稱甚多，有〈雜詩〉、〈雜體詩〉、〈雜興〉、〈雜感〉、〈雜題〉、〈雜字詩〉等。〔註8〕冠有「雜」字的詩作，歷代以來發展至爲多樣，體例也很紛亂。〔註9〕其內容如《四庫提要》〈子部雜家類敍〉所云：「『雜』之意廣，無所不包。」然而這些作品各有其存在的價值與意義，歷代傳寫不絕。清代臺灣的「雜」體詩作，依其內容大約可分爲以下幾類：1. 風土民俗如：齊體物〈臺灣雜詠〉十首，夏之芳〈臺灣雜詠〉一百首，黃叔璥〈番社雜詠〉二十四首，王凱泰〈臺灣雜詠〉三十二首等。2. 詠物寄意：朱仕玠〈瀛涯漁唱百首〉、朱景英〈夏夜詠庭前雜卉〉、鄭用錫《北郭園詩鈔》卷二〈案頭雜詠〉、《無悶草堂詩存》卷一〈觀園中花木雜詠〉七首等。3. 季節歲時：陳肇興《陶村詩稿》〈村館雜興〉，清末林痴仙《無悶草堂詩存》〈夏日田家雜興〉等。4. 感興抒懷：劉家謀《觀海集》〈秋日雜感〉五首、〈海舶雜詩〉四首、林豪〈淡水志局雜吟〉五首，陳肇興卷六、卷七、卷八〈雜感〉各有〈雜詩〉三首，鄭用錫《北郭園詩鈔》卷五〈雜詠〉，林占梅《潛園琴餘草》卷五〈雜感〉，卷八〈秋齋雜感〉，查元鼎〈雜詠〉，張景祁〈臺疆雜感〉等。5. 寫景怡情：張湄〈瀛海百詠〉中〈雜感〉，陳肇興〈消夏雜詩〉十四首，鄭用錫

〔註7〕陳香編著：《臺灣竹枝詞選集》，（台北市：臺灣商務印書館，1983 年）。

〔註8〕作者自題爲〈雜詩〉的詩作，最早的是漢末的王粲、曹丕、曹植等的作品。〈雜詩〉成爲文學體例上正式的一個類別，則首見於《昭明文選》卷二十九、三十。《昭明文選》卷二十九爲〈雜詩上〉，共收二十三家的作品，卷三十爲〈雜詩下〉，共收三十家的作品。本文所論據的版本爲《增補六臣註文選》，（台北市：華正書局，1979 年）。

〔註9〕唐歐陽詢（557 年～641 年）奉敕編輯的類書《藝文類聚》，《藝文類聚》卷五十六〈雜文部二〉列有各類詩作三十餘種，其中有柏梁臺聯句、離合詩、迴文詩、建除詩、六甲詩、五雜組、繼字詩、數名詩、四色詩、姓名詩等，在每一類下列有幾首詩作，以爲參考，（臺北市：新興書局，1960 年），頁 1517～1531。何文匯：《雜體詩釋例》第一章〈釋名〉統計古今雜體詩之目共有六十餘種，（香港：香港中文大學出版社，1986 年），頁 12。

《北郭園詩鈔》卷五〈消閒雜詠〉、林占梅《潛園琴餘草》卷三〈閒居雜興〉二首、〈雨後園中雜吟〉、〈閒居雜興〉五首等。

帶有文字遊戲，炫耀技巧性質的〈雜字詩〉、〈雜體詩〉，及堆砌詞藻、抒發男女怨情等作品，在有清一代非常少見，大約是社會發展仍未至富足繁榮之境，文化累積薄弱，騷人文士不多，此類作品尚不足以產生之故。

清代〈雜詠〉詩作以描寫本地風土的最多，有關原住民之作大半集中於這類作品之中。這些〈雜詠〉的寫作主題，考其淵源看得出乃受陸游詩風及范成大〈四時田園雜興〉組詩的影響，這兩位宋代詩人的田園詩作，在清代至受重視。清代初年中國的詩壇有宗唐與宗宋兩派詩風，宗宋的詩風主要是以模擬陸游、范成大的作品為主。霍有明的《清代詩歌發展史》說：

> 清初，詩壇上又興起一種宗宋之風，由以吳中為盛。這種宗宋之風
> 的特點，主要是推崇陸游、范成大的作品，至有「家劍南而戶石湖」
> 之說。〔註10〕

在附註中說明此句源自蔡景眞《笠夫雜錄》引《宋詩源流》奚士柱語，並下了按語說：

> 陸游詩大致可分為兩類：一類是慷慨激昂，抒發愛國激情的作品；
> 另一類是婉秀明麗，表現日常生活和當前景物的作品。清代詩人學
> 習、模仿的，是他的後一類作品和范成大的田園山水詩。〔註11〕

來臺的文士深受時代風氣影響，其筆下有關臺灣的雜詠作品，可以看出是師法陸游、范成大創作理念與技法而來的。〔註12〕這種以淺白文字，平鋪直敘，即景寫心的寫作法，是很方便的文體，它不追求藝術上的變化，韻律的折拗，隨手即可將所見所聞紀錄下來，是一種生活化的詩體，所以以此體裁創作的人非常的多。以下將有關的作品表列如下：

〔註10〕霍有明：中篇〈葉燮的才、膽、識、力之說〉，《清代詩歌發展史》，（台北市：文津出版社，1994年），頁160。

〔註11〕霍有明：《清代詩歌發展史》，頁160。清代臺灣詩人中以林占梅受陸游影響最為明顯，其《潛園琴餘草》中許多題名為〈雜興〉、〈漫興〉、〈偶興〉、〈遣興〉之作多達近百首，其文辭淺白，隨興抒發的做法，與陸游最近似。

〔註12〕朱彝尊（1629年～1709年）作於康熙十三年（1674年）的〈鴛鴦湖棹歌〉一百首，即為一組大型的歌詠地方風土的詩作，鴛鴦湖即浙江嘉興南湖，作者以客觀手法描述此湖的風景民情，是非常有情韻的寫實作品。另一組〈夏日村居戲作吳中田婦詩〉十首，寫蘇州養蠶婦的生活情貌，用語雅醇，風格溫婉。很明顯的看出具有范成大田園詩的筆法。朱彝尊為康熙年間詩壇名家，其作反映當代文學取向，也影響當代創作。

（2）雜詠詩簡表

作者	籍貫	作品名稱、數量	出　　處	作者小記	作品小記
齊體物	正黃旗	臺灣雜詠 10 首	《臺灣府志》	康熙 33 年入臺，臺灣海防同知	最早的番俗雜詠詩作
黃叔璥	順天大興	番社雜詠 24 首沙轆漫記 6 首	《臺海使槎錄》	第一任御史巡臺，留任一年。	
孫元衡	安徽桐城	裸人叢笑 15 首秋日雜詩、過他里霧 2 首	《赤嵌集》	康熙 42 年任臺灣海防同知	
吳廷華	浙江錢塘	社寮雜詩 25 首	《淡水廳志》	雍正 3 年任福建海防同知，崇文書院講席	
夏之芳	江蘇高郵	臺灣雜詠 100 首	《重修福建通志》續志（吳嗣富）	雍正 6 年任巡臺御史，負責學政，主歲、科兩試	現存 58 首
張湄	浙江錢塘	瀛壖百詠（番俗六首）	《臺灣詩錄》（上）	乾隆 6 年任巡臺御史，兼理學政，任職一年	
范咸	浙江仁和	臺江雜詠、再疊、二疊	《重修臺灣府志》	乾隆 10 年任巡臺御史	北行雜詠 12 首，另歸巡行詩類
朱仕玠	福建建寧	瀛涯漁唱百首	《小琉球漫誌 》	乾隆 28 年任鳳山縣儒學教諭	幾全爲詠臺地物產之作
孫爾準	江蘇金匱	臺陽雜詠	《泰雲堂詩集》	道光 4 年任閩浙總督，東渡巡臺，6 年因民變，率兵入臺	
石福祚	福建安溪	開水沙連番界雜作	《臺灣詩錄》（中）	嘉慶 8 年舉人，道光年間入臺，曾主澎湖文石書院	
劉家謀	福建侯官	海東雜詩	《觀海集》	道光 29 年任臺灣府教諭	寫於道光 29 年至咸豐 2 年
董正官	雲南太和	蘭陽雜詠	《噶瑪蘭廳志》（陳淑均纂）	道光 29 年任噶瑪蘭通判	
王凱泰	江蘇寶應	臺灣雜詠 32 首續詠 12 首	《臺灣雜詠合刻》	光緒元年任臺灣道	
何澂	浙江山陰	臺陽雜詠 24 首	《臺灣雜詠合刻》	爲臺灣道王凱泰掌書記	
馬清樞	福建侯官	臺陽雜興 30 首	《臺灣雜詠合刻》	光緒元年任臺灣府教諭	
余憶		臺灣雜詠	《臺灣詩錄拾遺》	光緒 18 年任余石泉幕僚	

（3）類雜詠詩簡表

所謂類雜詠詩，指的是其詩題並無「雜詠」二字，而內容及體裁與之並無不同，以詠原住民爲主題的甚多，故以類雜詠稱之。

作者	籍貫	作品名稱、數量	出　處	作者小記	作品小記
婁廣	京師衛	臺灣偶作	《重修臺灣府志》	康熙 44 年任分巡臺廈道標守備	
周鍾瑄	安徽桐城	番戲 5 首	《諸羅縣志》	康熙 53 年任諸羅知縣	
黃吳祚	福建惠安	詠水沙連圖 2 首 詠上淡水社八社 2 首	《臺海使槎錄》		受邀酬詠「臺灣番社圖」
呂謙恒	河南新安	題同年黃玉圃番社圖一首	《臺海使槎錄》	康熙 48 年進士，官光祿寺卿	受邀酬詠「臺灣番社圖」
陸榮柜	江蘇華亭	題黃侍御番社圖	《臺海使槎錄》	康熙間太學生	受邀酬詠「臺灣番社圖」
李欽文	臺灣縣	番社	《鳳山縣志》	康熙 60 年歲貢生，曾任福建南靖訓導	分訂重修臺灣府志，初修諸羅、鳳山、臺灣三縣志
藍鼎元	福建漳浦	東征逾載整棹言歸巡使黃玉圃索臺灣近詠知其留心海國經綸非圖廣覽土風娛詞翰已也賦此奉教 5 首	《藍鹿洲集》	康熙 61 年隨族人南澳總兵藍廷玉來臺平朱一貴之亂	
黃學明	廣東淳德	臺灣吟 4 首	《臺灣府志》		七言律詩
周芬斗	安徽桐城	留題諸羅十一之番社	《續修臺灣府志》	乾隆 14 年入臺任諸羅知縣	
黃清泰	鳳山	觀岸裡社番踏歌	《彰化縣志》	彰化都司、艋舺營參將	
盧觀源	福建永安	臺陽山川風物迥異中土因就遊覽所及誌之以詩	《續修臺灣府志》	乾隆 26 年任諸羅縣教諭	

鄭霄	福建連江	番俗五首	《續修臺灣府志》		
錢大昕	江蘇嘉定	題李西華賞番圖六首	《臺灣詩鈔》	乾隆 19 年進士，著有潛研堂文集	受邀酬詠「賞番圖」
姚鼐	安徽桐城	賞番圖爲李西華侍郎題六首	《臺灣詩鈔》	桐城派初祖，著有惜抱軒集	受邀酬詠「賞番圖」
蔣士銓	江蘇鉛山	臺灣賞番圖爲李西華黃門作	《臺灣詩乘》	乾隆 12 年進士，著有忠雅堂詩文集	受邀酬詠「賞番圖」
蕭竹	福建龍溪	蘭中番俗	《續修臺灣縣志》	嘉慶 5 年入蘭，爲吳沙客	
黃對揚	福建龍溪	巡課新港番童	《續修臺灣縣志》	舉人，嘉慶 8 年任臺灣縣訓導	
劉家謀	福建侯官	海音詩一百首	《臺灣詩錄》(中)	道光 29 年任臺灣府教諭	咸豐二年作海音詩
陳學聖	未詳	番社	《彰化縣志》		未詳
吳德功	彰化	番社	《瑞桃齋詩集》	清末歲貢生，日據後設帳授徒	

（4）巡行詩簡表

下列知縣、參將、巡臺御史所做的詩文，內容以他們巡行臺灣各地的所見所聞爲主，亦有題名爲〈雜詠〉、〈雜詩〉如六十七〈北行雜詠〉等，因具有「巡視」的特殊視角，故另列一表。

作者	籍貫	作品名稱、數量	出　　處	作者小記	作品小記
季麒光	江蘇無錫	視事諸羅	《重修臺灣省通志》	康熙 15 年進士，23 年任諸羅縣知縣	
王兆陞	江南通州	郊行即事	《臺灣府志》	舉人，康熙 27 年任臺灣縣知縣	
阮蔡文	福建漳浦	淡水紀行詩	《諸羅縣志》	康熙 29 年舉人，54 年任臺灣北路營參將	
宋永清	山東萊陽	番社、埤頭店、力力社、茄藤社等	《重修臺灣府志》	康熙 43 年任鳳山知縣	
周鍾瑄	貴州貴筑	北行紀	《諸羅縣志》	康熙 35 年舉人，53 年任諸羅縣知縣	

黃叔璥	直隸大興	過斗六門等	《臺海使槎錄》	康熙 48 年進士，61 年首任巡察御史	
夏之芳	江蘇高郵	巡行詩 12 首	《海國見聞錄》	雍正元年進士，6 年來臺	
六十七	滿州鑲紅旗	北行雜詠	《使署閒情》	乾隆 9 年以御史巡臺身分來臺	
陳輝	臺灣縣	鳳山道中等	《重修臺灣府志》	乾隆 3 年舉人，曾與巡道劉良璧分修「府志」及「縣志」	連橫《臺灣詩乘》收其詩共 37 首，大都為閒居遊覽之作
范咸	浙江仁和	北行雜詠 12 首	《重修臺灣省通志》	雍正元年進士，10 年任巡臺御史	
楊二酉	山西太原	新園道中等	《重修臺灣府志》	雍正 11 年進士，乾隆 4 年以御史巡臺	
周芬斗	安徽桐城	留題諸羅 11 番社	《續修臺灣府志》	雍正 13 年舉人，乾隆 14 年任諸羅知縣	
湯世昌	浙江仁和	巡臺紀事 50 韻	《續修臺灣府志》	乾隆 16 年進士，24 年任巡臺御史	
譚垣	江西龍南	巡社紀事	《重修臺灣府志》	乾隆 13 年進士，29 年任鳳山知縣	
林樹梅	福建金門	從曹侯巡山即事、曹侯既興水利乃巡田勸農賦此以頌等	《全臺詩》	道光 6 年隨父駐西螺堡，任臺灣水師副總兵，平許尚、楊良彬之亂。16 年任鳳山縣曹瑾幕僚	道光年間兩度來台，此詩為隨曹瑾巡視鳳山縣所作

　　由以上三個表格來看，詠原住民的韻文中屬於「雜詠」一類的作品數量很可觀，其中知名之作有：齊體物〈臺灣雜詠〉十首、黃叔璥〈番社雜詠〉、夏之芳〈臺灣雜詠百首〉、孫元衡〈秋日雜詩〉、張湄〈瀛海百詠〉、吳廷華〈社寮雜詩〉等、范咸〈臺江雜詠〉、〈北行雜詠〉、朱仕玠〈瀛涯漁唱百首〉、劉家謀〈海音詩〉、〈海東雜詩〉、孫爾準〈臺陽雜詠〉，董正官〈蘭陽雜詠〉、王凱泰〈臺灣雜詠三十二首〉、〈續詠十二首〉等。〈類雜詠〉有：周鍾瑄〈番戲五首〉、藍鼎元〈東征逾載整棹言歸巡使黃玉圃索臺灣近詠知其留心海國志在經綸非圖廣覽土風娛詞翰已也賦此奉教五首〉、黃清泰〈觀岸裡社番踏歌〉、董正官〈蘭陽雜詠〉等，在數量上超過竹枝詞甚多。內容或記原住民身體髮

式、奇風異俗、特殊產物或議論理番政策，十分廣泛。此外另有知縣、參將、巡臺御史所做的詩文，內容以他們巡行臺灣各地的所見所聞為主，亦有題名為〈雜詠〉、〈雜詩〉如六十七〈北行雜詠〉者，這類作品書寫視角上帶有「流動」的特性，是他們巡視領地時即景即情之作，具有展示權勢、探視民瘼、抒發情致的特性，除了「流動」之外還有「俯視」的、「旁觀」的角度，是一種「官員」視角的寫作方式。

3. 賦與駢文

清代臺灣的賦作不多，知名之作有：周澎〈平南賦〉、林謙光〈臺灣賦〉、高拱乾〈臺灣賦〉、王克捷〈臺灣賦〉、李欽文〈赤嵌城賦〉、張從政〈臺山賦〉、陳輝〈臺海賦〉〔註13〕卓肇昌〈臺灣形勝賦〉等〔註14〕。這些賦作視野甚大，以全島作為書寫的範圍，內容廣泛。此外有詠景及詠物的賦作：張湄〈海吼賦〉〔註15〕、陳洪圭〈秀峰塔賦〉、朱仕玠〈夾竹桃賦〉、卓肇昌〈龍目井泉賦〉、〈荊桐花賦〉〔註16〕、施瓊芳〈蔗車賦〉〔註17〕、楊浚〈西螺柑賦〉〔註18〕等。專詠一地風土或獨特風俗的有卓肇昌的〈鼓山賦〉、〈鳳山賦〉、〈三山賦〉，鳳山縣茂才林夢麟〈臺灣形勝賦〉〔註19〕，以及屠繼善〈游瑯嶠賦〉〔註20〕、康作銘〈瑯嶠民番風俗賦〉〔註21〕等。

以全島為視野的賦作，大都出現在清領前期，且內容上大多為歌頌、詠讚朝廷，打敗了頑強的鄭氏政權，領有此地，擴大了帝國疆土。對這樣的功

〔註13〕以上諸賦見謝金鑾：《續修臺灣縣志》第四冊，（台北市：臺灣銀行經濟研究室編印，臺灣文獻叢刊140種，1962年6月），頁523～542。謝金鑾字巨廷，一字退古，晚改名灝，福建侯官人。乾隆21年舉人，嘉慶年間任嘉義教諭，與鄭兼才編纂《續修臺灣縣志》，有「通儒」之譽。

〔註14〕王瑛曾：《重修鳳山縣志》卷十二〈藝文志〉下，頁489。

〔註15〕謝金鑾：《續修臺灣縣志》，頁531。

〔註16〕陳洪圭〈秀峰塔賦〉、朱仕玠〈夾竹桃賦〉、卓肇昌〈龍目井泉賦〉、〈荊桐花賦〉皆見王瑛曾：《重修鳳山縣志》卷十二〈藝文志下〉，頁487～497。

〔註17〕施瓊芳：〈蔗車賦〉，（南投市：《重修臺灣省通志》卷十〈藝文志‧文學篇〉，1997年），頁13、14。

〔註18〕引見黃美娥《清代臺灣竹塹地區傳統文學研究》第五章，頁221。（台北縣：輔仁大學1999年中文研究所博士論文），此作為典型的詠物賦。

〔註19〕卓肇昌的〈鼓山賦〉、〈鳳山賦〉、〈三山賦〉，鳳山縣茂才林夢麟〈臺灣形勝賦〉皆見王瑛曾：《重修鳳山縣志》卷十二〈藝文志下〉，頁487～497。

〔註20〕屠繼善：《恆春縣志》卷八〈風俗〉，頁135。

〔註21〕屠繼善：《恆春縣志》卷十四〈藝文〉，頁245。

動，文臣們是必定要對皇帝的盛明，作戰的艱苦，勝利的歡欣作一番鋪寫的，除了歌功頌德之外便是臺灣風土民情的描述。「番人」在荷蘭人來到之前就是這個島的主人，雖經歷過鄭成功的統治，但佔絕大部分的原住民，只要未受到干擾，還是自在的生活在這座島嶼上，中國來的人在清領初期，力量還不足以控制全島，他們大部分仍然維持著原有的生活與習俗。是以這些賦作不可避免的必須談到原住民的種種，如：林謙光〈臺灣賦〉、高拱乾〈臺灣賦〉、王克捷〈臺灣賦〉、張從政〈臺山賦〉、陳輝〈臺海賦〉、屠繼善〈游瑯嶠賦〉、康作銘〈瑯嶠民番風俗賦〉等，不過由於文體的侷限性，他們寫及的大概只有兩個特色，其一是風俗習性的突顯，其二是原住民已然帖然受化，心甘情願的接受聖朝的統治、教化。這兩類刻板的書寫充滿在賦作之中。

　　駢文與賦這兩類文體，都是講究聲色之美的文體，基本上的差異在於賦為有韻之文，駢文是美化的散文，因為兩者的寫法相似處不少，常常容易發生混淆，就算精於此道的創作者及研究者，也無法理得很清楚。而歷代作者破體之作又屢見不鮮，如宋代的以古文筆法寫賦，駢文「馬蹄對」的要求押韻等，混淆了其中的界線，是以往往難以明辨兩者差異。如：劉麟生的《中國駢文史》〔註22〕，仍然將賦體置於駢文發展始中論列。簡宗梧於《賦與駢文》一書中說：「賦是散文化的詩；駢文是賦體化的散文。」〔註23〕是對這兩類文體作了一個比較好的界定。

　　清代有關臺灣的駢文作品非常少，最早的有沈光文〈平臺灣序〉〔註24〕、諸羅縣令季麒光〈客問〉六條，〔註25〕萬經〈孫司馬元衡「赤嵌集」序〉〔註26〕，章甫《半崧集》中有〈重修臺郡文廟序〉、〈建敬聖亭疏〉、〈送崇文書院山長熙臺梁廣文歸榕城序〉、〈重修義民祠序〉、〈南清周邑侯七十壽序〉、〈門人施鈺入泮序〉、〈臺陽形勝賦〉等十四篇。吳子光〈募建貓裡街文祠疏〉、楊浚〈曹懷朴太守謹請祀名宦祠結狀事實並呈稿〉、〈新修淡水廳志序〉、〈鄭

〔註22〕劉麟生：《中國駢文史》，（台北市：臺灣商務印書館，1936年初版），筆者所見為1990年臺6版。

〔註23〕簡宗梧：《賦與駢文》第一章〈緒論〉，（台北市：臺灣書店，1998年），頁5。

〔註24〕范咸：《重修臺灣府志》卷二十三〈藝文四〉中有沈光文駢體文〈平臺灣序〉，此文長達四千餘字，歷來對其是否為沈氏作品頗有爭議，迄未有定論，個人較贊成彭國棟《廣臺灣詩乘》（1956年），所判定，此作應非沈氏作品。

〔註25〕余文儀：《續修臺灣府志》卷二十三〈藝文四〉，頁852。

〔註26〕范咸：《重修臺灣府志》卷二十二〈藝文三〉，頁709。

祉亭儀部述穀堂試帖序〉等五、六篇,另施士洁西渡大陸後有〈婆娑仙籟吟社自序〉、〈菽莊序言〉等。其中有關原住民的僅有季麒光的〈客問〉六條,章甫的〈臺陽形勝賦〉,吳子光〈募建貓裡街文祠疏〉等,然而所述甚微,大多為陪襯語,較無可論。

（三）英、美、日等國人士的記述

1. 相關作品

有關清代臺灣的西文撰述頗多,國立中央圖書館臺灣分館,曾於 1976 年編有《西文臺灣資料目錄》(*Catalogue of Materials in Western Languages Relating to Taiwan*) 一書,1995 年,陳弱水另編有《臺灣史英文資料類目》(*A Bibliography of English－Language Sources for Taiwan History*) 〔註 27〕,對西方撰述者的資料搜羅甚為完備。自然寫作者劉克襄,譯介了許多清領時期來臺的西方旅行家、探險家、博物學家的作品,於 1988 年出版有《探險家在臺灣》〔註 28〕、1989 年《橫越福爾摩沙》〔註 29〕、1992 年《後山探險——十九世紀外國人在臺灣東海岸的旅行》〔註 30〕等書,這些作品數量不少,對臺灣原住民有不同的觀察視角,值得注意。清代中葉以後到臺灣的外國人愈來愈多,這些人來臺的動機有傳教、作自然生態調查,或謀取政治及商業利益,這些來臺人士有的留下不少紀錄和報告,這些報告在清代翻譯成漢文的,僅有李禮讓（或譯李仙得、李善得）的《臺灣番事》一書,其他各書翻譯為漢文在日據時期或光復之後,缺乏時代意義,故以此文作為清代臺灣外國人來臺撰述的代表。

2. 記述簡表

本表根據上述的《西文臺灣資料目錄》(*Catalogue of Materials in Western Languages Relating to Taiwan*)、陳弱水《臺灣史英文資料類目》(*A Bibliography of English－Language Sources for Taiwan History*)、劉克襄《探險家在臺灣》、《橫越福爾摩沙》、《後山探險－十九世紀外國人在臺灣東海岸的旅行》、楊

〔註 27〕 陳弱水:《臺灣史英文資料類目》(A Bibliography of English－Language Sources for Taiwan History) (台北市:林本源中華文化教育基金會,1995 年)。
〔註 28〕 劉克襄:《探險家在臺灣》,(台北市:自立晚報社文化出版部,1988 年)。
〔註 29〕 劉克襄:《橫越福爾摩沙》,(台北市:自立晚報社文化出版部,1989 年)。
〔註 30〕 劉克襄:《後山探險——十九世紀外國人在臺灣東海岸的旅行》,(台北市:自立晚報社文化出版部,1992 年)。

南郡《臺灣百年花火》〔註31〕、臺灣銀行經濟研究室編印出版的《臺灣文獻叢刊》等相關書籍編列而成。

項目 姓名	時日	國籍	身分	在臺時間	目　的	地　點	寫作方式及著作	附註
史溫侯 R Swihoe	1858〜1866	英	博物學者	八年	自然觀察	大屯山、高雄六龜、桃園大溪	旅行報告《福爾摩沙島訪問記》、《一八五六年臺南與打狗的海關貿易》、《福爾摩沙民族學紀事》。	
必麒麟 （W.A. Pickering）	1863	英	任打狗安平海關檢驗員	七年			歷險福爾摩沙《Pioneer in Formosa》〔註32〕	1898年出版此作
柯靈烏 Cuthbert ollingwood	1866.5	英	自然學者	兩個月	自然觀察	基隆河	日記報導《Rambbles of a Naturalist on the Shores and Waters of the China Sea》	
柯伯希 Henry Kopsch	1867.12	英	英國商務官員	半年以上	河域觀察	大漢溪新店溪	日記報導《北福爾摩沙河流紀行》	
李禮讓 C.W.Le Ger	1868〜69	美	美國駐廈門領事官	多次出入	處理羅妹號（Rover）事件、探勘煤礦及商務考察	打狗、恆春、枋寮、淡水、基隆等地	商務及政事報告他的作品皆為向官府作的報告，這些報告在當代即已翻譯成中文，譯者不詳	同治十三年日軍攻佔牡丹社，充當嚮導
湯姆生 John Thomson	1871.4	英	攝影家	至少一個月	走訪平埔族	從臺南府至六龜	日記報導《Through China with a Camera，1898》	

〔註31〕 楊南郡編著：《臺灣百年花火》（台北市：玉山社，2002年9月）。

〔註32〕 必麒麟（W.A.Picker ing）：《Pioneer in Formosa》，1959年1月吳明遠翻譯爲中文，名爲《老臺灣》，臺灣銀行經濟研究室出版。後陳逸君再加譯述，改名爲《歷險福爾摩沙》（台北市：原民文化，1999年1月）。

							、《Notes of a Journey in Sourthern Formosa 1873》	
甘為霖	1871 ～ 1897	英	傳教士	七年			《Sketches form Formosa》〔註33〕、《廈門音新字典》	
馬偕 Mackey Rev.DR.G.L	1871～	加拿大	傳教士		到台灣各地傳教		《臺灣六記》（From Far Formosa，1896）	
水野遵	1872.5. 22	日	通譯官		軍事政情調查	宜蘭、蘇澳、南澳	《臺灣征蕃紀》蕃情調查	為入侵臺灣做調查
巴克斯 B.w.Bax	1872.12	英	英國官員	來臺四、五回	拜訪賽夏族	從淡水至雪山山腳	日記報導《The Eastern Seas，1875》	
樺山資紀	1873	日	海軍少佐	多次出入，前後三年	軍事政情調查	宜蘭、蘇澳、南澳	蕃情調查〔註34〕	為入侵臺灣做調查
史蒂瑞 Joseph B.Steere	1874.3	美	博物學者	半年	人類學調查	從打狗至萬金村	日記報導《Travel among the borigines of Formosa. Joural of the American Geographical Society of New York（1874，pp.302-34》	

〔註33〕（台北市：成文出版社，1972年）。

〔註34〕藤崎濟之助於大正十五年（1926年）完成《臺灣史與樺山大將》一書，其第三編〈南澳蕃探險事蹟〉即整理、註解樺山資紀的調查報告。此書由全國日本經濟協會翻譯，《臺灣史與樺山大將——日本侵臺始末》上下卷，（台北市：海峽學術出版社出版，2003年），〈南澳蕃探險事蹟〉一編另有林呈蓉改名為《樺山資紀蘇澳行》翻譯出版，（台北市，玉山社出版，2004年）。

愛德華・豪士 Edward H.House	1874.4	美	《紐約前鋒報》駐日記者	三個月	隨日軍渡臺報導牡丹社事件	琅喬	事件報導《The Japanese Expedition to Formosa》〔註35〕	
畢齊禮 M.Beazeley	1875.6	英	中國海關官員	至少一個月	勘定燈塔方位	從打狗至墾丁	日記報導《Notes of an Overland Journey though the southern part of Formosa in 1857, form Tawow to the South Cape，with sketch map.Procceedings 0f the Royal Geogrphical Society，vol.xxx （1875），pp.258-265》	
柯勤 Arthur Corner	1876.1	英	商人	來臺三回	商務觀察	從臺南府至淡水	日記報導《A Journey in Formosa》	
李庥 Hugh Ritchie	1875	英	傳教士	四年	東海岸各地	花蓮、臺東	《中國紀事》《Chinese Recorder 1857》	
休吉斯夫人 Mrs T.F.Hughes	1876.12	英	作家	十一個月	夫婿爲中國海關官員	屏東、高雄	《在漢人子民之間》（Among the Songs of Han 1881）	
陶德 John Dodd	1884～1885	英	茶商	一年左右		台北	《北臺封鎖記》《Journey of a Blockaded Resident in North Formosa.	

〔註35〕愛德華・豪士（Edward H.House）：《The Japanese Expedition to Formosa》，陳政三譯述，改名爲《征臺紀事——武士刀下的牡丹花》（台北市：原民文化，2003年12月）。

							During the Franco-Chinese War 1884-5》〔註36〕	
泰勒 G.Taylor	1887.4	英	旅行家	四五個月		屏東、臺東、花蓮	旅行報告 *A Ramble though South Formosa China Review vol.xvi*	
上野專一	1891	日	日本駐福州總領事	多次來臺	至各地番社偵查		《台灣視察復命書》	爲入侵臺灣做調查

3. 李禮讓《臺灣番事物產與商務》

　　清代中葉來臺的李禮讓，初到中國時名李眞得，任廈門領事時名李禮讓，成爲日本政府的顧問後名李仙得、李善得，明治天皇又賜名爲李善德。1868年寫有《*First Visit to the Interior of Formosa*》，1874年著有《臺灣番事》，此書原藏中央研究院歷史語言研究所，後由臺灣銀行經濟研究室編印出版，改名《臺灣番事物產與商務》；及同年知名的《*Is Aboriginal Formosa a Part of the Chinese Empire*》〈臺灣蕃地所屬論〉等。〈臺灣蕃地所屬論〉大意爲臺灣番地並不受清政府控制，清政府的主權及政治力並不及於此，番人亦爲自主的團體，所以任何人都有權來到此地。這個論調，讓日本有意併吞的臺灣的勢力，得到了很好的藉口，也種下往後日人侵臺的種種行動。日人攻佔朝鮮後，他擔任朝鮮政府外交、內政顧問。

　　《臺灣番事物產與商務》書中所述皆爲向上級單位的調查報告，這些報告的譯者不詳，使用的文字爲簡略的文言文，僅作到達意而已，用語生硬，對許多中國或臺灣的背景知識似乎不很清楚。這本報告中有五篇文章談及當時的原住民現象：〈敘領事及同伴諸人入生番境緣由〉、〈論生番殺害西人及漢人緣由〉、〈論生番種類及風土、人情、互市等事〉、〈論臺灣漢番來歷〉、〈論美領事入生番境立約情節及風土人情〉。這五篇文章前兩篇都甚簡短，較有內容的有三篇：〈論生番殺害西人及漢人緣由〉講的是耶嶠十八社原住民殺害美國商船羅妹號（Rover）船長及船員的事情，羅妹號（Rover）事件造成相當大

〔註36〕　陶德（John Dodd）：《北臺封鎖記》《Journey of a Blockaded Resident in North Formosa. During the Franco～Chinese War 1884～5》。陳政三譯述，（台北市：原民文化，2002年12月）。

的糾紛，引起中國、美國外交機構往返交涉，進而發生美國軍人與原住民之間的戰鬥。李禮讓來到臺灣進入番社，協調處理此事。這篇報告基本上相當公允客觀，並無偏袒哪方。如：

> 看來此輩土人，亦不甚可畏也。……某料難民受害緣由，以善惡本念推之，想必因從前受過我輩不義之事，意在報復，故視戕殺為當然也。……未知土人與我們何以不對。想必另有緣故，非徒素性好鬥也。……土人原無意於戕我兵丁、致麥肯士於死地也，特欲虛張聲勢，令我退兵，免後來再生覬覦耳。其實彼意亦慮結釁，恐自己並受大傷。〔註37〕

李禮讓認為這些番人為什麼會做殺害船員的事，應該是有原因的，不會是天性好鬥之人，應該是以前曾被海上來的異族所傷害過，有過不愉快的經驗，才會如此。推測原先只想嚇退麥肯士等人，沒想到會鬧出人命，原住民們很不希望與人結怨，這樣的講法可說是很令人心服的，很符合許多原住民對待外人的想法。〈論生番種類及風土、人情、互市等事〉這篇的觀察很深入，李禮讓來臺灣的時間並不長，但觀察卻有獨到之處。這篇報告中講出了臺灣內在的一個矛盾點，這個矛盾從康熙年間便已存在，這個問題便是閩客之間的嫌隙，閩人來臺早，人數眾多，後到的客家移民便成為弱勢團體，這些弱勢者與原住民族群相處較佳，且互相通婚，互為利益，形成了另一種族群的生活模式。

> 據云：有一大隊下甲人，起初是廣東人，最勤；最可憐者，被本地逐出，遷居於此，多住於能知禮貌之土人地方，與閩人之泛海者雜住，自北至南，隨在多有，未久即熟於土語。今多為土人所藉以收買鳥槍、火藥、砲子及中西各種衣服、銅錫物飾、食鹽等件，復代販土人之鹿角、乾肉、熊豹等皮、姜、黃梨果、麻布、樟腦等件，兩相兌換。物件既多，獲利亦廣。得此一番貿易，兩邊並受其利。近日更通婚娶，故所得土人之山地益多；藉此基業，因以致富。財源既裕，用以販運，故樟腦一項，必須讓此等人為之。

〔註37〕 麥肯士（Mckenzie）等人於 1867 年 6 月乘戰艦出發，是美軍要懲罰擄殺羅妹號（Rover）的瑯嶠十八社番人，沒想到在作戰時為番人所擊潰，該艦上士兵一百多人因行動失敗而撤離。

文中的「下甲」（Hakas）人，即是來自廣東的客家人。〔註 38〕這個族群的人非常勤勞，但處境很可憐，在被「本地人」驅趕後，變遷到山區與原住民為伍，客家人與溫文有禮的原住民成為朋友，進而通婚，原住民對他們非常信任，所以有關山上的產物如鹿角、乾肉、熊豹等皮、薑、黃梨果、麻布、樟腦等，要靠這些客家人來協助，貿易才能做得妥當。李禮讓對平埔原住民有著特殊的好感，對之讚譽有加，以下這段即有這樣的描述：所謂「迫樸」指的即是平埔族，〔註 39〕這些人沒有欺騙、偷竊、口角等惡習，人與人間相處十分和樂，說他們惡聞鬼神之事，所以不立宗教，也不誦經。

> 百年前，曾有一作書人，曾論迫樸一族云：此種人，自中國觀之，概指為愚頑之類。其實有一種真智慧，且勝於西國之格致士也。即現今中國人，亦謂此土人除與通事時有爭執外，餘〔無〕欺騙、偷竊、口角、詞訟之事，人皆互相親愛，極其公道。若有人以物持贈，皆不自用，即轉贈素所幫助之人。

> 前歸荷蘭管轄時，似其地已有奉教者，故現在彼地人多通於荷蘭之語言文字。以荷蘭書籍問之，尚能檢出舊書之零頁，且不肯崇奉各神，最惡聞鬼神之事，故自己亦不立教，亦不誦經。

李禮讓這樣的描述平埔族，當然是有美化之嫌，但是感受到平埔族人的純樸、熱情，待人友善，不像中國人說的「愚頑」不堪，這應該是公允之論。李禮讓與其他歐洲人或日本人一樣，對清政府普遍存有惡感，清政府對他們存有戒心，這些人不辭辛勞跨海而來，目的不外是軍事與財物的野心罷了；不是想來此地獲得利益，便是作其帝國侵略的先鋒。同治十一、十二年陸續來臺的日人水野遵、樺山資紀，做的也是相同的工作。這些外國人發現在中國人統治下的原住民，是可以運用的族群，因為大部分飽受中國移民的欺侮，壓迫，心懷恨意，對外國人則具有好感，這是很可以利用的地方。樺山資紀後來成為第一任臺灣總督，水野遵則為首任民政長官。他們曾有的「臺灣經驗」對日本侵臺，提供了重要資訊。

〈論美領事入生番境立約情節及風土人情〉一文甚長，但在記錄原住民風土民情上，有其獨到之處，由於這些報告的作用與清朝來臺的官員相似，具有相當大的政治需要與利益需求。李禮讓來臺時間為同治七年（1868 年），

〔註38〕李禮讓：《臺灣番事物產與商務》〈附錄二〉，頁 96。
〔註39〕迫樸（Peppo）平埔族也，《臺灣番事物產與商務》〈附錄二〉，頁 105。

以平實的手法紀錄了眼前所見的情形，在這個時段前後，咸豐三年（1853 年）
《噶瑪蘭廳志》完稿，《重纂福建通志臺灣府》、《淡水廳志》同治十年（1871
年）完稿，這些方志仍依循舊有的寫作模式，對番民、番俗的觀念仍多率由
舊章，沒有新的觀念和寫作法出現。外國人的纂述方式與資料，他們並未見
到，恐怕也沒有興趣了解。以下的紀錄是敘述原住民的住宅材料，室內佈置，
房間分配等，甚為詳細：

> 時已接到色比里頭人以瑟請帖，〔註40〕因起身先往其家。家離鄉約
> 行一點鐘到。所居處周圍甚佳。住屋多以竹雜土為之，因此處時
> 常地震，故最為相宜。……某等甚羨以瑟住屋，並屋內家伙，甚為
> 齊整，中庭尤佳，屢經睥睨，實無纖穢可議。圈養牲畜之地，亦極
> 潔淨。所有田畝，收拾清楚，皆可入畫。屋宇朝東，以秸本為簷，
> 飾以鹿角，大抵與英國未保險以前之屋仿佛相似，所異者以秸蓋屋，
> 不用麻皮或柳條緊束，僅用佳竹數竿架之耳。屋中房四間，廚房在
> 南，臥室次之，客房及餘房一間在北，某尚未入內閱看。各房皆有
> 門出入，而無窗牖。其接待某等所坐之房，甚為迫窄，僅容椅二張、
> 桌一張，椅、桌皆漢人所為。有一幅中國畫圖，繪數美人手彈琵琶，
> 妝飾華麗：主人以此相示，詫為奇觀。

狹窄的客廳內掛著一幅中國美人彈琵琶的畫，令人莞薾，可見中國文化已然
深入他們的生活中。原住民的家打掃的十分乾淨，就連養畜生的地方也是如
此，室外的田野非常美麗，住屋羅列其間，李禮讓認為這樣的風景真美可以
入畫了。這個感受與郁永河、黃叔璥等人初見到的熟番番社一樣；許多「文
明」的原住民，生活的品質不比中國大陸鄉間的差。以下談到的是室內儲存
糧食的地方，釀的酒很清甜，抽的煙叫「宅麥口」，此音源自菲律賓。「宅麥
口」之譯甚為拗口，其原音應為「tobacco」，煙草是臺灣原住民經常吸食的生
活用品，不論生熟番都有這個嗜好，且各族幾乎都以「tobacco」來稱煙草。

> 壁之外用鹿角數條撐之，壁旁倚一素用之槍，洗刷瑩潔，似匠人所
> 新制者。門之對面靠牆一帶，堆積今年所需糧食。凡糧食，中國用
> 米，彼地則以此物為糧，亦甚貴重。值收成時，有一定期，合族皆
> 往，此禮最重。彼地以此物為糧外，兼用以釀酒，味頗清甜。……

〔註40〕　色比里（Sabaree），即射麻里社，《臺灣番事物產與商務》〈附錄二〉，頁 100。
　　　　射麻里社位於現在屏東縣滿州鄉永靖村，族群上屬於西拉雅族。

> 某方各處張望，適以瑟妻奉酒一杯。以瑟遞過煙袋，小兒輩將炭焰
> 摔地，以備吃火之用。臺灣南邊所吃之煙，味皆極好極清。所有各
> 島土人，呼煙為「宅麥口」，大約近呂宋語言。考煙種本由小呂宋傳
> 入中國，此煙想亦由彼處移種臺灣。

臺灣東南部的原住民，有許多與菲律賓群島的人民有很深的關係，在種族上
不少應該是系出同源。在清領時期以前彼此藉由海路來往密切，只不過在日
據以後政治控制的發展較為緊密，臺灣與菲律賓之間變成國與國的關係，互
相的往來受到限制。對於原住民的髮型、衣飾、兵器有這樣的觀察：

> 色比一里一族人眾，體格雄健，目眶長而且大，髮亦打辮，同於中國。
> 倘與中國交戰，最易相混，看之不覺。因此與鄰近迪北一帶裝束較
> 易，蓋迪北一帶近於「麥黎」〔註41〕人（日本地名）裝束也。
>
> 衣服有兩種：一種小黑衫，一種麥黎衫；自胸前繡起，繞至手袖，
> 緣邊用銀練並金銀五金及玻璃等件為鑲。老人衣服，除此兩種外，
> 又加外衫，以鹿皮或豹皮為之；賤者用布包頭，略似廈門、汕頭撐
> 船人裝束。
>
> 軍器有鳥槍、短劍。某舊年曾寄樣回國。弓矢以竹為之，箭鏃用鐵
> 或銅，皆波梨格之下甲人所制。

小黑衫大約是較近於清代人的斜肩衣服，「麥黎衫」則與菲律賓、馬來人的服
裝較接近，以布包頭的習慣，通常是為了防風、防曬。這種風俗應該是來自
福建、廣東沿海人們的習性。鳥槍、箭鏃所用的銅、鐵，則大多靠客家人供
應，他們還沒有煉鐵煉銅的技術，槍枝更需要來自外邦。報告中提到曾將「鳥
槍、短劍」寄回國去，其目的應該是若將來發生戰爭，了解這裡人使用的武
器，才能「知己知彼」，穩操勝券。其次講到婦女的容貌及裝飾，首先說到髮
型，然後是衣服款式，在身體裝飾上提及男女皆穿耳洞，耳孔約兩公分，耳
環有竹、銀、銅和陶瓷品，文中沒有提到刺青，相信是所接觸的這群人，已
經不再刺青了。

> 婦人容貌，多半齊整，其中有數人體格勻稱，面貌尤美。待人禮貌
> 亦甚和。其裝束，髮分兩絡，披至雙鬢，用帕束之，餘垂腦後，乃
> 將銀練並紅布絞之，疊為兩摺，挽於頭上為髻；其銀練、紅布之飾，

〔註41〕 麥黎人（Malay）應為馬來人，非日本人，翻譯有誤，《臺灣番事物產與商務》
〈附錄二〉，頁113。

> 不啻自然髻冠一頂，略如從前花旗婦人妝飾。短褲及膝，短衫蔽身，
> 長僅及腰，袖短及臂，衽拂向右，與中國同。

> 男女皆穿耳，耳孔長約二分，耳環用各燒料，或用竹至銀、銅不等。
> 以上衣飾，皆漢人所制。

原住民沒有文字，但有自己的計算數目的方式，這樣的計算方式與美國很相
似，如漢人說二十，他們則說兩個十，三十，他們說三個十，李禮讓所知道
的原住民都懂得計算，運用的計算方式雷同衹是發音不同而已。

> 臺灣相近各族，某所見過者，其數目名字，大抵與美國命意相類。
> 若依色比里土音，如一、二、三等數，應呼作意他、佬沙、拖路等
> 數。今依美國語言，二十應呼作兩個十，彼地亦呼作佬沙波盧，佬
> 沙爲二，波盧爲十，是亦呼作兩個十也。三十即呼拖路波盧，亦是
> 此意。大抵數目積算，本屬相同，惟各有土音之異耳。臺灣各族土
> 音各不相同，故稱呼各異。然未有文字，皆知積算。

他也注意到族群不同的差異性，原住民族群眾多，彼此之間也有強勢弱勢之
分，也有文明、野蠻的差別，以下兩則就是這方面的記載：

> 盡某所見男人，多以射獵爲生；女人理家務、治田園。又有一種人
> 在彼家裏同住，略比奴僕好些，助其耕種，以力受傭。此種皆系北
> 向「意米亞」種類〔註42〕，到此已久，尚能操舊地土音。因在此地
> 雇役，習於主人言語，改從此地土音，反覺順口。

「意米亞」（阿美）族人來到此地成爲屏東西拉雅族群的工人，協助耕田，這是
一件有趣的紀錄。阿美族成爲西拉雅族的幫傭，彼此間形成一種主僕的關係，
這是少見的實查紀錄。其實原住民族群之間的合作、征戰、相互影響，是非常
值得注意的命題，也是長久以來缺乏討論的課題。底下所紀也是兩個族群之間
互動的情形。西拉雅人與魯凱族雖屬不同的族群，語言、文化、傳統習俗截然
有別，在文明化上有差異，但還是會通婚，在許多方面仍然互相影響。

> 某想此兩種人（指色比里及迤南土人）〔註43〕必曾互通婚姻，而相
> 習染，故色比里人雖爲多克察所轄之族，仍與西岸及界內居住「毛
> 里遜」山〔註44〕與郎嬌海關中間之各族（謂兩地中間之土番，因不

〔註42〕依其拼音寫作「Amia」，爲花蓮一帶的阿美族或寫作阿眉族。
〔註43〕迤南土人應該指的是居住於「阿里山迤南，大武山迤北」現在屏東縣三地、
　　　　霧臺的魯凱族群。
〔註44〕毛里遜山（Mount Monison）即玉山，《臺灣番事物產與商務》〈附錄二〉，頁

知此地何名，故以左右兩地之毛里遜山及郎嬌兩地名之，否則當云
與西岸及某地人形貌各異也），形貌獨異。因語言、文字、射獵、遷
移，其風氣大抵相類，或概指為一種類土人，其實諸族土人較之色
比里形貌更劣，舉動更粗，學問亦更不如。

西方人將「玉山」稱作「毛里遜山」或「莫里遜山」（Mt Morrison），源自於
一八五七年（咸豐七年），英國輪船亞歷山大號由安平港出港，船沿海岸駛行，
眺望高聳雲霄的壯麗山脈，船長 William Morrison 取自己的名字為玉山命名，
因而有此通用於國際的名稱。西方來的人或日本來的人，對臺灣都有一番各
自的盤算，就算表面上單純的傳教或自然探查，也都間接的在為其帝國服務。
而如李禮讓、樺山資紀等人，目的為尋找帝國利益及版新殖民地的企圖，就
非常明顯了。是故在作品中處處充滿對華人的輕視，對滿清政府的不滿，如
〈論生番殺害西人及漢人緣由〉中提及華人作戰的膽怯，一聽到炮聲就逃，
連土人也比不上，更別說西洋人了：

凡人能製造開花砲子者，其膽力必壯，不若中國人一聞砲聲，即行
退走；蓋華人較土人膽力尤欠。土人與人仇殺，尚能從樹叢避砲前
進，即砲多難進，亦能從樹叢緩緩退去。

他們另一方面則親近、讚美被政府所剝削的弱勢族群，其目的則是在培養反
政府的力量，如果他們的政府準備出兵佔領這個「蕞爾之島」，這些「弱勢者」
將是協助的最好的力量。以下這段話似乎是這樣心態下很好的證據：

色比里以南，土人容色較白。照常比較，人亦更傾而勇。當交戰時，
此種人可恃為一枝合（核）心可靠之兵。

如果需要與清政府作戰，色比里以南的原住民族群是可以用的，可以成為美
國軍隊的前鋒。這個講法充分的顯露的這位好戰者的野心。李禮讓後來成為
同治十三年（1874 年）日本攻打臺灣時的顧問，帝國主義的心態是很明顯的。
滿清政府對這些人的企圖是很清楚的，是故對這些遠渡重洋之人的來到，充
滿警戒懷疑之心。他的報告讓我們從另一個面向看到當時的原住民風貌，敘
述了中國方志及個人載籍中沒有的狀況，比如說西拉雅族與魯凱族會彼此通
婚，阿美族是依附西拉雅族而存在的族群，原住民計算數字的方式與美國人
類似等等，是很深入而有價值的記述。

96。

第二節　異域他方的記述

一、以文化表徵為主體的記述

（一）採風錄俗的淵源及功能

　　有關臺灣風土的作品不論是官修志書或個人載籍，在功能性方面的作用較為明顯。其實在此之前幾乎完全陌生的「新領地」，主政者是必須透過大量的書寫，再三確定這個地方的擁有權以及統治能力。博埃默（Elleke Boehmer）在《殖民與後殖民文學》書中談到「處於鼎盛時期的帝國只能通過一系列的文字—政治論文、日記、法案和詔令、公文、地名字典、傳教士報告、筆記、備忘錄、流行詩歌——來得到構想並維持這樣的構想。」〔註45〕而有清一代的風土作品，表現的正是一種介入、編寫、定型的欲意，通過文字「行使佔有權的具體行為」〔註46〕，就是期望將臺灣「內地化」的意志，持續不斷的書寫也透露著權力的運作過程。這些著作的寫作觀念在中國其實是淵遠流長的，朱熹在解說《詩經》〈國風〉的定義中，便可以看到這樣的說法：

> 國者，諸侯所封之域，而風者，民俗歌謠之詩也。謂之風者，以其
> 被上之化以有言；而其言又足以感人……。是以諸侯采之以貢於天
> 子，天子受之而列於樂官，於以考其俗尚之美惡；而知其政治之得
> 失焉。〔註47〕

採集每個地方的歌謠，考察歌詞的內容，可以了解風俗美醜，可以知道政務的好壞，足以做為國君領導統御的參考。而地方主政者，也能依此施政，去惡彰善，矯正地區民情，進行教化的工作。歌謠的內容，可以做為「美教化，移風俗。」的重要依據。《荀子》〈疆國〉中也強調：「入境，觀其風俗。」〔註48〕到任何地方，都需要了解這個區域的風俗民情。所謂「風俗」、「民情」指的是什麼，定義為何？《漢書》〈地理志〉的一段話有比較清晰的說明：

〔註45〕博埃默（Elleke Boehmer）著，盛寧譯：《殖民與後殖民文學》（Colonial and Postcolonial Literature），（香港：牛津大學出版社，1993 年），頁 13。

〔註46〕博埃默（Elleke Boehmer）著，盛寧譯：《殖民與後殖民文學》（Colonial and Postcolonial Literature），頁 13。

〔註47〕朱熹：《詩經集註》，（台北市：華正書局，1977 年），頁 1。

〔註48〕《荀子》卷十一〈疆國〉第十六，《四部備要・子部》，中華書局據守山閣本校刊。

> 凡民函五性之常，而其剛柔緩急，音聲不同，繫水土之風氣，故謂
> 之風；好惡取捨，動靜亡常，隨君上之情欲，故謂之俗。孔子曰：「移
> 風易俗，莫善於樂。」言聖王在上，統理人倫，必移其本，而易其
> 末，此混同天下一之庠中和，然後王教成也。〔註49〕

每個人民天生下來都有五種天性，然而這五種天性常會受後天所處地理環境
的影響，有的地方的人性格剛強，有地方的人和緩，地方不同人們說話的聲
調也會不同。這個便叫做「風」；而一地方「俗」的形成，人民的好惡取捨，
則會隨著統治者的好惡而改變。這段話雜揉了陰陽五行的思想，爲「風」與
「俗」進行定義的工作，最後仍以改風易俗，成就「王教」做爲目的。中國
第一部專門記載風俗之作，是東漢末年應劭《風俗通義》的三百十六篇，這
本書的序文源自於《漢書》〈地理志〉，但說的更詳細，更具有代表性，可以
說是這類著作最重要的理論依據。

> 風者，天氣有寒暖，地形有險易，水泉有美惡，草木有剛柔也。俗
> 者，含血之類，像之而生。故言語歌謳異聲，鼓舞動作殊形，或直
> 或邪，或善或淫也。聖人作而均齊之，咸歸於正。聖人廢，則還其
> 本俗。《尚書》：「天子巡守，至於岱宗，覲諸侯，見百年，命大師陳
> 詩，以觀民風俗」。《孝經》曰：「移風易俗，莫善於樂。」傳曰：「百
> 里不同風，千里不同俗，戶異政，人殊服」，由此言之，爲政之要，
> 辨風正俗最其上也。〔註50〕

這段文字也爲「風」、「俗」兩字進行定義，作者認爲一個地方的氣候寒暖，
地形的高低、險惡或平夷，水質的好壞，草木粗硬或柔美，都會對血肉之軀
產生影響。人們的行爲也因環境的陶養，在德行上產生或正直或邪惡，或善
良或淫蕩的表現。這樣的說法姑且不論其正確與否，是否客觀，這種觀念一
直影響了其後近兩千年的撰述者。官員或文士進行有關風土民情撰述的目
的，最後是要讓「聖人」（亦即統治者）來做施政的參考，「聖人」將會把不
齊一的「民風」導向正軌，讓人民歸返「善」的本性。如果聖人離開了，或
不在其位，這些地方，就會回到原來不好的風俗。這些講法很明白指出，記
載風俗的用意即在「經世備治」，這一目的也是後世編纂方志，私家著述者所

〔註49〕 班固：《漢書》〈地理志〉第八下，頁 1640。
〔註50〕 應劭：《風俗通義》卷上〈序〉，（台北市：藝文印書館，百部叢書集成），
頁 1。

遵循的方向。漢代之後的魏晉南北朝，以迄唐、宋、元、明、清等，都有大量這類型的著述，且在這個思想基礎上有了更多方面的發展。除了各朝各代官修的史書外，私家著述如：唐朝宗懍的《荊楚歲時記》十卷、〔註51〕段成式《酉陽雜俎》二十卷，〔註52〕續十卷，宋、元時孟元老《東京夢華錄》、吳自牧《夢粱錄》、耐得翁《都城紀勝》，佚名的《分門古今類事》，明代楊慎《古今風謠》、路楫等《古今說海》、郎瑛《便民圖纂》等等，都是專記各地區風土民情，歲時節儀的作品。這些載籍的內容，自成一個很重要的文類系統，歷代傳述不輟，對政治、文化影響深遠。

　　清代的遊宦之士與文人們，來到臺灣這個截然不同的異域孤島，看到這裡有著許多「奇風異俗」的人民，承續了載風錄俗的傳統，執筆為文，一方面記述了島上的種種風土民情，另一方面也藉由這樣的書寫，將臺灣逐步的中國化了。而這種「中國化」，很可能忽略了原住民的某些特質，而只是在進行一種傳統的、「文本式」的收編工作，將臺灣書寫成一種可以被中國人普遍接受的模式。

（二）被呈現的原住民世界

　　對臺灣所有的漢文原住民書寫都具有這樣的意識：「他們不能代表自己，他們必須被別人再現與詮釋」〔註53〕原住民本身沒有文字，缺乏強大的文化背景與武力，臣屬於中國來的政權，成為被支配的群體，僅能處於被觀察，被描繪，甚至被想像的狀況之中。

　　對原住者文化習俗表徵的文學性吟詠，通常泛論的較多，也就是以整體論述為主，因為缺乏個別族群的分類與比對，經常僅能做印象式的鋪陳，運用一些刻板式的詞彙，充填詩句，無法對細節部分做深入的描述。這種整體性的表現手法，朝向的是表現「中心主題」而非「個別主題」，將許多子題並列在一起，以此來呈現觀念中整體「臺灣番人」或某個地域番人的面貌。在眾多詩文作品中，其實可以看出相當多相似的子題，這些子題都是原住民外顯的特色，如：獨特語言、燒墾與輪休、獵鹿、獵首、鬥捷、獸骨懸掛、骷髏架、檳榔、打喇酥，淡巴菰、刺魚、獨木舟、溪浴、弓箭、腰刀、羽飾、

〔註51〕此書為最早有系統記述歲時習俗之作。
〔註52〕內容博雜多樣，以記載風土民情為世所重。
〔註53〕薩依德（Edward Said），王志弘等譯：《東方主義》（Orientalism）〈晚近發展面面觀〉，引馬克思《路易波拿巴之霧月十八》，頁28。

裸體、拔毛、缺齒或涅齒、紋身、竹耳環、銅手鐲、達戈紋布、干欄式建築、
半穴式建築、口琴、鼻簫、自由戀愛、歌謠舞蹈等等。這些子題可分爲日常
生活、生命禮俗、愛情婚姻、節慶儀式、身體服飾等幾大類，這些子題在二
百一十二年之間反復的被書寫，形成一種樣版式的、缺乏深度的寫法。整體
泛論的寫法是以「抽樣」、「剪裁」的方式，表現全體的觀念。齊體物、郁永
河、孫霖、黃叔璥、吳廷華等人的作品便是如此。

　　清代臺灣最早記述原住民風俗的是齊體物的〈臺灣雜詠〉十首，這十首
詩出自高拱乾編的《臺灣府志》。〔註54〕齊體物這組詩題名爲〈臺灣雜詠〉，
所描述的對象是臺灣的原住民，可見在他的觀點中，所謂的「臺灣人」，是當
時居住在南臺灣一帶的生、熟番。這十首詩屬於「整體泛論」的寫作法，談
到原住民如同中國傳說中上古的人民，無憂無慮的生活著，原住民頭髮白了
才知道到這人是個老人，「兒孫滿眼無年歲，頭白方知屬老人。」此地四時都
有各種水果，開各類的花，詩中描述番人以女性爲族長，男人比較沒有地位，
「豈但俗情偏愛女，草中都不長宜男。」這裡的人喜歡到溪中沐浴，聽說曾
有觀音投藥於水中，故沐浴可至百病。〔註55〕番人喜歡請人吃檳榔，以聯絡
感情，「相逢岐路無他贈，手捧檳榔勸客嘗。」男女交往用口琴演奏就能成
其婚配「燕婉相期奏口琴，宮商諧處結同心。」熟番已知耕稼，凶惡的「傀
儡番」卻仍然未受教化，居處在深山中，以殺人爲樂。「要向眾中誇俠長，只
論誰最殺人多。」這組詩中所述及的各項子題，在後來同類的詩文中屢被重
複述說，齊體物來臺早於郁永河，其作有開創之功。

　　郁永河〈土番竹枝詞〉二十四首，這組詞作中描寫原住民外在形貌的作
品特別的多，佔了近乎一半。如：他們不知道什麼是衣服，也沒有衣服穿，
幾乎是大半裸露的狀態：

　　　生來曾不識衣衫，裸體年年耐歲寒。

　　　犢鼻也知難免俗，青烏三尺是圍闌。〔註56〕

〔註54〕高拱乾：《臺灣府志》卷十〈藝文志〉，頁288。
〔註55〕這個典故源自王士禎《香祖筆記》，說是明太監王三保曾來過臺灣，且在臺灣
　　　　溪流中投藥而去，自此原住民好在溪中洗浴，認爲可以去病。這個說法出自
　　　　於主觀想像，不符實情，然後世襲用這個說法的很多。有關明朝永樂年間鄭
　　　　和下西洋之事，傳言、訛說甚多，陳第〈東番記〉曾言及鄭和經過臺灣之事，
　　　　因東番人不肯前來拜見，於是就每家給一鈴鐺讓原住民掛在脖子上，「蓋狗之
　　　　也。」與投藥溪中之事不相類。
〔註56〕郁永河：《裨海紀遊》，頁42。

原住民雖知織布（達戈紋），但產量很少，除了遮陰的部份外，全身都是光裸的，社會的發展還處在非常原始的狀態。

其次講身體的刺青：

> 紋身舊俗是雕青，背上盤旋鳥翼形。
>
> 一變又為文豹鞹，蛇神牛鬼共猙獰。
>
> （半線以北，胸背皆作豹文，如半臂之在體。）
>
> 胸背斕斑直到腰，爭誇錯錦勝鮫綃。
>
> 冰肌玉腕都紋遍，只有雙眉不解描。
>
> （番婦臂股，文繡都遍，獨頭面落垢，不知修飾，以無鏡可照，終身不能一睹其貌
>
> 也。）〔註57〕

這兩首是針對原住民身上的刺青所做的描述，郁永河注意到他們身上的花紋不同，有鳥翼形，豹紋等，紋身由胸口到腰部，紋豹文的在半線（彰化縣）以北地區的原住民，南部的以鳥翼為主。婦女也刺青，手腕、手臂、臀部上都刺滿花紋，番人對身上的花紋十分自豪，常拿來向人誇耀。講外表裝飾的有七首，內容包括耳飾、貝殼項鍊、金屬手環、各色各樣的髮型等。

他們用竹片鑽耳，以耳洞大為美，在做法上使用漸進法，剛開始像銅錢一樣，之後如碗大，有的撐到像盤子一般大：

> 番兒大耳是奇觀，少小都將兩耳鑽。
>
> 截竹塞輪輪漸大，如錢如碗復如盤。

許多人脖子上垂著用貝殼做的項鍊，重重環繞，這些貝殼的顏色有紅有綠，色彩繽紛駁雜。原住民喜歡掛著銅、鐵製的手環，爭奇鬥艷，時出新意，期望與眾不同。這個樣子在漢人的眼光裏，好像犯了重罪的犯人一般，猙獰的模樣與佛教變相圖畫中的妖魔鬼怪相類，但卻是活生生的出現在人的面前。

> 鑪貝雕螺各盡功，陸離斑駁碧兼紅。
>
> 番兒項下重重繞，客至疑過繡嶺宮。
>
> 銅箍鐵鐲儼刑人，斗怪爭奇事事新。
>
> 多少丹青摹變相，畫圖那得似生成。

他們的髮型各族不同，半線（彰化縣）以北的番人是頭陀型，南部的像兒童一般綁著三叉髻。番婦的頭髮常常很雜亂，常有蝨子在上面爬進爬出，女人們不懂用梳子梳理長髮，往往用五指代替。

〔註57〕郁永河：《裨海紀遊》，頁43。

　　覆額齊眉繞亂莎，不分男女似頭陀。

　　晚來女伴臨溪浴，一隊鸕鷀漾綠波。

　　（半線以北，男女皆翦髮覆額，狀若頭陀。番婦無老幼，每近日暮，必浴溪中。）

　　亂髮鬅鬙不作綢，常將兩手自搔爬。

　　飛蓬畢世無膏沐，一樣綢繆是室家。

　　（番婦亂髮如蓬，虮蝨繞其上，時以五指代梳。）

原住民老人看起來很像女人，女人看起來卻像男人。男女都很相類，很難分出彼此。他們有除毛的習慣，嘴角有的鬚毛都會加以拔除。

　　老翁似女女如男，男女無分總一般。

　　口角有髭皆拔盡，鬚眉都作婦人顏。〔註58〕

郁永河對原住民的觀察很是仔細，雖然有些記述不算深入，對種族的辨認不夠清楚，說原住民男女難以分辨，恐怕是認識不夠的問題，縱然如此已經是很了不起的第一手文學性的觀察報告了。在愛情與婚姻方面，年輕的番女到了適婚年齡，家裏就會準備一間獨立的房屋，讓她可以自主的生活，對這女子有情的人男子，用鼻簫傳情，若女子有意即可成婚，不必雙方家長同意。當兩人互定終身之後，會鑿下牙齒贈給對方，表示愛情的永恆不變。當男孩子長大後，便會自己離開家庭，另謀生路，家中的財產、土地是傳給女人的，男子沒有繼承權。這是母系社會常見的現象，臺灣的生、熟番中大多數都是母系社會，郁永河當時並沒有母系社會的觀念，只就觀察所得加以紀錄：

　　女兒纔到破瓜時，阿母忙為構室居。

　　吹得鼻簫能合調，任教自擇可人兒。

　　只須嬌女得歡心，那見堂開孔雀屏。

　　既得歡心纔挽手，更加鑿齒締姻盟。

　　輕身趫捷似猿猱，編竹為箍束細腰。

　　等得吹簫尋鳳侶，從今割斷伴妖嬈。

　　男兒待字早離孃，有子成童任遠颺。

　　不重生男重生女，家園原不與兒郎。〔註59〕

以上四首說的都是愛情與婚姻的情況。有關原住民日常生活方面的記述也很多，因為社會還未發展到分工的狀態，是故生活上的必需品，都必須靠自己

〔註58〕郁永河：《裨海紀遊》，頁43。

〔註59〕郁永河：《裨海紀遊》，頁43。

來做，原住民隨身帶著刀，既用來攻擊敵人，也用來砍柴殺牲畜。生活簡單，要求不多，隨意而安，下雨了就用鹿皮遮雨，捕魚用的船，只是用一塊大木頭，將中間挖空，能浮水合用即可。種的糧食只要當年夠吃就好，剩下來的都拿來釀酒，除了自己喝以外，客人來了會非常熱情的邀情同飲；喝酒、唱歌是生活中的大事。

> 腰下人人插短刀，朝朝摩厲可吹毛。
>
> 殺人屠狗般般用，纏罷樵薪又索綯。
>
> 耕田鑿井自艱辛，緩急何曾叩比鄰。
>
> 構屋斫輪還結網，百工俱備一人身。
>
> 夫攜弓矢婦鋤耰，無褐無衣不解愁。
>
> 番罽一圍聊蔽體，雨來還有鹿皮兜。
>
> 竹弓桔矢赴鹿場，射得鹿來交社商。
>
> 家家婦子門前盼，飽惟餘瀝是頭腸。
>
> 荇葛元來是小舠，刳將獨木似浮瓢。
>
> 月明海瀅歌如沸，知是番兒夜弄潮。
>
> 種秫秋來剪入場，舉家為計一年糧。
>
> 餘皆釀酒呼群輩，共罄平原十日觴。
>
> 誰道番姬巧解釀，自將生米嚼成漿。
>
> 竹筒為甕床頭挂，客至開筒勸客嘗。〔註60〕

此外郁永河嘗試替這些原住民追索來源，這些人的口音「都盧」、「都盧」的很難聽懂，有傳聞說這些人是金人的後裔，為了逃避蒙古人的追擊，入海逃生，所搭乘的船在海上被颶風吹會，因此漂流來到臺灣這個島，從而定居下來。為何有此看法，主要是發現原住民喝的酒，與元代流行的一種雜糧酒「打刺酥」很類似，因此有了這樣的聯想。不過依現代許多人類學的研究資料看來，這種講法不算正確，若真有「中國」來的人，應該會帶來農耕技術，製陶、冶鐵、紡織等技術，南部一帶的原住民，不可能仍處於如此原始的狀態之中，其實這樣的說法源自沈光文，後來許多人仍喜歡沿用。〔註61〕

〔註60〕 郁永河：《裨海紀遊》，頁44。

〔註61〕 周鍾瑄：《諸羅縣志》卷十二〈雜記志〉：「沈文開〈雜記〉：『土番種類各異，有土產者、有自海舶漂來及宋時零丁洋之敗遁亡至此者。男女分配，故番語

土番舌上掉都盧，對酒歡呼打剌酥。〔註62〕

聞說金亡避元難，颶風吹到始謀居。

最後一首詞講的是深山中凶惡的「傀儡番」，傳說這些番人酷愛殺人，把獵來的人頭放在門口，以誇耀戰果，顯示勇武，人頭擺的愈多愈能顯示身分地位。

深山負險聚遊魂，一種名為傀儡番。

博得頭顱當戶列，髑髏多處是豪門。〔註63〕

郁永河整組作品所述的範圍很廣，以客觀的寫實為主，沒有誇大渲染，也沒有好異尚奇之病，他所觸及的題材和內容，影響後世甚遠，同樣以原住民習俗為主題的繼起之作，都不免步武其寫作方向。

黃叔璥〈番社雜詠〉二十四首，〔註64〕非常有系統的將中南部原住民的生活，以七絕詩歌具體表現出來，每首各詠一事，將他們的日常生活、生命禮俗、愛情婚姻、節慶儀式、身體服飾等都包含在內。《臺海使槎錄》頗多是編採相關著作以入書者，沙轆社以北的紀錄，大概都是採用郁永河的《裨海紀聞》，《諸羅縣志》及阮蔡文的作品加以轉化、改寫的。黃叔璥本身未到過北部的番社。〈番社雜詠〉是一組用字謹慎，觀察細微，結構完整，具有文學、文化、政治多重價值的作品，將十八世紀臺灣原住民做了相當全面的描述，意義非凡。這些作品與齊體物之作不同處在於較為具體與落實的陳述，針對原住民的風俗做了科學性的考察，與齊體物比較文學性的、印象式的寫法有些差異。吳廷華有〈渡臺灣〉及〈社寮雜詩〉二十首外五首。〔註65〕這一組詩對番人的生活、習俗有很仔細的觀察和描寫，詩後並附有註解，說明此詩的內容。依詩中提及的番俗和社名，應該是以中臺灣巴布拉、巴布薩、道卡斯等族做為對象。每首詩下附有解說，有助於了解詩意。然而比對吳廷華之作與周鍾瑄所編的《諸羅縣志》〈番俗篇〉內容相近之處不少，吳廷華之作或有參考此書之處。這種「依文造詩」的作品相不僅出現在吳廷華的作品中，是有清一代常見的寫作現象。然《諸羅縣志》的記載，其實遠較其詩文為詳

　　　　處處不同。』。」頁 291。

〔註62〕藍立蓂：《關漢卿戲曲詞典》：「『答剌酥』」蒙古語。酒。」。（重慶：四川人民出版社，1993 年），頁 48。

〔註63〕郁永河：《裨海紀遊》，頁 44。

〔註64〕黃叔璥：《臺海使槎錄》，頁 175、176。

〔註65〕吳廷華，字中林，號東壁，浙江錢塘人。雍正三年（1725 年），任福建海防同知。其後嘗奉檄查臺灣倉粟，並協同諸羅縣救平民變。詩見陳培桂纂：《淡水廳志》卷十五附錄二（文徵下），頁 429、430。

實，這可以說是「文學紀錄化」的寫作法不足之處。

以單一主題為創作的對象，以原住民歌舞最為重要，臺灣原住民不論是祭祖、祭鬼神、慶豐年、逐疫、作戰、迎賓，都會有歌舞的演出，歌舞是抒發情感，凝聚共識，傳遞歷史文化重要的活動。在沒有文字的族群中，歌舞正是該族群文化的總體表現。正因為這樣的活動具有強烈的表徵意義，所以以此為題的文學作品相當多，也突顯了原住民的文化特色。

六十七所編的《番社采風圖考》〈番戲〉中輯錄了許多專詠原住民歌舞的作品。在婚禮時表演的歌舞情形，有這樣的敘述，當婚禮完成後三天，親友們聚集過來，女人們打扮的十分艷麗，穿著盛裝，為這場婚禮唱歌、跳舞。

> 番俗成婚後三日，會諸親友飲宴。各婦女艷裝赴集，以手相挽而相
> 對，舉身擺蕩，以足下軒輊應之，循環不斷。為兩匝圓井形：引吭
> 高唱，互相答和，搖頭閉目，備極媚態。此晉女子連袂踏歌意也。
> 〔註66〕

跳舞時舞者雙手相挽，圍成兩個圓圈，閉起眼睛，頭與身體有節奏的搖擺，雙腳前後跳動，歌聲此起彼應，互相對話。六十七認為這種舞蹈形式，與魏晉時期江南女子連袂踏歌很類似。不過六十七蒐錄詩作所敘述的歌舞，應不只是婚禮中的表演才是，原住民在節慶、迎賓、狩獵、戰鬥前都會有不同的歌舞演出，六十七對他們的了解恐怕不足，引錄的幾首詩作充滿了愉快歡樂的氣氛，但除了自己的作品外，應該都不是婚禮時的歌舞。范咸、黃叔璥因是巡臺御史，看到的是原住民為歡迎官員蒞臨而特別表演的歌舞，內容不盡相符。

黃叔璥：

> 男冠毛羽女鬕鬠，衣極鮮華酒極酣。
> 一度齊咻金一扣，不知歌曲但喃喃。〔註67〕

范咸：

> 連臂相看笑踏歌，陳詞道是感恩多。
> 劇憐不似弓鞋影，一曲春風奈若何。
> 妙相天魔學舞成，垂肩瓔珞太憨生。
> 分明即是西番曲，齊唱多羅作梵聲。

〔註66〕六十七：《番社采風圖考》〈番戲〉，頁14。
〔註67〕六十七：《番社采風圖考》〈番戲〉，頁15。

衣冠漸已學唐人（番謂漢人曰「唐」），婦女紅衫一色新。

金鼓齊鳴雙舉手，淺斟低唱又三巡。

不須戛玉更敲金，聲韻幽颺夜漏沈。

自是天民歌帝力，兒家知識本無心。

島上方言語意深，依然天籟有清音。

須知聲教通重譯，傾盡尊親萬國心。〔註68〕

六十七：

番歌歌罷共鳴金，舞翠翻紅燭影沈。

道是天家恩至渥，廣颺不盡野人心。

大唐禮教久蒸薰，既著長衫且著裙。

莫道窮荒少知識，謳歌無語不尊君。

歌聲雖未繞梁沈，亦自悠揚載好音。

不解喃喃度何曲，惟於含笑驗歡心。

競喜村醪進玉卮，番孃沈醉踏歌遲。

相將聯臂紅燈下，想見天魔夜舞時。

清歌宛轉燭花前，舞袖翩躚共比肩。

我正慚無宣化術，見渠歡忭亦欣然。〔註69〕

這幾首詠原住民歌舞的作品，有幾個共同的特色，其一是描述原住民參加歌舞賽會時的衣冠鮮豔華麗，裝飾隆重，顯示對表演歌舞的慎重。其二是音樂曲調很簡略，也缺乏伴奏的樂器，僅有齊一步伐的銅鑼而已，但能自得其樂，聽者也會如喝醉酒般的陶醉其中。其三是原住民們在唱些什麼，外人無法了解，需要聽得懂的人來說明才明白。其四是歌舞時必有酒爲助興之物，參與歌舞賽會的人都會被勸飲大量的「番酒」。由於氣氛熱烈，參與者往往也會興奮起來，不惜一醉「一曲蠻歌酒一卮，使君那惜醉淋漓」。六十七發現要教化這些人，不必要用太多方法，參與原住民的歌舞賽會，即能與他們打成一片，情感便能交融，便能達到官民親近的效果。這幾位清領前期的詩歌，可以看出這些遊宦之士對原住民生活了解的侷限性，然而在臺的時間很短，不過兩三年，難以深入了解，觀察自然較爲表面化，即興化。也因爲是朝廷命官，身負教化、管束屬民眾的政治責任，所以有不少教化、俯視原住民的語詞出現。

〔註68〕六十七：《番社采風圖考》〈番戲〉，頁15。
〔註69〕六十七：《番社采風圖考》〈番戲〉，頁15。

　　另外曾率領鄉勇抵拒林爽文之變的黃清泰，寫有一首〈觀岸裏社番踏歌〉，這首七言古詩，並不純然屬於客觀的記述，夾雜了詩人主觀的議論，對「岸裏社番」的歌舞有精采的描寫：

　　　　冬月獸肥新釀熟，合社飲酒社鬼祠。
　　　　酒半角技呈百戲，琴用口彈簫鼻吹。
　　　　雄者作建試身手，雌者流媚誇腰肢。
　　　　距躍曲踴皆三百，雞冠斷落鴉鬢敧。
　　　　舞罷連臂更踏歌，歌聲詭異雜歡悲。
　　　　乍聞春林哢鶯囀，忽然秋塚鳴狐狸。
　　　　酒缸不空歌不歇，落月已掛西南枝。〔註70〕

這首詩標明了這場原住民歌舞是在冬天的時候，全社的人聚集在一起祭拜鬼神飲酒作樂。這個季節的祭典應該屬於豐年祭的一種，在農事已畢之後，大家共同歡聚享樂，崇祀鬼神。岸裏社屬於巴宰族，是人丁興旺的大社，辦理祭儀場面自然盛大，詩中描述了各種表演節目，還有摔角的競賽「酒半角技呈百戲」，男子們藉著酒意紛紛下場試身手。黃清泰認為所唱的歌詞內容，不出《詩經》三百篇的範圍，這個看法表示出觀察者的智慧與敏銳。《詩經》三百篇內容中有很多是「中國人」仍處於部落時代的歌謠，其中祭祀神明、感謝豐收、讚美祖先等等的內容，與巴宰族歌謠十分近似，甚至跳舞的方式也雷同。至於歌聲是頗有變化的，有時非常歡樂，如同春天樹林內的黃鶯鳴唱，有時又極為淒惻，如秋天墳堆間狐狸的悲鳴，給人的感覺十分不同。「乍聞春林哢鶯囀，忽然秋塚鳴狐狸」兩句，是以具體的事物描述抽象歌聲的寫作法，十分精采。社人們一定要喝到酒缸空了才肯罷休，歡樂的場面一直到落月西沉，旭日即將東昇才會停止。

　　咸、同年間的彰化詩人陳肇興的〈番社過年歌〉，也歌詠了中臺灣平埔族於過年時歌舞歡樂的情形，社人們盛裝與會，又唱又跳，聲音高亢直入青天，生動又有趣。

　　　　纏頭插羽盛衣飾，紅絨鬖鬖垂兩肩。……醉起攘臂蹋地走，歌呼跳躑
　　　　何喧闐。……腰間錚錚薩鼓響，千聲沸出騰青天。……土官通事持羊
　　　　酒，獨坐工廝行賞錢。男嬉女笑出真樂，此風直在羲皇前。〔註71〕

〔註70〕周璽：《彰化縣志》，卷十二〈藝文志〉，頁 478、479。
〔註71〕陳肇興：《陶村詩稿》，（台北市：臺灣銀行經濟研究室編印，臺灣文獻叢刊第

場面既熱鬧又溫馨，令人神往。黃清泰與陳肇興都是屬於清領中期的作家，這兩人皆為「地著型」的人物。〔註72〕祖先皆為移民入臺者，在臺繁衍數代後，因戰功或科舉成為傑出人物，他們對原住民習俗的觀察自然較為真切，在視角上也與短期巡守的官員不同，這兩首作品對原住民之事皆有所議論，有所發抒，歌舞描寫僅為詩中陪襯的部分，但也可看出與前行者不同之處。

原住民一直保存著歌舞的文化特色，如果失去了這項活動，其實代表的就是語言的消失，歷史的斷落，文化的消散，最後一步即是族群的滅絕。一直到清領末期，有自覺意識的族群，仍然努力保存這個傳統。不再舉行祭典，不再唱歌跳舞的族群，事實上等於宣布了死亡的訊息。以上幾首描寫原住民歌舞的作品，常常可以看到作者以「中國文化經驗」介入書寫的現象，如范咸認為這些歌曲與「西番曲」相類，對朝廷命官這樣的歌功頌德，和堯舜時代的先民讚頌「帝力」一般，六十七認為番民因為受到「唐人」的教化，非常感謝「天恩」，歌詞中盡是「尊君」之語，黃清泰覺得岸裏社番歌的內容與《詩經》三百篇相似，連跳舞方式也沒有不同。陳肇興的〈番社過年歌〉說參與祭典的男女之樂，天真浪漫：「此風直在羲皇前」。他們在觀察與吟詠之餘，存在著「編納於我」、「與我相似」的意識，然而可以看得出來范咸、六十七「俯視」、「觀賞」的視角及心態還是非常強烈的。

（三）異域情調的誇誕舖寫

異國情調（exoticism）一詞的出現，源自於十八、十九世紀法國許多文學作品，對中國與中東地區許多「奇風異俗」，所產生的綺麗與特異的想像。作家（Hugo,Victor）、吉卜林（Rudyard Kipling）、福樓拜（Flaubert Gustave）、聶瓦（Nerval, Gerard）、佛斯特（E.M.Foster）等都曾經以一種浪漫的、怪誕的、誇大的心態與修辭，去書寫他們所認知的中國與中東。這種藉由異域風情以激發想像，肆意舖寫，誇大訛聞的寫作心態，在清代也有幾位「流動」型的創作者對臺灣，也抱有這樣的寫作意識。

郁永河《裨海紀遊》的〈番境補遺〉、〈海上紀略〉等都有這樣的例子，〈番境補遺〉中說臺灣有一座銀山，除了產銀以外，幾代以來還累積了非常多銀

---

144 種），頁 46。

〔註72〕黃清泰祖籍廣東鎮平，陳肇興祖籍不詳然「陳肇興應該也是一位墾殖移民的後裔。」見林翠鳳：《陳肇興及其《陶村詩稿》之研究》第二章，第二節。（台中市：自刊本，1999 年），頁 9。

錠，有兩個人經常進去取用，用之不竭。前任的臺廈道王效崇，曾經命家人
隨此兩人前往「銀山」取寶，載滿車後，卻找不到原來的路回來，直到拋棄
了銀子，才出得山來。後來派更多人去找，「步步標識，方謂歸途無復迷理。」
卻找不到原來的路：「自此兩人者亦不能復入矣。」〔註73〕。這個故事情節很
明顯具有陶淵明〈桃花源記〉的結構與筆法，傳奇色彩濃厚。〈海上紀略〉則
記海盜林道乾與臺灣番民曾有許多互動，給此地的居民帶來不少災難。他在
臺灣盤旋一陣後，不敵官兵的追剿，曾想到「大崑崙」定居，這個地方物產
富饒、百花齊開，不料此處興雲降雨的「龍」經常發作：

> 風雨倏至，屋宇人民，多為攝去；海舟又傾蕩不可泊，意其下必蛟
>
> 龍窟宅，不可居，始棄去。〔註74〕

林道乾覺得此處雖好，但不可久居，不可久居的原因竟是因為蛟龍之故，經
常風雨不斷，才悻悻然離去，這是以當地人們口傳言說為材料的記述。

　　丁紹儀《東瀛識略》卷七〈奇異‧兵燹〉也有一則牽強附會的怪異之談，
他說臺灣魚種類很多，但唯獨黃魚最少，有的話也僅幾寸，要是誰看到超過
一尺以上的黃魚，就好像看到竹子開花一樣，是戰亂的徵兆。更匪夷所思的
是，相傳臺灣的鹿都是海中鯊魚變化而成的，根據他的觀察西部沿海一帶並
無此事，這事發生在「後山」：「獨後山鯊魚隨潮登岸，即化為鹿，毛色純黃，
其孳生者始有梅花點。」〔註75〕他未到過「後山」，竟將鯊魚化為鹿的想像之
語，比附給當時還甚「蠻荒」的東部地區。

　　林豪《東瀛記略》〈叢談下〉講到一個詭譎陰森的故事，這則故事是傳統故
事「為虎作倀」的挪用與改述。文章開始便說：「臺地無虎，生番即虎也。」噶
瑪蘭地區的奇萊，有位父親被生番所殺，兩個兒子安葬父親完畢後，又看到變
成「虎倀」的父親帶領生番，前來殺害兩兄弟，兄長被殺以後，弟弟以斜行的
方式，躲過一劫。為何用斜行的方式便可躲過劫難，因為生番僅能直視，不能
斜視。就因為害怕被生番殺害的親人，再回來索取他人的性命，因此：

> 故凡見殺於番者，其家人不敢出聲哭泣，不敢為位招魂、上墓祭享，
>
> 恐番覺而鏢鎗隨至也。嗚呼！亦可憫哉！〔註76〕

〔註73〕郁永河：《裨海紀遊》〈番境補遺〉，頁55。
〔註74〕郁永河：《裨海紀遊》〈海上紀略〉，頁62。
〔註75〕丁紹儀：《東瀛識略》卷七〈奇異‧兵燹〉，頁83。
〔註76〕林豪：《東瀛記略》〈叢談下〉，頁66。

以上這幾則「傳奇」都是雜記體的著作，這些作品基本上有魏晉以來筆記小說的影響，他們以這些作品為架構，加上臺灣在地的素材，再加以轉化、變形、增減，形成了一種中國模式的敘述樣貌，寫作者對陌生的地域、缺乏了解的異族，做了充滿想像的、誇大式的描述，讓人在閱讀時產生神秘的、趣味的感受。然而這些作品重要的是比較缺乏藝術性，不論在文字或情節上都顯得經營不足，犯了平鋪直敘，結構鬆散的毛病。這些作者的作品大部分十分謹守分寸，以實錄為主，然而仍不免對奇風異俗的著錄有著過度的興趣。

　　孫元衡是一位寫番俗作品甚多的作家，知名之作有〈裸人叢笑篇〉、〈秋日雜詩〉十二首等。〔註 77〕其作品特色是好用誇張的筆法，恣縱的想像，來編織鋪飾。寫番人之作也堆砌了許多古文奇字，雜湊了一些史書上的典故，來使詩作顯得古雅深奧。這種作法源自杜甫，而韓愈、孟郊、賈島等險怪派詩人將它發揚到極致的地步，孫元衡走的便是這一派瑰奇險怪的路子。不過作品雖在藝術上達到渲染、誇誕的效果，但也看出背離實情，為文造文的現象。〈秋日雜詩〉最末一首說：「回首平生事，心將跡並奇。溯江曾學懶，入海為求詩。」〔註 78〕很明白的自訴，來到臺灣是為了作詩，就算此言不是真心話，但至少可看出有意規模臺灣山水、奇風異俗以入詩的企圖。先看〈裸人叢笑篇〉中描述原住民的服飾衣冠：

> 衝鬐縵靡草，鬌髻如植竿。獨猍兒薦立，兩岐羱角端。不簪亦不弁，雜卉翼以翰。謂當祝髮從甌駱，爾胡不髡能自完。
>
> 鑿囷貫竹皮括輪，象日月分衝其身，圓景雙擔色若銀。我聞無腸之東轟耳國，趨走捧持猶捧珍。又云一耳為衾一為茵。非其苗裔強相效，鳴呼坎德胡不辰。
>
> 短布無長縫，尚元戒施縞。桶裙本陋制，不異蠻犵狫。猺蠻鑿齒喪其親，爾蠻鑿齒媾其姻，雜俗殊風仁不仁。〔註 79〕

以上兩首第一首是說原住民的頭髮梳成直立的模樣，有的像獨角的青牛（兕）〔註 80〕，有的又像羱羊粗大盤旋的角那般，不簪頭髮也不戴皮帽，把野花插

〔註 77〕孫元衡：《赤嵌集》卷二〈裸人叢笑篇〉，頁 24，卷三〈秋日雜詩〉，頁 50。

〔註 78〕孫元衡：《赤嵌集》卷四，頁 53。

〔註 79〕孫元衡：《赤嵌集》卷二，頁 25。

〔註 80〕郝懿行：《爾雅義疏》下之六〈釋獸〉：兕似牛，一角青色，重千金。（台北市：《四部備要・經部》，中華書局據家刻足本校刊），頁 8。

在頭髮上。第二首講原住民用竹子皮作成圓形的裝飾品，有的拿來束腰，有的拿來貫耳，他認為這些髮型和裝飾受到甌駱這些種族以及聶耳國的影響，但是這樣的「模仿」很沒必要。第三首寫原住民的衣服和廣西、貴州一帶的犵狫人很像，顏色喜歡用黑色，裙子是桶狀的，犵狫也有鑿齒的習俗，不同的是父母死，兒子媳婦各鑿二齒投棺中以示追念，臺灣的原住民則是鑿齒以為婚媾。有關這點郁永河、孫元衡、吳廷華認為是婚媾，〔註81〕陳第、夏之芳則認為鑿齒是為美觀。〔註82〕以上三首的內容可以看到，孫元衡作詩時喜歡查閱《山海經》、《爾雅》甚或辭典一類的工具書，描述臺灣原住民實，引用了閩、粵、貴州一帶的少數民族來做比較，拿他們風俗衣飾與這裏的人對照。這種綜合比較性的方法當然有其價值，可以見出博覽群書的學術功力，不過立論基礎應該建立在嚴謹些的觀察才是。除了以上三首外〈裸人叢笑篇〉其它詩作同樣犯了不少想當然耳的毛病，對原住民習俗了解並不深入，沒有真正進入部落考察，僅在文獻中打轉。如說傀儡番獵到人首後，把肉丟給肥豬吃，人死後用火烤，讓屍首乾了以後放在屋中，以便久存。死了丈夫的女人叫「鬼殘」，因為造成了丈夫死亡，眾人都會離棄她。這些記述可能並非實情，只能說孫元衡的想像力十分豐富了。以島上原住民的奇風異俗做為題材，作為豐富其文學世界的養料，然而作品間總是帶有種輕鄙、嘲笑的意味，這種漢族沙文主義的姿態，是那時許多漢人具有的想法，然而這種態度不論如何總令人有棘目之感。諸多寫原住民習俗的作家裡，孫元衡是風格最特殊的一位，他沒有文章經世的思想，並不想以其詩來「經世備治」，所追求的是浪漫的自由的藝術精神，以誇大的想像和廣博的知識來編造創作的世界。

　　乾隆年間主纂《重修臺灣府志》的范咸，寫有〈臺江雜詠〉組詩，其中也出現了不少訛誕之作，如：〈二疊臺江雜詠〉〔註83〕

　　　　宿樹隱藏狐兔窟，（內山雞爪番宿樹上。）驚沙奔及馬牛風。（「番俗
　　　　六考」云，社番展足矜捷，沙走風飛。）髑髏高奉群相壽，（內山番

〔註81〕郁永河：〈土番竹枝詞〉：「既得歡心纏挽手，更加鑿齒締姻盟。」吳廷華〈社寮雜詩〉：「琴瑟更張意已乖，蕭郎岐路為誰排。回頭斷齒追歡日，尚賸親磨鹿角釵。（夫婦不和能離異不往顧。土番多手制鹿角釵為聘。番女成婚則去二齒，以別處女。）。」
〔註82〕陳第：〈東番記〉：「女子斷齒以為飾也。女子年十五斷去唇兩傍二齒。」夏之芳〈臺灣雜詠〉：「雕題鑿齒徒矜尚，未解雙蛾夜畫眉。」
〔註83〕陳漢光編：《臺灣詩錄》（中），頁334。

以殺人多者爲雄。孫元衡詩:「腰下血模糊,諸番起相壽」。)。野伏
長鈚恃竹弓。〔註84〕

范咸對原住民習俗頗有涉獵,該書內容豐富,有超出前人之處,也以博採諸
家,考證精善爲傲,不過不少作品也有好異尚奇,所言不實之病。譬如說「雞
爪番」(泰雅族)如雞禽一般夜晚時睡在樹枝上,故腳掌特別大,這是引用孫
元衡錯誤的說法。又認爲原住民獵首之後,回到部落,族人齊聚一起,祝他
延年益壽,這樣的風俗並不見於哪個族群之中。

　　光緒年間來臺的黃逢昶,寫有〈臺灣竹枝詞〉七十五首,所吟詠的內容頗
不符實情,牽強附會之處很多。其中一首說道宜蘭縣有個地方名叫秀孤鸞,秀
孤鸞的山上開滿了菊花。宜蘭縣的外海,有一座浮嶼,島上住的都是仙人,仙
人每年冬初,都會派一個童子到秀孤鸞採菊花。曾有一個老番,跟著童子去過
那個島,島上沒有城市、沒有人家,到處都是珍禽異獸、奇花異草,去後回來,
已經幾百歲了。如果童子沒來,想要去找也會迷路。另一首說:〔註85〕

異類猶能感至仁,有臺無物不登春。同遊化日光天下,何獨生人欲
瞰人。

附註云有生番別種「蛇首猙獰,能飛行」說有一種原住民長了蛇一樣的頭,
還能飛行,專好吃人,某人因船難停留在海邊,不一會出現了可怕的番人,
同行的人都被吃了了,他因爲頸間有雄黃,妖物不敢靠近,獨自存活下來。這
個說法應該是雜湊了以蛇爲圖騰的原住民族群,番人善跑步,健步如飛,擱
淺船隻上的人們上岸後常遭獵首,幾個素材所編織出來的故事,這種荒誕不
經的寫法,是以訛傳訛之作。

　　不論是整體性的描述或單一主題,除了「採風錄俗,經世備治」或表現
獨特的藝術手法之外,「異域情調」也是書寫者希望表現的特性之一,臺灣原
住民有何奇風異俗,有何異於「我族」可喜可愕之事,不僅是創作者有記述
的興趣,寫作這些題材的目的也在引起讀者的好奇。這種「異域經驗」對遊
宦之士來說,是生命中一段「輝煌之旅」,他們冒著生命危險,來到蠻荒之境,
全身而退後,以自身經歷寫成文字,向人述說冒險歷程,這是值得炫耀,令
人興起感嘆,敬仰之情的行動,有趣的是這種代表「帝國文化式」浪漫、炫

〔註84〕陳漢光編:《臺灣詩錄》(上),頁334。
〔註85〕黃逢昶:《臺灣生熟番紀事》,(台北市:臺灣銀行經濟研究室編印,臺灣文獻
　　　　叢刊第15種,1960年),頁17、19。

耀、誇誕式的書寫，在歐洲和中國都可找到相通的模式。

二、社會狀態的觀察與描繪

（一）帝國化的改造歷程

對已經歸降異族的教化，一向是征服者重要的工作之一。為了讓被統治者進入「我們」的文化體系，要他們學習中國的語言、習俗、典籍，使之脫離「野蠻」的狀態，像個文明的中國人。這個現象可以用帝國化的過程（imperial process）來理解。〔註86〕「教化」原住民是來臺官員的重責大任之一，所以這個主題是他們很喜歡書寫的題目之一，從清領初期到光緒年間，此類主題都不曾終止過。官方具體的做法是設立「社學」，在歸化的番社中設立學校，教導原住民，這是援用自中國政府教化苗、蠻、猺、黎等少數民族的方法。〔註87〕康熙二十三年（1684 年）知府蔣毓英便在臺灣縣東安坊設了兩所社學、鳳山縣設了土墼埕社學。康熙二十五年（1686 年）知縣樊維屏在諸羅縣增設四所社學，二十八年（1689 年）台廈道王效宗在臺灣縣北坊另社一所社學。其後各縣都陸續開辦社學，以教導番民。〔註88〕看到粗野的原住民馴服的接受教育，是讓統治者感到心安與欣慰的，他們相信，原住民接受教育後，必然會提升生活品質，脫去蠻野習氣，成為大清帝國治下的安良百姓。

對臺灣的住民，要如何恰當管理使之成為文明之人，成為一個完全接受漢人文化規範與系統的「中國人」，郁永河發抒了一番建議，認為應該教導原住民詩、書，替他們制定衣服、飲食、婚姻、喪葬之禮，短則三十年，長則百年，就可以消除頑愚之心，成為「中國人」。他舉了中國歷史上曾是「斷髮紋身」之族的荊蠻（吳越）以及閩地為例，這些地區的人都在漢化之後，經過長期的培養，文教之風盛行，人才輩出。所以在上位的人鼓舞之、教化之，就算在「異域他方」涵化深了，也可以培養出人才。

〔註86〕Bill ashcorft， Gareth Griffith，&Helen Tiffin 著，劉自荃譯：《逆寫帝國～後殖民文學的理論與實踐》，（台北：駱駝出版社，1998 年），頁 2。

〔註87〕丁紹儀：《東瀛識略》卷三〈學校〉：「臺灣義學之外，又有社學，蓋仿楚、粵、滇、黔等省邊隅州縣設學延師教訓苗、蠻、猺、黎子弟之制，就歸化番社，設立社學，擇熟番子弟之秀穎者入學讀書，訓以官音。熟習之後，令其往教生番子弟，果能漸通文理，取入佾生。再援黔省苗學之例，請設學額考試：庶幾薰陶濡染，漸化其獷野之習：法至良，意至美也！」

〔註88〕高拱乾：《臺灣府志》卷二〈規制志〉頁 35。

> 苟能化以禮義，風以詩書，教以蓄有備無之道，制以衣服、飲食、
> 冠婚、喪祭之禮，使咸知愛親、敬長、尊君、親上，啓發樂生之心，
> 潛消頑憨之性。遠則百年、近則三十年，將見風俗改觀，率循禮教，
> 寧與中國之民有以異乎？古稱荊蠻斷髮文身之俗，乃在吳越近地，
> 今且蔚爲人文淵藪。至若閩地，叛服不常，漢世再棄而復收之；自
> 道南先生出，而有宋理學大儒競起南中。人固不可以常俗限，是在
> 上之人鼓舞而化導之耳！〔註89〕

吳越兩地現在儒者甚多，福建之人在唐代以前大部分屬於「未開化」之區，叛亂不已，到了宋代出現了許多理學大儒，他們的學術高明、思想精湛反過來影響整個中國。這便是蠻夷長期「中國化」之後的成效。「人」是難以限定的，只要在上位的善於教化，未來的成就不可限量。要如何做好臺灣的建設，教化好「原臺灣人」這是非常重要的政策。郁永河認爲現在臺灣的官員都由大陸來臺任職，每三年一任，但三年實在太短，許多政事先要熟悉，其後才能有所作爲，但熟悉政務的時間就要很長，且做法與前任未必相同，政令再三更改，任期差不多就滿了，事情如何能做得好，因此應該有長遠的計畫，長期的努力耕耘，才見得到效果。

> 今臺郡百執事，朝廷以其海外勞吏，每三歲遷擢，政令初施，人心
> 未洽，而轉盼易之，安必蕭規曹隨，後至者一守前人繩尺，不事更
> 張爲？況席不暇暖，視一官如傳舍，孰肯爲遠效難稽之治乎？余謂
> 欲化番人，必如周之分封同姓及世卿采地，子孫世守：或如唐韋皋、
> 宋張詠之治蜀，久任數十年，不責旦暮之效然後可。〔註90〕

所謂長期的耕耘有兩種模式，其一如周朝的封建制度一般分封同姓或大臣，將臺灣封贈給某人，要他在此地長住，子孫都世守此地，這樣效果才好。否則就要如唐朝韋皋、宋朝張詠之治蜀，在當地數十年經營，長期的教化當地蠻夷，「漢化」的效果才能顯現。這是郁永河的「理臺建議」，這些議論基本上是「以史爲訓」，由歷史經驗來尋求治理之道，歷史上中國統一及教化異族的例子是非常多的，以史爲鑑的說法很有說服力。他的看法頗佳，可惜與當時的消極治臺的政策不並相符，來臺的官員任期很短，很難有心於此，有些好的措施，未及實現便要離開，因爲在臺時間短，無法與當地人建立情感，

〔註89〕郁永河：《裨海紀遊》卷下，頁 36。
〔註90〕郁永河：《裨海紀遊》卷下，頁 37。

許多事也無法深入，來臺僅是過客，就算有心，也未必能做出長治久安的事來。郁永河雖然是一位平民，但懷有經世治民的想法，他的觀察很切中時病，由這些文字裡可以看得出來。清廷雖未用心經營此地，但也未有放棄的打算，以國家尊嚴的立場來看，喪失一塊國土是何其嚴重的事，對國家形象必造成極大的傷害。所以朝廷仍然以比較自然變化式的改造法，去對待緩慢日進的臺灣。

乾隆年間入臺的孫霖，寫有〈赤嵌竹枝詞〉十首，其中之一寫大傑巔社（Taburian 現屏東縣旗山鎮一帶，屬馬卡道族）接受漢化教育的情形，這是清領初期教化的一個報導性的作品：

> 漸消狙獷漸恬熙，大傑巔頭立社師。海宇同文臻雅化，愛聽童子誦毛詩。
>
> （土番向不知書，自隸版圖後，還淳向義，一洗狙獷陋習；設社師，教番童「四書」、「詩經」，皆能成誦。間有應試事，大加獎勵；同文之治，蒸蒸盛矣）。〔註91〕

詩中談到政府在番社派來了老師，教導原住民學習中國的文字，要他們背誦「四書」、「詩經」等聖賢教化之書。而原住民們因為這樣的教化，而脫離了粗野的習氣，學生中若有學有所成的，能參加政府舉辦考試的，則大加鼓勵。孫霖感到假以時日，原住民也將慕義向化，成為語同調，書同文之人，這裡的治理情況也將隨之蒸蒸日上。

荷蘭人在南臺灣建立殖民地時，曾經培養了一些原住民，讓他們學習荷蘭文，要他們協助處理商業文書，翻譯聖經教義，以做為雙方溝通的橋樑。原住民運用荷蘭文大約開始在明思宗崇禎九年（1636 年），並持續到嘉慶二十三年（1818 年），共約一百八十餘年。〔註92〕這些文字主要用在登記公文書，紀錄錢穀數目以及書寫買賣契約方面。因是原住民學會的第一種文字，且明白到文字具有的「智慧與力量」，知道「它」的權威性，所以用它來記載重要事務。清領時來臺官員並未全面禁止原住民使用這些文字，這是為了方便公務處理或管理當地人，但仍希望能儘快學會中國文字，不要再用「紅毛人」的方式書寫。黃叔璥的《臺海使槎錄》〈番社雜詠〉二十四首的最後一首，以

〔註91〕謝金鑾：《續修臺灣縣志》，卷八〈藝文〉（三），頁 592。
〔註92〕翁佳音：〈西拉雅族羅馬字的成立與衰亡〉，「臺灣羅馬字國際研討會論文」，（台南市：2004 年 10 月 9 日），頁 1。會寫羅馬字的西拉雅族分布在臺南、高雄一帶，還有屏東縣屬於西拉雅族一支阿猴社的馬卡道族。他們延續這個書寫方式，處理日常生活中重要的紀事。

〈漢塾〉作爲收束，點明原住民已開始受到中國文化的薰陶，將放棄荷蘭人
的文字，漸漸成爲中國子民。

漢塾

> 紅毛舊習篆成蝸，漢塾今聞近社皆。謾說飛鴞難可化，泮林已見好
> 音懷。〔註93〕

黃叔璥說最近番社一帶都成立了漢塾，學習中國文化的人愈來愈多了。看他
們欣然受教的情形，令人欣慰，別說原住民難以教化；性情粗野兇猛，像惡
鳥貓頭鷹一樣，現在看起來都已接受教化，努力成爲清國子民了。Bill ashcorft
Gareth Griffith&Helen Tiffin 在《逆寫帝國 —— 後殖民文學的理論與實踐》〈前
言〉說：

> 帝國主義的壓抑，其中一個最主要的特色，便是對其語言的控制。
> 帝國化的教育制度，都會把語言的「標準」版本，設置爲典範正統，
> 使其他一切變種（variants），皆被邊緣化爲駁雜不純。〔註94〕

「中國人」之於原住民與荷蘭人在語言的做法上相似，希望建立起語言的「標
準性」，這是政權統治的基礎，統一的語言、文字，才能使政府的控制有效。
相對的來說，原住民的語言就會變成較無用的，邊緣化的或是弱勢者的語言。
政府所大力推動的語言，變成優勢的，主流的話語。想要成爲強勢族群的一
員，就必須努力的學習政府要求的話語。荷蘭人當時其實並沒有統一及控制
全島的能力，只想建立一個能製造財富的「殖民基地」而已，在語言政策上
並未顯現全面性的、強制性的企圖，由於人數不足，軍力不夠，除了南部對
全島還只能做探勘、調查的工作而已。清朝政府則不然，臺灣爲其帝國新納
入的版圖，全島必須逐步統一，島民必須漢化，政權的控制力量才能顯現出
來，是以語言、文字上的「教而化之」是很必要的措施。黃叔璥的《臺海使
槎錄》卷五〈番俗六考北路諸羅番三〉說到東螺、貓兒干的番人能背誦毛詩、
阿束社番童能默寫論語，〈北路諸羅番六〉半線社番童有讀孟子、論語、大學
者，〔註95〕對這樣的成果感到滿意，四書五經是中國人立國的基本經典，其

〔註93〕黃叔璥：《臺海使槎錄》，頁 176。
〔註94〕比爾‧阿希克洛夫特，嘉雷斯‧格里菲斯，凱倫‧蒂芬（Bill ashcorft， Gareth
　　　　Griffith，&Helen Tiffin）著，劉自荃譯：《逆寫帝國 —— 後殖民文學的理論與
　　　　實踐》，（台北市：駱駝出版社，1998 年 6 月），頁 8。
〔註95〕黃叔璥：《臺海使槎錄》，頁 109、117。

重要性一如基督徒的聖經，回教徒的古蘭經，西方帝國霸權入侵弱小國家，最先出發的往往是手持聖經的傳教士，教士們以神為名，以各種方式讓「原始」且「弱小」的民族，接受聖經的教義，以聖經為教化改造「原始」且「弱小」的民族，讓他們知道上帝的偉大與恩典，中國則以四書五經做為工具，這種教化與改造的方式與意欲，其實如出一轍。〔註96〕

　　朱仕玠《小琉球漫誌》中的〈海東紀勝〉（上、下）〈海東滕語〉（上、中、下）〈下淡水社寄語〉等記載了一些有關原住民的事情。〔註97〕這些記載中認為，對原住民進行同化與改造的工作，教育的力量是最大的。荷蘭人之於臺灣、英國人之於印度、法國人之於越南，做法都頗相類。中國人的殖民歷史較諸前幾個國家更長遠，從秦漢以來，中國征服無數不同文化與種族的「蠻夷之邦」，在征服成功後，同化政策中最重要的工作便是教育了。教育措施實施一段時間後，便能培養出可以為他們所用的人才，這些「人才」，經過「教育」，將會成為官府統治重要的幫手。朱仕玠的〈番社考試〉一則講到受教育之後的原住民，如何通過考試，取得官方的認可，成為「有用之才」。這篇文章記述雖簡略，但包含的內容卻很多，如：漢塾的教師都來自內地，本地還沒培養出適合的人才。每年春天掌理臺教的長官會來巡視，並同時舉行驗收考課，督導學習的情形。熟番所學並不多，只有「聖諭廣訓二條」而已，參加考試表現好的也給與功名，學生儀表佳，字寫得端正的，讓他擔任「樂舞生」，成為社學中重要的成員。因為學生既已列名科考上榜的人士，就不能再用番姓番名了，於是他們就有了潘及趙、錢、孫、李等中國的姓氏了。

　　　熟番歸化後，每社設有番學社。師悉內地人，以各學訓導督其事。

　　　每歲仲春，巡行所屬番社，以課番童勤惰。凡歲科試，番童亦與試。

　　　自縣、府及道試，止令錄聖諭廣訓二條，擇其嫻儀則、字畫端楷者，

　　　充樂舞生。間有能為帖括者，通計四縣番童，不過十餘人。道試止

───────────

〔註96〕伊能嘉矩這位對臺灣原住民調查具有很大貢獻的學者，其基本心態也在「教育」、「改造」原住民，讓原住民能盡快的納入「日本」的文化體系，他說：「要治化、保護、誘掖未開化蕃民的方法，看似容易，但實際作起來卻很困難，一方面要施與教育，以啟蒙、栽培其德、智，另一方面要講求授產方法，以防範禍機於未然。」見伊能嘉矩著，楊南郡譯註《臺灣踏查日記》（上），（台北：遠流出版社，1996年），頁12、13。

〔註97〕朱仕玠，福建邵武人，字碧峰，號筠園。乾隆二十八年（1763）入臺，任鳳山縣儒學教諭。著有《溪音集》、《小琉球漫誌》十卷。

　　取一名，給與頂帶，與五學新進童生一體簪掛。初，熟番有名無姓，

　　既準與試，以無姓不可列榜，某巡臺掌學政，就番字加水三點爲潘

　　字，命姓潘。故諸番多潘姓，後別自認姓，有趙、李諸姓。〔註98〕

番童所學的內容通常很簡單，意思是不希望他們感到困難，因而畏卻上學。
表現好的給予賞賜，鼓勵向學。因爲得到政府的肯定了，必須將姓名列在榜
單上，因此要爲自己取個漢人的名字，如潘正和、趙興華、錢榮選、孫來、
李明清等；改姓、賜姓等政策，也是同化方式中的一種。冠了漢人的姓，有
了漢人的名字，逐漸放棄原來的「番姓」、「番名」，更可以加速漢化的程度。

　　原住民在語言、風俗、姓氏、服飾方面逐步的漢化，逐步的捨棄原來的
族群樣貌。強勢的中國文化，透過軍事力量與聖賢之書，再三向他們顯示「番
人」的卑微；既有文化的野蠻落後，告訴他們學習成爲中國人的重要，做爲
一個「原臺灣人」其實是頗爲羞恥的。於是向中國人學習，模擬強勢文化的
種種，隱藏自己的血統、身份，「慕義向化」的改造自己成爲清國的子民，正
是原住民不得不的，或許是自願的；生存課題。不過中國式的「併吞」異族，
所採取的方式是文化的消滅與改造，逐步的以中國取代「異族」，讓非我族類
之人放棄原有的「特色」，融入中國文化之中，此即所謂「向中心模仿」（mimicry
of the center）〔註99〕；只要接受了我的，放棄了原有的，數代之後，便沒有
族群的問題了。執政者不鼓勵異族保有原先的歷史、文化，希望這些被征服
者將之盡快拋棄、忘卻，融入中國之中。這點與歐洲帝國主義的方法頗有不
同，歐洲帝國主義對非我族類的看法經常是「白種人的負擔」，認爲這些「有
色人種」、「海外民族」往往是卑微的、全然無希望的，是需要他們保護的。
而以基督爲名的傳教士們，也以拯救被魔鬼佔據的愚蠢的心靈爲第一要務，
傳教士們充滿熱情的前往世界各落後地區，宣揚「福音」，積極的想去進行改
造教化的工作。在近代受到歐洲帝國洗禮的民族及國家，看到的是侵占、掠
奪、奴化、控制等現象，統治者與被統治者之間的階級分明，權力集中於少
數族群，剝削者與被剝削持續存在；以膚色區別權利與種族隔離的措施仍被
執行。歐洲帝國主義的「教化改造」行動，少了「融入合併」的長遠考量，

〔註98〕朱仕玠：《小琉球漫誌》卷七〈海東賸語〉（中），頁74。

〔註99〕比爾‧阿希克洛夫特，嘉雷斯‧格里菲斯，凱倫‧蒂芬（Bill ashcorft， Gareth
　　　　Griffith，&Helen Tiffin）著，劉自荃譯：《逆寫帝國——後殖民文學的理論與
　　　　實踐》，頁4。

僅在以「獲得利益」上著力，便是兩者不同之處。

（二）經濟活動與人倫社會

原住民已成為大清子民，當然必須「納餉」，每年收穫所得，必須繳納一定的額度。稅官會依民眾的收穫，一一加以紀錄。原住民也懂得和平地人做生意，他們會將獵得獸皮賣給漢人，得了錢之後，可換取想要的東西。事實上在乾隆二年（1737 年）以前原住民所繳交的稅，超過大陸內地及在臺灣的「中國人」，這是帝國向其征服地剝削、榨取財富的通例，被征服者必須向宰制者貢獻他們的所得。黃叔璥〈番社雜詠〉二十四首，中就有兩首談及這兩項事情。原住民中的熟番因懂得耕種，便繳交稻穀雜糧或銀兩，不懂耕種的，就以出草獵獲的鹿隻來充當稅餉。因為課稅頗重，他們生產能力又不太足夠，常常交完稅後就空無一物，要挨餓受凍了。

社餉

出草秋深盡夏初，刖蹄剖腹外無餘。

當官已報社商革，五穀雜豚一一書。〔註100〕

生番雖然經常出來殺傷人命，但也喜歡熟番或平地人出產的貨物，所以也有以物易物的「互市」行為發生。漢人想要的獸皮，卻因為害怕生番獵人頭而不敢去交易，熟番卻有管道與生番溝通，因此漢人便透過熟番進行交易。

互市

獸皮時出內山深，互市傳來直至今。

莫道漢人曾未到，熟番有路敢探尋。〔註101〕

臺灣原住民自古以來，便是以以物易物的方式進行交易行為，這點可由東部出產的玉石，可以在西部原住民身上的裝飾出現查知。在清朝的文獻中將原住民分為生番、熟番，但在原住民之間卻沒有這麼清楚的畫分，是以地域及種屬來分別的，他們之間互有往來，沒有以金錢購物的習慣，通常是互換產物。當然，彼此之間也因為爭獵場、為表示勇武、為嫌隙而互相爭鬥，互相殺伐。

翟灝《臺陽筆記》中有一篇〈生番歸化記〉〔註102〕，記述中臺灣一帶的

〔註100〕黃叔璥：《臺海使槎錄》，頁 175、176。「出草」一詞，原有打獵的意思，由這首詩可以看出，但後來詞意發生變化，逐漸變為獵人首級之意。

〔註101〕黃叔璥：《臺海使槎錄》，頁 176。

生、熟番的樣貌與習俗。原漢在畫界區隔之後，相約互不侵犯，而原漢交界的地方往往行成彼此貿易的場所，這個地方稱作「換番」，這些記述都是屬於實錄，很真切的記下當時的社會狀況。

> 番界設社丁首一名，漢人給戳而充其役。廣其居以為番息（番界築舍數楹，生番出山，即居其地）。來則三五成群，漆髮文身（遍身以針刺孔，或牡丹花，或錢式，實以藍靛，以飾其觀），腰弓矢，懷短刃，挾所獲易布絲鹽鐵，名曰「換番」；習以為常，民番兩便，社丁亦與有利。〔註103〕

原住民聚居的地方，設「社丁首」一名，由漢人發給戳記文件，證明他的身分。這人算是原住民的首領，負責溝通或管理部落事務。在原漢交界的地方，政府蓋了幾間房舍，讓出山來的「生番」暫住。這些人往往三五成群的下山來，腰間配著弓箭，懷裡藏著短刀，渾身刺有各色花紋以顯示勇武。他們帶了一些獵物來到此地，和漢人交換布、絲、鹽、鐵等東西。這個行為叫做「換番」，就是一種以物易物的交換行的經濟行為。

原住民向官府納稅，服勞役，因此被稱為「熟番」，他們出產的糧食、打的獵物也可抵充稅金。原住民彼此之間、原漢之間也進行著比較簡單的經濟行為。

原住民的社會組織與人倫關係，也是經常被述及的主題，不過這些敘述比較表面化，對相關部族的描述並不周詳，所了解的比較有限。

郁永河：《裨海紀遊》卷下：

> 蓋皆以門楣紹瓜瓞，父母不得有其子，故一再世兒孫且不識其祖矣；番人皆無姓氏，有以也。

> 我有之，我飲食之，相黨親戚，緩急有無不相通；鄰人米爛粟紅，饑者不之貸也。社有大小，戶有眾寡，皆推一二為土官。其居室、飲食、力作，皆與眾等，無一毫加於眾番。〔註104〕

原住民沒有姓氏的觀念，父母與子女的關係不似漢人那樣，把孩子視為重要的私人財產，孩子幾乎都不知道祖父輩是誰。若發生飢荒的情況，原住民之間不會互相支援，就算鄰人餘糧多到腐爛了，無米糧的人也不會去向他人借

〔註102〕 翟灝，字笠山，山東淄川人，乾隆五十七（1792）年入臺，任南投縣丞十餘年。著有《臺陽筆記》。
〔註103〕 朱仕玠：《小琉球漫誌》卷八〈海東賸語〉（下），頁80。
〔註104〕 郁永河：《裨海紀遊》卷下，頁36。

貸。他們沒有建立嚴密的首領制度，沒有領導階級，部落間只有一、二個人被推出來當眾人的代表而已，這個代表並沒有什麼權力，不能向族人收稅，居處、飲食、工作和眾人都一樣。郁永河所描寫的是一部分熟番的社會現象，並不能代表多數原住民的社會組織情形。如排灣族、魯凱族、卑南族、阿美族等就有相當完整的社會組織、階級制度，部落有一定的互助機制，顯然與郁永河所述有差異。不過這些族群在彼時都屬於「生番」，是中國來的人所不了解的。

　　阮蔡文的《淡水紀行詩》〔註 105〕是一組重要的作品，其中〈大甲婦〉一首對番婦的織布機有很精細的描述，對織布機的機巧很是稱讚，織出的布很美，可以當大禮服。他感覺番婦的生活很辛苦，男番對每日鋤田力作、辛勤織衣的妻子卻不甚愛惜，男番身上穿著漂亮的衣服，四處炫耀，番婦衣著卻很簡陋，阮蔡文因此感嘆大甲的婦人實在太辛苦了。

> 大甲婦，一何苦！爲夫饁餉爲夫鋤，爲夫日日績麻縷。……吾聞利
> 用前民有聖人，一器一名皆上古。況茲抒軸事機絲，制度周詳供歊
> 齲。土番蠢爾本無知，制器伊誰遠近取！日計苦無多，月計有餘縷。
> 但得稍閒餘，軋軋事傴僂。番丁橫肩勝綺羅，番婦周身短布裋。大
> 甲婦，一何苦。

大甲社的婦女下田耕種，還爲丈夫準備餐飯，照顧非常周到。其實平埔族大多爲母系社會，「大甲」社亦復如此，女性辛苦的維持家計，努力工作，男性好逸惡勞，正是社會習俗所形成的特性。

　　黃叔璥《臺海使槎錄》〈南路鳳山傀儡番二〉曾提及原住民部落以女性爲「土官」者，如雍正年間心武里女土官蘭雷、毛系系社女土官。〔註 106〕鄧傳安《蠡測彙鈔》〈臺灣番社紀略〉中提到卑南覓女土官「寶珠盛飾，如中華貴家」〔註 107〕可見女性在原住民社群中，常有可能成爲社群的首領，這也是母系社會才可能產生的現象。此外丁紹儀在《東瀛識略》裡引用《諸羅縣志》及《臺海采風圖》的敘述，對原住民人倫之美十分讚美。原住民夫妻相處十分親暱，經常手牽手同行，就算富有也不蓄奴婢，對待他人親切有禮，重視

〔註 105〕周鍾瑄：《諸羅縣志》第二冊，卷十一〈藝文志〉，頁 265～268。
〔註 106〕黃叔璥：《臺海使槎錄》，雍正年間心武里女土官蘭雷爲客家移民所殺，八歹社、加者膀眼社原住民率番眾爲其報仇，暗伏東勢庄，殺死客民三人，割頭顱以去，頁 152。
〔註 107〕鄧傳安：《蠡測彙鈔》〈臺灣番社紀略〉，頁 2。

長幼尊卑之節，不賭博，不偷竊，農事已畢，群聚共飲，若有漢人來到，必定要拉入共飲，熱情洋溢，不醉不歸。這種良好淳樸的民風，經過了一百多年還是如此，讓丁紹儀覺得非常感動。

> 諸羅志云：「諸番皆夫婦相暱，雖富，無婢妾僮僕，終身不出里閈，行攜手、坐同車，不知有生人離別之苦。不爲竊盜、不識博弈，渾乎混沌之未鑿也」。臺海采風圖云：「農事既畢，眾番互相邀會，男女雜坐，酬酢歡呼。若漢人闌入，便拉與同飲，不醉不止。卑幼遇尊長，卻立道旁，俟過始行；如遇同輩；亦通問相讓」。此風今猶未替，可以想見無懷、葛天之世焉。〔註108〕

這段載記中最特殊的要算他引用了艾儒略（Jules Aleni 1582年-1649年）《職方外紀》的說法，將美國移民對待北美洲印地安人的經驗，與臺灣的原住民作一比較。《職方外紀》上說印地安人同樣喜歡喝酒，動輒殺人，割下敵人頭顱後，用來築成圍牆。若再與人相鬥，便會對著頭顱祈禱，希望能獲勝。這種習俗和臺灣原住民相類似，但歐洲的傳教士開始傳教後，勸勉他們改奉天主，不要再隨意殺人，印地安人也接受教化，改變了這樣的惡習，永不再做這樣的事情。丁紹儀認爲臺灣的原住民也可以受到這樣的教化，前人藍鼎元說臺灣原住民：「生番雖有人形、全無人理，不可以王政化」，這個說法大爲錯誤。

> 又按西人艾儒略職方外紀云：「北美利加地愈北、人愈野，無城郭、君長、文字，數家成一聚落。俗好飲酒，日以攻殺爲事。凡出門，則一家持齋祈勝；勝而歸，斷敵人頭以築牆；若再鬥，家中老人輒指牆上髑髏相勸勉：其尚勇好殺如此。近有歐羅巴教士至彼，勸令敬事天主，戒勿相殺，遂翕然一變……」。所紀乃新聞美利加洲北鄙本有之土蠻也，其獉狂不異臺番，而兕悍特甚，西人導以支離恍惚之教，竟易其俗；乃謂生番雖有人形、全無人理，不可以王政化，豈不冤哉！〔註109〕

這段記載可以看出丁紹儀不同凡響之處，他注意到了西方的學術資料，並加以引證來做一種比對說明，歐洲的傳教士用「支離恍惚之教」的天主教教義，去感化那些印地安人，竟然能夠改變長久以來的獵人頭的習俗，眞是非常不

〔註108〕丁紹儀：《東瀛識略》卷六，頁79。
〔註109〕丁紹儀：《東瀛識略》卷六，頁79。

容易，臺灣更是可以做到才對，丁紹儀在那個時代可以說是相當有識見的。

　　血統融合對化解族群矛盾是很有效的做法，入侵者與被侵略者，移民與在地者因為愛情而結合，原是一件很美好的事情。然而其間許多結合因素不在愛情，參雜有階級優勢、武力壓迫、利益勾結等情況，使得這樣的婚姻或男女關係變得錯綜複雜。來臺的移民與官員在這方面也經常產生問題，造成許多社會矛盾。主政者對這種不正常的男女關係曾明令禁止，官員犯法要降職處分，一般平民則勒令離婚。官府雖言者諄諄，這種情形仍屢見不鮮。〔註110〕

　　朱仕玠《小琉球漫誌》中的〈海東紀勝〉（上、下）〈海東賸語〉（上、中、下）〈下淡水社寄語〉等記載了不少有關原住民的事情。其中有一則說到原漢通婚產生的問題。

土生仔

> 内地無賴人，多竄入生番為女婿；所生兒名土生仔。常誘生番乘醉夜出，頗為民害。然道憲造海船，軍需木料，惟生番住處有之；必用土生仔導引，始可得。是土生仔為百害中一利。〔註111〕（相關內容另見臺陽見聞錄）

大陸來臺之人頗多是在原鄉難以維生的流浪漢，在原鄉難以生存，聞說臺灣曠土多，番民愚，大有發展的可能，便渡海東來。來臺之後便進入番社，與原住民建立起關係，有的娶了番女，成了番女婿，通婚後所生的第二代便叫〈土生仔〉。這個特有的名詞是在那個時代的產物，這類〈土生仔〉在朱仕玠的看法中，是製造社會問題的禍端。這些人常常誘導生番在喝醉後離開番社，侵入漢人所在地，或劫掠、或殺人，擾亂安寧。不過因為混血的身分，可與生番溝通，幫助官方籌得需要的木料及軍需，〈土生仔〉還算有其價值的。正因原漢之間矛盾之處甚多，弱者肉強者食，不公平的傾壓、凌辱之事經常發生，這種夾縫中的人，往往從中挑撥，製造衝突，是社會中不安定的因子。

　　光緒十九年（1893 年）左右入臺的屠繼善，編纂有《恆春縣志》，也寫有幾篇關於恆春地方風土民情的詩文作品。其中的〈竹枝詞〉十首主要是記述恆春地區的民風及社會問題，詞中提到當時很多「生番」、「野番」並未完全「馴化」，仍會不時出現對漢人進行攻擊。而這些攻擊與原住民覺得被欺騙，被侵佔有關，唐山來的人就算與他們族人通婚，也不見得靠的住，為了利益

〔註110〕相關法令見論文第七章〈原漢衝突〉第二節〈政策與對抗〉，頁 236～240。
〔註111〕朱仕玠：《小琉球漫誌》卷七〈海東賸語〉（中），頁 74。

不時的出賣族人，衝突的狀況經常出現，這是屠繼善感到憂心的事情；這些作品表現的是一種對當地社會危機的憂患意識。

> 相邀彳亍上三臺（縣城主山），俯視城鄉在水隈。
>
> 莫道生番歸化久，山深防有野番來。
>
> 荒山處處是柴寮，淺目（山租也）拖延番禍招。
>
> 奉告宰官先解此，番兇那得比民刁。
>
> 唐山郎自客莊來，欲去番婆郎自媒。
>
> 學得番言三兩句，挂名通事好生財。〔註112〕

這三首談的恆春原漢之間存在的矛盾，漢人向原住民租借山地開墾，但老是藉故拖延租金，客家籍的漢人學得了幾句原住民的話，便去娶了番女當妻子，成為番女婿，掛名當通事，當上通事便有機會從中取利，大發原住民之財。屠繼善認為這種情形繼續下去，一定會發生流血衝突，說是原住民野蠻，動輒殺人，還不如說這些刁鑽的漢人更糟糕，這些品行低劣的移民，只想僥倖得利，確實可惡。他奉告來此為官的人「奉告宰官先解此」一定要先了解這個現象，然後對症下藥，才能把地方治理好。光緒十八年（1892 年）來臺的蔣師轍著有《臺遊日記》〔註113〕，文中敘及三角湧地區（今三峽）一位負責撫番事務的官員，同時與兩位番女有染。這官員的行為，造成原住民的憤怒，不過他懂得以殺豬、送酒、送紅布的方式討好眾番，因此得以解圍。但此事之後原住民甚瞧不起官員，不論男女都心存鄙視，時有侮辱官員的事情發生。蔣師轍認為這是「邪匿敗政」，造成的後遺症很大。〔註114〕原漢之間的男女糾葛，牽涉的問題複雜，移民以文化、經濟、武力的優勢讓原住民的婦女充滿艷羨之情，也很樂意委身於這些外來者，外來者也垂涎這些天真美麗的女子，很容易便發生成男女關係。這種情況容易使部落中的男性尊嚴受到挑戰，對外來者懷有敵意，男女之間處理不當，官員無法建立威信，彼此之間是很容易爆發爭端的。

（三）墾拓帶來的不安

臺灣的開發墾拓在康熙年間又是另一番面貌，只是在康熙、雍正年間都

〔註112〕屠繼善：《恆春縣志》，卷十四〈藝文〉，頁 247。

〔註113〕蔣師轍：《臺遊日記》，（台北市：臺灣銀行經濟研究室編印，臺灣文獻叢刊第6種，1957 年）。

〔註114〕蔣師轍：《臺遊日記》，頁 23。

有禁止的措施，並不希望沿海的居民進入此地。但移民用各種方式陸續前來，臺灣已屬於中國的領土，「荒蕪」的沃土甚廣，是值得冒險以求財富的地方。乾隆以後官禁鬆弛，沿海居民開始大量的移入，墾拓的範圍愈來愈大，臺灣進入了以開墾土地為特色的社會狀態，且持續有百餘年之久。墾拓行動造成與原住民之間的土地爭奪，不斷湧入的移民，運用各種手段，迫使他們交出原有的居地，也造成一波波衝突，使得社會充滿不安的因素。面對不同階段產生的不同問題，主政的官員與幕僚提出了相應的對策與議論，希望能解決這些困擾，這些議論文章忠實的呈現了當時社會的面貌，成為了解彼時情境的最佳「文本」。在諸多篇章中較具特色的有：藍鼎元〈紀竹塹埔〉、〈紀水沙連〉、〈紀臺灣後山崇爻八社〉，鄧傳安〈番社紀略〉、〈番俗近古說〉、〈水沙連紀程〉，李禮讓《臺灣番事物產與商務》等。政論有汪志伊〈雙銜會奏稿〉，謝金鑾〈蛤仔難記略（論證）〉，姚瑩〈臺灣後山未可開墾議〉、〈籌議噶瑪蘭定制〉、〈噶瑪蘭原始〉、〈埔里社紀略〉、〈西勢社番〉、〈東勢社番〉，楊廷理〈議開臺灣後山噶瑪蘭〉，李祺生〈紀事〉，方傳穟〈開埔里社議〉，劉璈〈開山撫番條陳〉，劉韻珂〈奏開番地疏〉、〈奏勘番地疏〉，熊一本〈條覆籌辦番社議〉、史密〈籌辦番地議〉等。

　　臺灣知府方傳穟的〈開埔里社議〉，是篇很具份量的奏議之文。此文乃據姚瑩〈埔里社記略〉一文增修潤飾而來，原文見於《東槎記略》卷一，[註115]姚瑩內容所記較方傳穟之作為疏散，文采不足，然所記番社、道路、郭百年侵墾事件始末等較詳。道光四年（1824年）福建巡撫孫爾準來臺，鹿港海防同知鄧傳安對其進言，說埔里一帶土地平坦肥沃，想模仿噶瑪蘭開墾的例子，對這個地方展開墾拓治理的工作。孫爾準便詢問臺灣知府方傳穟有何開社闢地的做法，方傳穟知道姚瑩道光元年曾在噶瑪蘭為通判，對其地官民情形都頗熟悉，因此向他請教，姚瑩便寫了噶瑪蘭墾拓的開發過程，並針對埔里社情形擬了八項工作要點，提供參考。方傳穟便將姚瑩的意見，重新整理潤飾，加上了「三不便」，上報給孫爾準，這篇奏議主要就是以「三不便」，「墾撫八事」為主幹，然後逐項論之。奏論第一段開始即以三個此地難治的情況論述：水裏、埔里兩個番社，土地廣闊、肥沃，長久以來都是漢人覬覦之地，早期官府所設的「土牛」界線，早已沒有作用，官府若不出面管理，愚昧的社番將被吞滅，若逼急了，便會結集山中的野番與漢人戰鬥，這樣將造成重大的傷亡：

〔註115〕姚瑩：《東槎記略》卷一，頁37。

　　竊查水、埔二社，地廣土腴，久爲漢人覬覦，越墾者屢矣。土牛之
　禁旣虛，奸民之謀未已，若不官爲經理，社番愚弱，非漸爲吞滅，
　即要結內山野番以死抗斗（鬥），殺傷必多，有失天朝好生之仁：其
　不便者一。〔註116〕

這是第一個不便之處，現在此地漢人的數目超過原住民，原住民與之抗爭往往僅是自取滅亡「番少民多，其勢不敵，終爲吞佔」。而亡命之徒聚居此處，若其中有奸邪之人出來領導，依險惡之地抗官，可能會非常棘手，這是第二個不便。這些人在此侵占原住民土地，愈墾土地愈多，力量愈來愈大，官府要管理他們就困難了，這些人不把官府放在眼內，剿也不是，不剿又眼見違法亂紀，無力可管，實在不宜。這兩個不便，充分表現出臺灣移墾社會的特殊現象。漢人移民進入原住民世居之地，以武力、計謀侵佔土地，原住民無法抵擋墾民的大量侵入，以武力鬥爭又等於自取滅亡，官府明知其中之弊，但也無可奈何，官府自己的軍力不足，反而常要靠移民領袖的力量，才能維持地方的平靜「則民勢重而官勢輕，不得不苟且牽就」。這些墾民中的領導人物，若爲奸惡刁蠻之徒，往往會造成很大的困擾。這種蠻蕪之地，其實是充滿弱肉強食的血腥氣味的；大半時間也可謂是處在無政府狀態之下的。那麼要管理此地要有什麼具體辦法呢？

　　方傳穟採用了姚瑩的建議，提出了八項對策。第一便是：和番情。埔里社曾經發生過漢人焚殺、掘塚的惡行，當地的熟番對漢人仇恨甚深「一見漢人，非走則拒矣」，所以現在要開墾，必須有正確的名號和理由，如此才能「使番與漢和」，必先平撫他們惶恐、憤恨之心，心情安定了然後才能心悅誠服，才能與政府合作。第二是選通事。方傳穟直言所謂通事「即素慣爲奸之人」，這些人心中沒有家國的觀念，只有個人的利益，動輒出言恐嚇原住民，傳播不實之言，所以必須愼選恰當的人。第三是別漢番。何處爲漢人開闢之地，何處爲原住民原有之地，界線必須明確以免混淆，造成紛爭。第四定疆域。要把埔里社的範圍確定下來，以免又造成越界侵墾的事情。第五罷業戶。他舉出淡水一帶的開墾，就犯了業戶承租不實的大問題，非常廣大的土地，承租人卻只有幾位，業戶爲了逃漏稅收，私立契約，招人佃耕，問題複雜。埔里社要避免這個問題，就是要免除業戶的制度。第六召官佃。噶瑪蘭推行官佃做法甚爲成功，官民均安，沒有什麼弊端，比在淡水實施的業戶制度要好

〔註116〕周璽：《彰化縣志》卷十二〈藝文志〉，頁407。

得多，值得效法：

> 昔蘭人之往墾也，其法合數十佃為一結，通力合作，其中舉一曉事
> 而出資多者為之首，名曰小結首；合數十小結首中舉一強有力而公
> 正見信於眾者為之首，名曰大結首。結者具結於官，約束眾佃也。
> 凡有公事，官以問之大結首；大結首以問之小結首，然後有條不紊。
> 〔註117〕

這種做法很科學，組織嚴密，分層負責，官府容易管理，民眾也不容易混亂，人人都是官佃，不會有隱匿所得的現象，墾民不會有逃稅的行為。第七設文武。政府既有意管理此地，便要有一套完整的行政組織，文職武官，都必須加以考量設置，如此才有效的施政。第八通財貨，入山之道以及能通小船的烏溪，都必須加以貫通，加以守護，如此商旅來往才有保障，貨物進出才能暢通。這八項事務，都非常實際，針對埔里社一帶的開發，提出了很具體的做法與策略。這個奏議雖寫得精采，但因總總因素，後來大多未付諸實行。

道光二十七年（1849年）閩浙總督劉韻珂來臺，率領了北路理番同知史密，淡水同知曹士桂，北路協將葉長春，北路營參將呂大陞等，前往履勘水沙連六社。當時田頭社番目擺典、水裏社番目毛蛤肉、貓蘭社番目六改二、審鹿社番目排搭母、埔裏社番目督律、眉裏社番目改弩等率領六社番眾男女老幼共一千一百六十三人，前來訴說生活窮困，漢人撤出之後，番社已成曠土，又不懂得耕種，無糧可食，希望剃髮易服，改為熟番，請求內附，「並獻納各社輿圖，籲懇歸官經理。」劉韻珂了解了情況之後，曾向道光皇帝上〈奏開番地疏〉，闡述水沙連六社懇請官府入墾的情形，奏摺寫得也是相當具體，以開發水沙連可以祛除五弊，興五利，作為行文的條目，極力陳言接受原住民獻土納管的意願，只要官府接管此地，便可以收興利除弊的效果，是一件非常值得做的事情，建請皇帝能接納這個意見。文中所謂祛除的五弊是：

> 開闢則地歸疆理，建廳設汛碁布星羅，匪徒既無從託足，地方即可
> 期靜謐：是其祛弊者一。……開闢則驅之力田，贍養無數窮民；耕
> 鑿相安，自可消患於未萌：是其祛弊者二。……開闢則按戶授田，
> 奸匪無從混跡，可免意外之虞：是其祛弊者三。……開闢則水沙連
> 番社，悉為我有：建設營屯，擇要防守，奸徒既不能私入勾結，野

〔註117〕周璽：《彰化縣志》卷十二〈藝文志〉，頁411。

番即不敢越出擾：是其祛弊者四。……開闢則番眾必安，可杜私墾

之漸；而熟番、漢奸，即無由串謀勾結：是其祛弊者五。〔註118〕

所謂五弊各則都以「開闢則」如何，來開啓文章之始，用語排列整齊，使用修
辭法上的類疊法，這種重複出現的修辭，可以表現爲文者強烈的意願。劉韻珂
希望此地能由政府納墾，由官方主導管理，設屯營、駐軍隊、招墾民。且詳列
入墾之後可以祛除各種弊端，野番不敢妄動，熟番不會與奸人勾結，私墾的情
形可以控制，耕種之得可以養民。祛除五種陳年弊端之後，還可以產生五項有
利之事，這五項也以「開闢則」、「開墾則」、「開闢之後」做爲開頭，其一是：
開闢則地利較富，每年歲可產米百萬石，其他收入如木料、茶葉、樟腦、藥材
等物，爲數甚多。其二是開墾則每年可收入糧米數萬石，這些糧食可就地酌
撥；臺灣多一分餉銀，內地就可少一分負擔。其三是從此儲備日見充盈，可作爲地
方緩急之需。其四是訓練原住民爲屯丁，保衛家園，協助軍防。其五是此地與
彰化、嘉義兩縣、噶瑪蘭廳相接，可以互相接應交通，納入全臺的體系之中。
這五項就是開闢水沙連六社有利的事。結論時他說：

其祛弊也如此，其興利也如此；若竟重拂番情，拒而不納，未免坐

失事機。〔註119〕

開發此地正是好時機，如果再度拒絕了原住民的心願，拒絕納管，實在非常
可惜。而且此次建議，是深思熟慮之後的行動，應非好大喜功，「惟圖功必先
防患，愼始方可要終。」官府已做好各方面防範的措施，那兒會發生問題，
該如何應對，在「防患」、「愼始」上都做了詳細的考慮，盼望皇帝能准允原
住民的期望，讓「雕題鑿齒之倫，涵濡帝澤；感沐鴻施。」

〈奏開番地疏〉是綜合多人手筆而完成的文章，包含了許多治臺官員的
經驗與意見，由這篇議論裏可以看見清領中期墾拓問題的錯綜複雜，主政官
員雖以精采的修辭，扼要的重點，提出解決之道，實際上都難以付諸實行，
這些文章反而成爲表現實況最眞實的「文本」，而非解決問題的對策。〈奏開
番地疏〉、〈開埔里社議〉充分的反映了當時的社會狀況，這也是移入的「臺
灣人」以「土地」爲核心展開對「原臺灣人」的「取代」行動，這個歷程與
美國移民取代印地安人，澳洲人取代當地土著的方式非常相似。美國與澳洲

〔註118〕劉韻珂：〈奏開番地疏〉，徐宗幹編：《治臺必告錄》卷三，（台北市：臺灣銀
　　　　　行經濟研究室編印，臺灣文獻叢刊第17種，1960年10月），頁209。
〔註119〕劉韻珂：〈奏開番地疏〉，徐宗幹編：《治臺必告錄》卷三，頁210。

的「白種」移民，在奪得主要的土地之後，便塑造起以「我們」爲中心的國家，原居者便淪爲其社會中最底層的族群，變成無足輕重的「他們」了。在墾拓行爲不斷擴大的時候，官府往往只能居於被動的角色，往往看著「墾拓豪強」率領移民恣意而爲，束手無策。會有這種狀況，其實是官吏有心縱容，清廷未曾眞正用心監督，只以「大而化之」的態度敷衍過去的緣故。

第三節　記述形式上的系列與重複

「系列與重複」是有清一代詩文作品的現象之一，在某些主題上常可看見是同時並列創作的，所謂「同時並列」指的是幾位創作者，爲同一主題各自創作相關詩文，通常這種情形有三種類型：「命題寫作」、「依圖吟詠」、「同題酬唱」。在兩百多年間，許多創作者對同一主題感到興趣，依前人之作重複書寫，於是便形成了同一系列與內容重複的作品，此即「基本主題的再寫」。二百餘年來，有非常多的作家對原住民的風俗習慣、社會狀態、生活情境等相當有興趣，因此創作許多同類的作品，但其中頗多因襲、仿製的現象，不少作品摘錄或取用他人作意，以爲己作，或者憑藉文獻，望文生義，拼湊成文，或心懷歧視，意帶嘲諷，「仿製與偏頗」的現象很多，這些都是「系列」作品中可見的情形。這種情形的產生與「過客」的情境很有關係，來臺的官員文士，很多是僅居一、兩年，長則三年，就奉命移官，或結束行程，返回大陸，因此對臺灣原住民的了解大部分是透過文獻上的閱讀，而非親身的觀察。這種依照已經「經典化」（canonize）的既成作品爲文，〔註120〕原住民眞正的樣貌已經變得不重要了，反而變成被忽略的主體。這種本末倒置的現象，也是這些作品被認爲價值不高的原因之一。但「臺灣經驗」對他們來說是很特殊的，希望留下一些紀錄，或以此向人炫耀，所以縱筆爲文，以爲述作，是以「重複」、「拼湊」、「摘錄」的情形屢見不鮮。

一、同時並列

「同時並列」這種作法在方志〈藝文志〉中最爲明顯，清代臺灣志書中的藝文作品，來源有兩類，其一是輯錄作家個人著作，尤其出版的的詩文集

〔註120〕薩依德（Edward Said），王志弘等譯：《東方主義》（Orientalism）〈晚近發展面面觀〉，頁196。

中轉錄相關作品。其二是刻意的邀請能文的官員及文人雅士，針對志書範圍內的風土、民情、物產、景色分韻作詩、作文，並在期限內收集，然後刊行。〔註121〕而〈風俗志〉中的記載，則為主事者邀約特定的人士加以撰寫的，這些內容包括日常生活、婚姻愛情、身體服飾、種族來源、語言文化等等。這個情形由記述全島康熙三十三年（1694年）高拱乾的《臺灣府志》，到最後一本地區性志書光緒二十年（1894年）的《恆春縣志》都是這樣的情形。〔註122〕「同時並列」的作品我們可以舉出三種形式出來：

（一）命題寫作

清代臺灣最早記述原住民風土民俗的是齊體物的〈臺灣雜詠〉十首，這十首詩出自高拱乾編的《臺灣府志》。齊體物字誠菴，遼東漢軍正黃旗人，康熙三十年（1691年）任臺灣海防同知。這組詩題名為〈臺灣雜詠〉，所描述的對象是臺灣的原住民，可見在他的觀點中，所謂的「臺灣人」，是當時居住在南臺灣一帶的生、熟番人。這十首詩談到原住民如同中國傳說中上古的人民，無憂無慮的生活著，原住民頭髮白了才知道到他是個老人，此地四時都有各種水果，開各類的花，詩中描述原住民以女性為族長，男人比較沒有地位，他們喜歡到溪中沐浴，聽說曾有觀音投藥於水中，故沐浴可至百病。〔註123〕

〔註121〕以《重修鳳山縣志》所刊載的作品為例，主事者在編纂此志之前曾邀邑內的官員、學子，就所需主題以限韻、分韻等方式請大家書寫，集稿後選出佳作，登錄在志書上。所以此書鳳山縣內人士的作品很多。方志中「同時並列」寫法最明顯的便是〈八景詩〉，在眾多的府志、縣志、廳志中我們可以看到臺灣八景詩、彰化八景詩、鳳山八景詩、蘭陽八景詩、臺陽八景詩等的作品。臺灣八景詩的刊出始見於高拱乾編的《臺灣府志》，作者有齊體物、高拱乾、王璋、林慶旺等人。分別就八景：安平晚渡，沙崑漁火，鹿耳春潮，雞籠積雪，東溟曉日，西嶼落霞，瀛臺觀海，斐亭聽濤等各寫數首。其他如《鳳山縣志》的〈登紅毛城〉一題，作者有黃學明、林鳳飛、曾源昌、黃名臣、李欽文、陳慧等人。

〔註122〕臺灣在「拓展期」之前文學作品非常少，漢文的創作來自明代亡國之臣，及清代遊宦官員。這些有限的作品大半也是為編輯志書而創作而出版的。其餘許多作家的集子，常未刊印出版或刊印後散佚無存，而志書便扮演了保留文獻的重要寶庫。這些保存下來的作品，成為清領臺灣前期，最具代表性的作品。這些志書主撰者有不少是相當有經驗的，除了編纂臺灣的志書外，也曾參與其他地方志書的撰述。如周凱編有《金門縣志》、《廈門志》，范咸《湖南通志》，孫元衡《山東新城縣續志》，魯鼎梅、王必昌《福建德化縣志》，林豪《澎湖廳志》、《續金門縣志》，張景祁《福安縣志》、《重纂邵武府志》等。

〔註123〕此說源自王士禎《香祖筆記》，言明代太監王三保曾來臺灣，且投藥於溪，故

原住民喜歡請人吃檳榔，以聯絡感情，男女交往用口琴演奏就能成其婚配。
熟番已知耕稼，凶惡的「傀儡番」卻仍然未受教化，居處在深山中，以殺人
為樂。

> 疑是羲皇上古民，野花長見四時春。
> 兒孫滿眼無年歲，頭白方知屬老人。
> 春盤綠玉薦西瓜，未臘先看柳長芽。
> 地盡日南天氣早，梅花纔放見荷花。
> 紀叟中山浪得名，何如蠻酒撥醅清。
> 寧知一醉牢愁解，幾費香腮釀得成。
> 藥溪流水碧差差，不擬天寒出浴遲。
> 辛歲無衣雙赤膊，負暄巖下曝孫兒。
> 釀蜜波羅摘露香，傾來椰酒白於漿。
> 相逢岐路無他贈，手捧檳榔勸客嘗。
> 生年十五鬢鬖鬖，招得兒夫意所甘。
> 豈但俗情偏愛女，草中都不長宜男。
> 燕婉相期奏口琴，宮商諧處結同心。
> 雖然不辨求凰曲，也有泠泠太古音。
> 露濃滋得麥苗肥，草長還憂豆葉稀。
> 心憶兒夫桑柘下，日斜相望荷鋤歸。
> 傀儡番居傀儡深，豈知堯舜在當今。
> 含哺鼓腹松篁下，盛治無由格野心。
> 巢樓穴處傍巖阿，薜荔為衣帶女蘿。
> 要向眾中誇俠長，只論誰最殺人多。〔註124〕

這組詩中所述及的各項內容，在後來同類的詩文中屢被重複述說，齊體物來
臺早於郁永河二十餘年，其作有開創之功。

　　《臺灣府志》中錄有黃學明的〈臺灣吟四首〉（選三）與齊體物之作內容
相類，不過體裁上為七言律詩。黃學明廣東淳德人，這組詩文辭較為優美，
對仗工穩，風格凝鍊，是一組藝術性較高的詩作。齊體物、黃學明兩人何以
同以「番俗」為題，推測是高拱乾為編纂《臺灣府志》請相關人士寫作的作

　　　　原住民樂於溪浴，齊體物此詩云觀音投藥於溪，是另一種說法 。
〔註124〕高拱乾：《臺灣府志》卷十〈藝文志〉，頁288。

品。兩人作品互有參酌處，相類用語不少，如：「傀儡番」、「檳榔」、「薜荔為衣」、「殺人」等詞語，足以看出是事先有所安排的。

　　　漆身裸體類山虞，有古遺風不是愚。
　　　蔓草束頭分角髻，青筐歸市買賑隅。
　　　編莎似橐箍腰骨，截竹為圈塞耳珠。
　　　蠻曲聽來無一字，行歌巖下採春蕪。
　　　山花滿插鬢頭光，蠻婦蠻童一樣粧。
　　　久嚼檳榔牙齒黑，新成麴糵口脂香。
　　　草間察節知風色，日下承暄度歲霜。
　　　獨有生男無喜處，女郎求室迓兒郎。
　　　山深深處又深山，一種名為傀儡番。
　　　負險殺人誇任俠，終年煨芋飽兒孫。
　　　煙霞鑄骨身能壽，薜荔為衣冬亦溫。
　　　鳥道倚天高不極，慣常奔走捷如猿。〔註125〕

「編莎似橐箍腰骨」、「截竹為圈塞耳珠」，「煙霞鑄骨身能壽」、「薜荔為衣冬亦溫」等句對仗相當高妙，音韻協調，與一般風土雜詠詩的白描不同。

　　以〈臺灣賦〉為名的作品有三篇，作者分別是林謙光〔註126〕、高拱乾及王必昌，三者之間形成一個書寫系列。林謙光的〈臺灣賦〉用的是問答體的方式，文中兩位主角，一為汗漫公子，一為廓宇先生。汗漫公子這個人「足騁八方，暮騖九鄙。」曾去到中國許多地方，訪問過秦漢的舊都，飛越過洞庭、彭蠡，經過吳越等繁華之地，去到過文化鼎盛的聖人之鄉鄒魯。他向廓宇先生炫耀自己的經歷，廓宇先生「聆而哂之」，笑他所見甚小，國土之內還有一個地方他不曉得，那就是臺灣。接著廓宇先生「得專為子頌臺灣之盛軌。」之後便許多瑰瑋奇僻的詞藻來形容臺灣：

　　　鳳巒插漢以嶔歔，龜山負地而磅礡。翠纖觀音之峰，丹銷赤崖之
　　　壑。……

　　　玉筍璀璨，則漾素影於波濤；金礦嶙峋，則仗雷聲為管籥。

到臺灣的方式則須渡過大海來到鯤身：「少焉，神山突出，沃野孤浮。……一

〔註125〕高拱乾：《臺灣府志》卷十〈藝文志〉，頁283。
〔註126〕林謙光，字道牧，福建長樂人，康熙壬子副貢生。官政和教諭，康熙二十六
　　　　年（1687年）任臺灣府學教授，後擢知桐鄉縣令。

鯤連七鯤而蜿蜒，南鯤偕北鯤而阻修。」，接著鳳山、打狗、木岡、阿里、雞籠等地名陸續出現。中段以後則寫到「文身番俗、黑齒裔蠻」的風俗，說他們這些蠻夷之人，天眞爛漫，外表服飾仍非常原始，聽到中國人來了，便很高興的由山中穿過溪流，跳過澗石，來觀看勝國之人。

> 爛滿頭之花草，拖塞耳之木環；披短衣而抽藤作帶，蒙鳥羽而編貝
> 爲綮。欣中國人之戾止，乃跳石越澗以來觀。

裝扮非常原始的番人，獻上波羅、嘉檨、香蕉、黃梨等禮物，向中國人示好，希望接受統治，蒙受朝廷的教化，而中國的官員們都很樂意做他們的木鐸、指南，來提升他們的智慧與生活。尾段則談到近日中國的教化已進入這裡，此地已蒙受了堯舜的仁澤了。最後一段則是汗漫公子，聽到這些話後很感驚訝，對自己的無知很慚愧。說自己「不觀滄海，誇溝壑之宏。不睹王會者，詫都邑之鉅。」〔註 127〕所見還是太少了，不知海外還有這塊新入的版圖。

「汗漫」這兩個字在閩語中有愚憨，動作緩慢的意思，林謙光取此名多少帶有暗喻的味道在。不知道海外勝境臺灣的人，實在是識見太少之故。問答體在屈原的〈離騷〉、宋玉的〈風賦〉、〈登徒子好色賦〉等最爲特色，汗漫公子、廓宇先生這樣的形式設定，則是受司馬相如〈子虛賦〉影響較大，〈子虛賦〉中虛擬了子虛與烏有兩人，對談梁王游獵的事情，賦中頗多誇飾渲染之詞，假想之境。司馬相如的〈子虛賦〉、〈上林賦〉是漢賦中典型之作，〈臺灣賦〉受其影響是很明顯的，此賦中廓宇先生的形貌，又與莊子中那些與天地同遨遊的眞人，逍遙於宇宙的智者十分相近，可見其鎔鑄之功。

篇名爲〈臺灣賦〉的另有高拱乾及王克捷的作品，此三篇其實在內容上頗多雷同之處。高拱乾的〈臺灣賦〉前三段講述的是臺灣早期處於鴻蒙的狀態，荷蘭人、鄭成功分別來到此經營，但「時移事去，兵盡失窮。」臺灣陷入混亂，民不聊生，清帝有鑑於此，出兵海疆一戰而納土，打下萬年基業。其後二段則爲寫景之詞，偶有佳句，如：寫海景「一時琥珀，萬頃琉璃。」、「濤倉皇而山立，浪怒激而劍趨。」。譬喻、設辭、造象均佳。第六段寫原住民之習性：

> 若乃水土無情，番夷裸處；既慣狙鷗，誰傷碩鼠？雖敬老而尊賢，
> 奈輕男而重女。富賽懸壺，糧無宿貯。圍尺布之蒙蒙，謂衣裳之楚
> 楚。蛇目蜂腰，雀行鳥語。

〔註 127〕賦見謝金鑾：《續修臺灣縣志》第四冊，頁 527～529。

這也是將原住民習俗與特性，融入文辭之中，如重男輕女，沒有儲蓄習慣，因為不知文明為何物，對剝削他們的領導者也不曉得。身上只圍了一塊布，便覺得自己的服飾很美。他們的外表、行為都與鳥獸差別不大。

第七段作者用了較特殊的寫法，連續以否定的句法行文。他說：像人頭一樣的魚頭，重達八十斤的蝴蝶，這樣的異物，臺灣是沒有的。海市蜃樓之景這種特殊景緻，應在山東外海，臺灣也沒有。在橋邊哭泣的鱉，流的眼淚變成珍珠，這類的事或許在洞庭湖才有。這個寫法或在釐訂臺灣與南海、東海、洞庭一帶不同，希望騷人思士不可張冠李戴，比附有誤，臺灣自有獨異之物。第八段寫眼前開發之狀，「戶滿蔗漿，人藝五穀。」人們以產製蔗糖，種植稻米維生，且「人無老幼兮，衣帛食肉。」生活上有衣穿有肉吃，很是富足。移民中占籍者大半為閩籍之人，風俗逐漸改易，脫離原始面貌，認為此地天荒已破，來日可期。當然這種講法是比較樂觀，比較粉飾太平的。最後的讚語部分他仍不禁為臺灣自然環境的險惡，發出感嘆之詞。他說：「於山則見太行之險，於路則見蜀道之難。」〔註128〕臺灣的荒野蠻礦，比大陸的太行、蜀道還艱險。而渡臺海的困難則等於以上兩者，所謂望洋興嘆者無過乎臺灣。此賦以散文筆法入之者不少，作者以適世易讀之法為文，在此可見其用心。

乾隆年間的王克捷也寫有〈臺灣賦〉，這篇作品較前兩賦篇幅長很多，記述法與前兩者相類，也很明顯的看出乃承襲前人之作而後有所推衍。賦的開始先敘臺灣地理位置，次敘海道之險，以為太行、蜀道、瞿塘不能過也，再說臺島物產富饒，蔗糖、稻米近可供泉、漳的不足，遠可幫助東北的錦洲、蓋洲。臺灣「實海邦之膏壤，宜財富之豐盈。」二、三段講臺島歷史，第四段述臺灣山脈由大陸祖脈延伸而來，〔註129〕標出臺地主要山脈如大武山、玉山等，五段述臺灣水文景況，第六、七、八段言鳥獸虫魚和植物，第九段前半敘民俗，說此地人「群尚巫好鬼」，「輕菽粟艷羅綺」，因為土地肥沃人民安於逸樂，又很迷信，相信鬼神。後段講臺灣第一好官陳清端，以及重視拔擢

〔註128〕賦見謝金鑾：《續修臺灣縣志》第四冊，頁 529～531。

〔註129〕王必昌：《重修臺灣縣志》卷 2〈山水志・山・附語〉云：「按臺灣山脈發自福省五虎門，磅礡入海，東至大洋中……郡邑諸山，實祖於此。」這種說法含有中國為主脈，臺灣為支脈的意義，臺灣之山源起於中國，是地理學上的「中國主義」，也是臺灣屬於中國疆域的「文化地理納編」的意識表現。（台北市：臺灣銀行經濟研究室編印，臺灣文獻叢刊 113 種，1961 年 11 月），頁 31。

臺島人士的夏之芳等人事蹟。第十段說番俗，這段內容很長，是以歷史演進
法來敘述原住民，說他們不知歲時，聽鳥音占卜，乘醉抽刀殺人，番婦能施
咒語，之前渾渾噩噩的生活著，清領之後已知向學，蒙受教化，「近郭熟番，
漸知禮制，童子入學，亦解文藝。」這裡將會出現韓愈教化潮州，柳宗元治
理柳州的情況，地雖荒闢但何懼無文，教化深厚之後，自然有成。有關原住
民習俗的描寫，所用的辭彙大多爲熟爛語，鑲嵌拼湊而成，沒有特殊之處。

　　第十一、十二段說此地入版圖後粵北、閩南的移民大舉遷入，島上雖常地
震、海吼（颱風），他相信只要好好經營便有希望。以前因爲「節宣未周」所以
陰氣太甚，陽氣缺乏，現在聖治廣被，自然不同了。最後他說出爲此賦的目的，
乃就其所見所聞，加以採集：「聊敷陳風土，用附登於邑志。」〔註130〕

　　王必昌纂修《重修臺灣縣志》時，招來孝廉臺灣人陳輝協助，因他寫有
〈臺灣賦〉一文，陳輝順此因緣寫了〈臺海賦〉，另恩貢生張從政寫了〈臺山
賦〉，這兩賦很明顯是從王必昌〈臺灣賦〉分枝出來的，一人寫臺灣之山，一
人寫海。〔註131〕

　　〈臺海賦〉文分四段，先依陰陽五行的理論談到「水」的由來，再論及
本島海運之便利，南連廣越，北接齊吳，聚集了各地的貨品，輸出了此地盛
產的稻糖，「萃諸州之珍貨，遷本土之稻糖。」後兩段描寫海景海物，文字
上較平凡，陳舊語多，沒有獨出心裁處。文章最後陳輝用了楚辭句法，表達
自己想爲官濟世的期望，臺灣已經平定，生活富足，這時沒有機會出來作官
是可恥的：「慶安瀾之若茲兮，念端居之可恥。告飛廉以先驅兮，吾將展宗慤
之素志。」〔註132〕。若有機會希望能擔任官職，展現平時的抱負。這樣的文
句應該是寫給當政官員看的，以文求仕進的用意很明顯。

　　〈臺山賦〉專講臺灣山脈，依王克捷〈臺灣賦〉的說法，認爲臺灣山脈
之源來自閩地，但來此後自成一片世界：「脈固發於閩嶠，勢自成其巃嵸」，
北起雞籠，南到馬磯之塘，其間山勢參差，榛莽密佈，這裡蠻荒的情況不是
謝靈運、謝安這些文雅之人所能登臨的。文中所述及的山脈有大岡山、半屏
山、龜山、玉山、三臺山等，此外還描述了內山荒島的景象，在人們所不了
解的地域裏，住有可怕凶狠的原住民：「兇頑狡狼，嗜殺善走。種類不一，各

〔註130〕賦見謝金鑾：《續修臺灣縣志》第四冊，頁538～542。
〔註131〕王必昌：《重修臺灣縣志》，頁476～483。
〔註132〕賦見謝金鑾：《續修臺灣縣志》第四冊，頁536、537。

立土酋。」，說他們「或交易而相招，或梗化而難狃。吸腥衣毛，如在葛天之
世。」原住民凶狠頑劣，生活仍很原始，但願意和人們交易。山中的動植物
很難辨認，無法歸類，因爲有太多《爾雅》和《山海經》都不曾紀錄的品種。
由「時而氣和風暖，極目晴岡」開始，仿歐陽修〈醉翁亭紀〉寫法，將臺灣
春夏秋冬四季的景象，以清麗之筆寫出，造景如在目前，頗有佳句。如：

> 輕霏散而卉木森，重靄合而巖壑深。古洞納涼，石室藏陰。鶯鳴半
> 嶺，時聞叔夜之嘯，蟬吟空谷，恍操伯牙之琴。

尾段以裝飾語作結，說此處爲神恩沐化之地，人們永居於此，臺灣已成爲「東
海之砥柱」〔註133〕，將綿延萬古而屹立不搖。

　　以上這些賦作視角是全島性的，規模較爲宏大，也因爲如此，在內容裏
表現的是一種很強的「統領意識」，實際上是爲大清帝國進行了一個「統御性
的聲明」（governing statements）〔註134〕。他們以極其華麗的詞藻，鏗鏘的聲
韻，繁多的典故，裝飾性的語氣，聲明臺灣這座島嶼屬於「我們」所有，在
天子的神威之下，功臣名將率軍渡海，輕易的打敗了反抗的敵人，這塊荒蠻
之島終於成爲「我們」新疆域，這座島嶼土地肥沃，物產豐富，實可增添吾
國之光輝與力量。島上的「裸體文身」之族莫不欣然接受這樣的新局面，「我
們」的到來將會給這島嶼新的未來，將對他們進行教化，使原住者進入文明
之境，同沐聖化。作品表現出的不僅是文體的系列連作，也是意念上的系列
相承。另一因纂修《恆春縣志》而「命題寫作」的兩篇賦作，則因侷限於一
個地區，且以風俗爲主，其「統有意識」便沒有那麼明顯。

　　屠繼善在《恆春縣志》，卷八〈風俗〉中寫有一篇〈游瑯嶠賦〉。縣志的
卷十四〈藝文〉中則有康作銘〈琅嶠民番風俗賦〉一篇。康作銘生平不詳，
當時在恆春縣擔任塾師。〈琅嶠民番風俗賦〉也是爲了纂修縣志而有的命題寫
作。將賦作放在〈風俗〉中做法頗爲特殊，屠繼善自己解釋說是因爲這卷無
法寫出來，就想到用這篇賦來充數，他舉宋代王十朋作〈會稽風俗賦〉，明代
李寒支作寧化風俗、山川、疆界等賦爲例，在縣志的〈風俗志〉以賦的方式
來表現，也可以成爲名作：「分賦爲志，皆爲海內著名之書。」〔註135〕。

〔註133〕賦見謝金鑾：《續修臺灣縣志》第四冊，頁53～536。
〔註134〕米歇·傅柯著，王德威翻譯、導讀：《知識的考掘》，第二章〈原創的與規制
　　　　性的〉，頁274。
〔註135〕屠繼善：《恆春縣志》卷八〈風俗〉，頁137。

〈游瑯嶠賦〉為對話體，一人為作者若耶居士，另一人為主縣政大事的「主人」，內容從為何作縣志開始言起，講到恆春設縣的原始，然後談到此地的民風。恆春之前都屬於原住民居住之地，後移民來墾，不是閩籍就是粵籍，這些墾民不知詩書，只知農事，但也安分守己，還算是安善良民。至於原住民的情形，主人說：

> 其番也，或平埔與高山，路灣灣而曲曲。袒裸成群，不知羞恥。女
> 不紡織，男不菽粟；崇錮姑而崩厥角，剞獸皮而為衫褲。竹圈撐耳，
> 居然草澤之雄；雉尾盈頭，輝映洞房之燭。項貫珠紅，頂彌草綠。
> 醃賻鹿豬，酩酊醹釀。病不就醫，惟神是告；葬不以棺，惟土是斸，
> 雖雉髮而隸版圖，猶未知正朔之典錄。〔註136〕

原住民可分為平埔番和高山番，這些人裸露身體，沒有羞恥感，女人不紡織，男人不耕種，還停留在漁獵的生產方式中。以獸皮為衣，頭綁雉尾，脖子上帶著紅色珠子，喜歡喝酒，生病了也不看醫生，只向神明祈禱，人死了沒有棺材，直接埋進土裏。雖已是清朝的子民，但仍然還未進到文明之境，還不懂得法規典章。

這段寫番民的文字尚佳，然而看不出地區特色，對恆春一帶原住民的描述，可以說是含糊籠統。平埔番和高山番的習俗不同，觀念也不相似，屠繼善未做詳細的調查，而僅以文學的修辭法，概括而言之，未彰顯恆春地區原住民的特色，十分可惜。如以上所述文字的概括性，幾可套用於全臺各地的原住民，因此大大減低此賦的價值。

康作銘〈琅嶠民番風俗賦〉這篇作品以「以性情言語彼此不同為韻」，它的文字平直若散文，詞藻貧乏，全文說理敘事，沒有賦體誇誕炫麗的本色。

> 臺灣舊都，恆春新詠。民氣本醇，番情偏勁。風沿結社，赤身不重
> 衣冠；俗尚佩刀，薙髮初循政令。雖好生惡死，與斯民實有同心；
> 奈截殺行奸，惟此番偏教異性。當藍鹿洲之作「平臺紀略」也，謂
> 瑯嶠遠僻，姦宄縱橫；人皆議割，公獨力爭。〔註137〕

瑯嶠一帶因原住民武力強大，不服號令，難以平定。在雍正之時曾有意棄之不顧，畫為域外之境，還好藍鼎元上疏朝廷堅持維持統領之實，然而官員對此地的統治採取的放任政策，並沒有太多的管制，所以許多部落仍維持著自

〔註136〕屠繼善：《恆春縣志》卷八〈風俗〉，頁137。
〔註137〕屠繼善：《恆春縣志》卷十四〈藝文〉，頁245。

治的形式，族群的文化習俗，仍然持續存在。這種情形一直到同治、光緒年間仍然如此。康作銘在光緒十九年（1893 年）作縣志時仍隨眼可見原住民特有的習俗，他以四六爲句，刻畫了此地人們的食、衣、住、行，說番人們一大早由山林中出門，中午時來到城內，歡歡喜喜的遊逛，身穿鹿皮，滿臉刺青，頸帶貫珠，頭上插著雉尾，攜著背囊，嘴裡嚼著檳榔，態度強悍，他們帶來山產來和人交易，很懂得彼此互惠之理：

> 爾乃屋盡編茅，餐多用黍。歲時以芋酒爲歡，婚嫁以布棉相許。葬如兔窟，最可痛兮幽魂；衣著鹿皮，盡堪詫兮室女。當太史輶軒問俗，堪嗟汩臂雕題；看酋類襲鼓向風，竟是鴃音鳥語。至若晨出荒林，午游城市，獉獉狉狉，歡歡喜喜。或珠貫牟尼，或尾簪雄雉，或荷囊持囊，或攜妻挈子。耳環銅鏡，迎面浮青；口滿檳榔，掀唇汩紫。逞強恃悍，呶呶不肯讓人；以有易無，貿貿亦知挹彼。〔註138〕

文章的最後講到這些原住民已逐漸蒙受聖恩，接受教化，恆春一帶有鵝鑾鼻與燈塔的風景風景，近處的山巒已出現「文星」，將來此處的風華一定精采可期，這篇作品作者用了一個光明的尾巴，來讚頌皇恩的偉大，迂腐之氣逼人「今我皇上恩施海外，德泰寰中。」、「億萬姓和親康樂，爰徵道一風同。」〔註139〕這也是一般文史難以避免的俗儈習氣吧。〔註140〕

（二）依圖吟詠

「同時並列」之作還有另一種類型，黃叔璥除了著有《臺海使槎錄》外，還刊有《臺灣番社圖》及《臺陽花果圖》兩幅圖。《臺灣番社圖》將當時官府可以查知的番社位置一一加以定位、描繪，製作十分用心，整體來說是清領初期最詳盡的圖誌了。〔註141〕黃叔璥《臺灣番社圖》完成後，有黃吳祚〈詠水沙連圖〉二首、〈詠澹水八社〉二首，呂謙恒〈題同年黃玉圃番社圖一首〉、陸榮柜〈題黃侍御番社圖〉。乾隆二十一年（1756 年）來臺的巡臺御史李西華〔註142〕在臺灣延請畫師爲番民風土民俗作畫，並請名士們爲畫題作。〔註143〕

〔註138〕屠繼善：《恆春縣志》卷十四〈藝文〉，頁 245。

〔註139〕屠繼善：《恆春縣志》卷十四〈藝文〉，頁 245。

〔註140〕屠繼善編纂《恆春縣志》除了自作〈恆春竹枝詞〉十首外，也邀請了康作銘依同題也了〈遊恆春竹枝詞〉十二首，胡徵寫了〈恆春竹枝詞〉這也是「命題寫作」的作法。

〔註141〕六十七：《番社采風圖考》〈番戲〉，附錄二，頁 101。

〔註142〕莊金德：〈巡臺御史的設立與廢止〉，（南投縣：《臺灣文獻》第十六卷第一期），

姚鼐〈賞番圖爲李西華侍郎作〉〔註 144〕、蔣士銓〈臺灣賞番圖爲李西華黃門
作〉〔註 145〕、錢大昕〈題李西華給諫賞番圖〉六首〔註 146〕等三篇，都是乾隆
年間的文史大家，應李西華之邀而作的。

　　這些作品中只有黃吳祚的〈詠水沙連圖〉二首、〈詠澹水八社〉二首比較
有價值。黃吳祚，福建惠安人，太學生。康熙年間人。

　　〈詠水沙連圖〉二首

　　　　二十餘社盡邊湖，南北沿涯反經紆。

　　　　斗六門來通一線，諸番形勝島中無。

　　　　五色尨毛雜樹皮，織成罽毯世希奇。

　　　　蠻娘妍好珠垂項，不見做田歌舞時。〔註 147〕

以上兩首詠水沙連番社的七言絕句，在短短的篇幅裏便能將番社的情況作出
完整的勾勒。水沙連社番即日月潭一帶的原住民，康熙年間有二十餘社，番
社都建在湖邊，沿著湖邊灣灣曲曲的小路就可到達。這裡的原住民曾與鄭成
功的部將陳辛一起抵抗清軍的入侵，後被李日□率軍平定。〔註 148〕水沙連有
一項特產，那就是用各種顏色的狗毛和樹皮編織成的毯子，這種毯子是非常
罕見的好東西。這個毯子，其實就是通稱的「達戈紋」。

　　〈詠澹水八社〉二首

　　　　初冬出草入山深，先向林間聽鳥音。

　　　　華雀飛來音較亮，諸番競奮逐前禽。

　　　　社中留客勸銜杯，諸婦相將送酒來。

　　　　頁 53。

〔註 143〕李西華名友棠，號適園，江西臨川人。乾隆二十一年（1756 年）由刑科掌印
　　　　給事中轉任巡臺御史，四月初九抵臺灣，九月十九回京，在臺六個月。見莊
　　　　金德：〈巡臺御史的設立與廢止〉（南投縣：《臺灣文獻》第十六卷第一期），
　　　　頁 53。

〔註 144〕林文龍編：《臺灣詩錄拾遺》，頁 157。

〔註 145〕林文龍編：《臺灣詩錄拾遺》，頁 157。

〔註 146〕陳漢光編：《臺灣詩錄》（中）頁 474。

〔註 147〕黃叔璥：《臺海使槎錄》卷六〈北路諸羅番七〉，頁 123、124。

〔註 148〕《重修臺灣省通志》卷九〈人物志〉，李日煜，頁 255，此志言「鄭氏餘黨陳
　　　　辛竄入水沙連，結三十六社生番舉事。」，稱水沙連番有三十六社，應不正確，
　　　　黃吳祚爲康熙年間人，且據其詩作判斷，其人對番民頗了解，二十餘社之說
　　　　較妥。

誤進一杯須盡飲，漫分辭受起嫌猜。〔註149〕

淡水社番要出門打獵時，先要聽一聽樹林間的鳥鳴是否合宜，如果鳥鳴聲宏亮，那麼就適合出去捕獵了。這是水沙連習俗中的「鳥占」。原住民慶典時會很熱情的邀請人們喝酒，通常由婦女們向前邀飲，如果不喝的話，她們會多心，猜疑你是否嫌棄族人或別有居心，所以要喝的話，必須一飲而盡，這樣才能賓主盡歡。

黃吳祚生平資料不詳，但由這兩首作品看來，對原住民的生活相當了解，所述較為貼切。呂謙恒、陸榮柜之作則顯得空泛不實，僅是依圖抒感，拼貼成文罷了。

這些題畫之作在突顯文才，人情應酬上較有意義，內容上則價值很低。連橫在《臺灣詩乘》卷二中對蔣士銓〈臺灣賞番圖為李西華黃門作〉之作有所批評：「為是詩所引，多屬《臺灣府志》所載，間有錯誤，如竊花、磔犬、擁蓋均漢俗；然洋洋灑灑，成一巨製，亦可做番俗考讀也。」〔註150〕錢大昕、姚鼐等人之作亦有此病，他們沒來過臺灣，對此地的了解來自口耳相傳或閱讀文獻資料，因此詩文內容不實之處難以避免。李西華以「賞番」這樣的詞語來為畫作命名，請畫師將治下之民的奇風異俗，怪誕妝飾描繪出來，讓同僑文友共同「觀賞」，是有將臺灣的原住民視為珍禽異獸的心態的，這也是清代仕宦階級，對所謂番邦蠻夷之人常有的觀念。〔註151〕

（三）同題酬唱

福建巡撫王凱泰〔註152〕光緒元年（1875 年）來臺巡視時，曾作有〈臺灣雜詠三十二首〉,〈續詠十二首〉，當時臺灣府學教諭馬清樞見其詩，便以〈臺陽雜興三十首〉加以唱和。王凱泰巡臺時的書記何澂，平常即與馬清樞往來，見其作亦加以酬唱，作了〈臺陽雜詠二十四首〉，並將三人之作合編為《臺灣雜詠合刻》一書。〔註153〕這三人的雜詠詩，內容上比較粗疏，頗多奪拾前人

〔註149〕黃叔璥：《臺海使槎錄》卷七〈南路鳳山番一〉，頁 150。

〔註150〕連橫：《臺灣詩乘》卷二，頁 61。

〔註151〕林樹梅有一組〈題琅嶠圖〉詩，這是他任鳳山縣令曹瑾幕僚時所作，當時發生原漢衝突，事平後他前往宣諭，並畫了地區大要圖，對這次事件他有一些感想，便寫了一組詩作以抒發感想。內容以寫實為主，並認為在曹瑾對此地施了仁教，一定可以安定此地，有阿讚官長賢良的官場習氣。詩見《全臺詩》第四冊，（台北：全臺詩編撰小組編撰，遠流出版社，2004 年 2 月），頁 369、370。

〔註152〕王凱泰，字幼軒，號補帆，又號補園主人，江蘇寶應人，道光年間進士。

〔註153〕《臺灣雜詠合刻》，（台北市：臺灣銀行經濟研究室編印，臺灣文獻叢刊第 28

之作，前人已訛傳入詩不實之處，亦未加以辨正，依樣畫葫蘆，再三吟詠。
不過因爲記述了很多當時軍民的狀況，吟詠的事類甚廣，其中對兵士好賭博，
甚至開賭場牟利，閩客分類械鬥成風，士子多食鴉片等等當時社會病態現象，
多有紀錄，尚足以備其一說。王凱泰等來臺時間甚短，對臺島之事未深入了
解，或因官高位顯詩作才受重視。

二、基本主題的再寫

（一）奪胎換骨

齊體物〈臺灣雜詠〉與黃學明〈臺灣吟〉四首這兩首作品內容，形成了
所謂原住民書寫的「基本主題」：漆（紋）身裸體、涅齒、竹耳環、母系社會，
自由戀愛，生番殺人，愛好溪浴，口琴求愛，嗜食檳榔、逐獵捕鹿、教化番
民等等，這些「基本主題」在後來的創作者作品上，以「奪胎換骨」的作法，
〔註154〕以改字、改句，不改其意等方式加以重複書寫。如：黃叔璥〈番社雜
詠〉二十四首，吳廷華〈社寮雜詩〉二十五首，夏之芳〈臺灣雜詠〉一百首，
董正官〈蘭陽雜詠〉，李欽文〈番社〉，鄭霄〈番俗五首〉，蕭竹〈蘭中番俗〉，
石福祚〈開水沙連番界雜作〉，陳學聖〈番社〉，吳德功〈番社〉。郁永河〈土
番竹枝詞〉二十四首，孫霖〈赤嵌竹枝詞〉十首，謝金鑾〈臺灣竹枝詞〉三
十一首，劉家謀〈臺海竹枝詞〉十首。屠繼善〈恆春竹枝詞〉十首，康作銘
〈遊恆春竹枝詞〉十二首，胡徵〈恆春竹枝詞〉。王凱〈臺灣雜詠三十二首〉，
〈續詠十二首〉，馬清樞〈臺陽雜興三十首〉何澂〈臺陽雜詠二十四首〉等都
有這個現象。黃叔璥的作品參閱了郁永河、阮蔡文、《諸羅縣志》以及他人採
訪之作而成文。夏之芳〈臺灣雜詠〉重述了齊體物、黃叔璥的主題與作意。
吳廷華之作或有參考《諸羅縣志》〈番俗篇〉的記載，然縣志記載遠較其詩文
爲詳實。閱讀相關文獻如方志、個人載籍的記載即下筆爲詩文，這樣的情形
很多，由清領初期至末期皆有，但以薛約的例子最爲極端。我們先看他寫的
〈臺灣竹枝詞〉：〔註155〕

種，1958 年）。

〔註154〕「奪胎換骨」的作法見宋王楙野客叢書附野老紀聞引庭堅語云：「詩意無窮，
　　　　人才有限……然不易其意而造其語，謂之換骨法。規模其意而形容之，謂之
　　　　奪胎法。」爲江西詩派作詩方法之一，引見葉慶炳：《中國文學史》第二十
　　　　三講，（台北市：弘道文化事業，1974 年六版），頁 393。

〔註155〕薛約，江蘇江陰人，臺灣縣知縣薛志亮之弟。

> 番女妖嬈善雅音，私歡貓踏遞情深。
>
> 幽窗月色涼如水，每到更闌聽嘴琴。
>
> 見說果稱梨仔拔，一般滋味欲攢眉。
>
> 番人酷愛甘如蜜，不數山中鮮荔支。

薛約的兄長薛志亮嘉慶八年（1803 年）始任臺灣知縣，任內總纂《續修臺灣縣志》，十二年（1807 年）志成之後郵寄返大陸刊印，薛約負責校稿，並將其作附錄於〈藝文志〉中。薛約未至臺灣，僅因官方邸報及文獻載籍，便落筆為文，故其作頗有為文造情之病。這兩首詞包含聽覺：「每到更闌聽嘴琴」與味覺：「一般滋味欲攢眉」的描寫，薛約光憑想像便以為文，似真有聽過原住民嘴琴之聲，嚐過梨仔拔（番石榴）之味，有過於遷強之嫌。

范咸〈臺江雜詠〉、再疊、二疊，引用孫元衡等人的作品為證，內容亦雜揉前賢述及的風土、節慶、物產、典故等重作新詠。石福作〈開水沙連番界雜作〉詩中議論，脫胎於藍鼎元〈臺灣近詠十首呈巡使黃玉圃先生〉甚至連字句亦僅稍做改動。〔註 156〕如「臺安內地樂，臺動天下疑。」兩句仿自藍氏名句：「臺安一方樂，臺動天下疑。」沈文開的〈雜記〉談及臺灣之人或有來自宋、金兩朝流亡之士，其後郁永河的〈土番竹枝詞〉、范咸〈臺江雜詠再疊〉、何徵〈臺陽雜詠〉、馬清樞〈臺陽雜興三十首〉都重複提及。

（二）再次記述

「基本主題的再寫」另一類作品則可以「巡行詩」為例，這類作品是幾位知縣、參將、巡臺御史，巡行臺灣各地的詩文記述。知縣為地方父母官，自然有必要了解所轄領地，需要到各處巡視。巡臺御史則是為了防止官員弊端，探察民瘼而來的，他們蒞臺後大多寫有詩作，為此行留下紀錄，很具特色。顧炎武《日知錄》卷二十二說：「舜曰：『詩言志』，此詩之本也。『王制』：『命太師陳詩以觀民風』，此詩之用也。」〔註 157〕巡行詩所表現的就是「詩之用」的思想。臺灣巡行詩大約都出現乾隆中葉以前，這時段以前此地仍處於「探索期」，蒞臺的官員，因職責在身，必須巡視臺灣各地，在艱苦的跋涉路程裏，並未忘記將所聞所見，費心的紀錄下來。這些詩文作品的內容包含幾個基本主題，有

〔註 156〕連橫：《臺灣詩乘》卷三云：「與藍鹿洲上黃玉圃巡使及臺灣近詠相同，唯改數字，岱洲通人，何以抄襲前人之作也？」，頁 150。

〔註 157〕顧炎武：《日知錄》卷二十二〈作詩之旨〉，（台北市：明倫出版社，1970 年），頁 593。

山川地理，民情風俗，花草物產，旅途艱辛等等，也不忘宣揚皇恩浩蕩。書寫技巧與心態或有不同，但主題都十分相類。這「系列」主要的詩作有：王兆陞〈郊行即事〉，阮蔡文〈淡水紀行詩〉，宋永清〈番社〉、〈埤頭店〉、〈力力社〉、〈茄藤社〉等，周鍾瑄〈北行紀〉、陳輝〈鳳山道中〉等，黃叔璥〈過斗六門〉等，六十七〈北行雜詠〉，范咸〈北行雜詠〉，楊二酉〈新園道中〉等，湯世昌〈巡臺紀事五十韻〉，譚垣〈巡社紀事〉等。〔註 158〕基本主題的「再次書寫」可以舉阮蔡文、范咸之作爲例。

　　阮蔡文的《淡水紀行詩》記載的範圍非常廣泛，尤其是記載臺中到新竹一帶道卡斯族的風俗民情，最爲詳細。〈後壠〉是描述今苗栗縣後龍鎭熟番道卡斯族相當完整的紀錄，包括語言、髮型、服飾、倫理、居處、船隻等，後壠社與中港社有很密切的關係，在語言方面幾乎相同，與竹塹社因距離遠，略有差異。至於髮型方面，道卡斯族顯得最爲獨特，頭髮前後都有刮剪，厚厚的頭髮，看起來好像有個碗蓋在頭上。〈番俗六考〉中說：「傳說：明時林道乾在澎湖，往來海濱，見土番則削去半髮，以爲碇繩。番畏之，每先自削，以草縛其餘。」〔註 159〕指的就是奇怪的髮型，這種說法應是牽強附會居多，他們的髮型若此，自有其發展的過程。後壠社居處較爲分散，儲米的倉庫建在平原上，架的很高，怕溼氣侵蝕了穀子。番人很少生病，也沒發生過大的災難。當喝起酒來時，會把眼前的事編入歌中傳唱，唱歌時氣氛、心情的是非常快樂的。

> 去縣日以遠，風俗日以變。顧此後壠番，北至中港限。音語止一方，他處不能辨。頭髮頂上垂，當額前後剪。髮厚壓光頭，其形類覆盌。亦有一、二人，公然戴高冕。黑絲及紅絨，纏之百千轉，大有古人風，所惜雙足跣。男女八、九歲，牙前兩齒？長大手自牽（番以婚配爲「牽手」），另居無拘管。父固免肯堂，翁亦無甥館。是處兩三間，村莊何蕭散。高廩置平原，黍稷有餘挽。所慮濕氣蒸，駕木如連棧。巨匏老而堅，行汲絡藤辮。溪水漲連旬，利涉身焉縮。豐年百禮偕，疾病顯危罕。飲酒即高歌（番民多即事成歌），其樂何衎衎。〔註 160〕

〔註 158〕夏之芳〈臺灣雜詠〉一百首，基本上也是巡行詩一類的作品。

〔註 159〕黃叔璥：《臺海使槎錄》〈番俗六考・北路諸番九〉，頁 134。

〔註 160〕周鍾瑄：《諸羅縣志》第二冊，卷十一〈藝文志〉，頁 265～268。

范咸的〈北行雜詠〉十二首皆爲七言絕句，詠的是他經過茅港、西螺社、東螺社、馬芝遴社、沙轆社等的經歷。內容上寫的是這幾個番社婦女外表的裝飾，由頭到腳十分詳細，這些婦人喜歡在一起歌唱：

> 香草纏頭混似錦，螺錢束項美無瑕。
>
> （麻踏多以艾葉之類纏頭，磨螺殼使圓以束頸，名曰螺錢。）
>
> 石家牆屋圍羅綺，卻上嬌娥比甲花。
>
> （西螺社番婦率以錦幛之，飾爲比甲。）
>
> 身披錦眼斕色腥紅，頭上雞毛招颱風。
>
> 禮數縱嫌趨走疾，居然環珮響丁東。
>
> （馬芝遴社番婦頭上插雞毛，以爲美觀。）
>
> 雜詠詩成紀采風，麥苗因雨細濛濛。
>
> 蠻娘齊唱風穰曲，杼柚無憂大小東。〔註161〕

西螺社、東螺社、馬芝遴社同爲巴布薩族，沙轆社則爲拍瀑拉族，族群有所差異。詩中記載巴布薩族番婦用艾葉纏頭，串螺殼爲頸飾的情形。西螺社的婦女懂得用穿錦繡的衣飾，馬芝遴社的女人頭上插雞毛以爲美。一起歌唱時，情韻綿渺，令人感到無憂無慮，非常快樂。

由這兩例可以看出他們所關心，所歌詠的主題相當類似，對番人們的髮型、裝飾、居處、歌唱等多所著墨，許多感受也有相類之處。其他各家作品也很容易找到共通之處，此即所謂「基本主題的再寫」。

以上這幾位巡臺御史〔註162〕、知縣或參將的巡行詩，寫作的範圍以南臺灣爲中心，沿著西部沿海平原北上，巡視了當時主要的原住民部落，根據高

〔註161〕 六十七：《使署閒情》，頁49。

〔註162〕 據《清高宗實錄》第一冊，乾隆十二年（1747年）八月十二日條云：「……應將現任巡臺御史六十七、范咸，以及自乾隆5年以後歷任巡臺御史舒輅、書山、楊二酉、張湄、熊學鵬等，均照溺職例，革職。……查巡察御史，原以表正風俗，稽查彈壓，必須潔己奉公，釐別積弊，方爲無忝厥職。今巡視臺灣御史，該府既稱於養廉之外，分派各縣輪值供應，出巡南北兩路車夫等項，俱令各縣措辦；又復濫準差拘，多留胥役，滋擾地方等語，殊屬溺職。」臺灣銀行經濟研究室編印。（臺北市：臺灣文獻叢刊第186種，1971年），頁58。這段話記載了幾位對臺灣頗有貢獻巡臺御史的遭遇，這幾位御史遭到革職，最主要是爲「採買臺穀積弊」一案，遭到福建巡撫陳大受參奏的結果。范咸、六十七都曾爲臺穀歉收，希望能減少輸出到福建省的稻穀，因此得罪了長官。巡撫以他們私買臺米，濫權要求各縣接待爲由，奏請議處。

拱乾《臺灣府志》等的記載，臺灣由南到北的西部平原上，至少有七、八十個平埔族的番社，「生番」的部落難以估計。這些人都是他們的統治下的子民。原住民在臺灣生活了幾千年之久，在此之前曾和西方的西班牙、荷蘭、英國等外國人有過一些接觸，但眞正開始受到全面侵擾，開始被統治是從鄭成功揮軍入臺。鄭的部將爲了掌控全臺，曾做了許多「拓墾」，「征伐」的行動。清代的「繼續經營」則又是另一番面貌的展現。這幾位來臺官員筆下最主要的對象，就是番社，番俗，也對本地的山川地理做初步的描繪，對本地的「物產」做了不少的調查。因爲心態不同，對原住民紀錄的態度也不同。有優雅閒適的，有居高臨下的，有心懷悲憫的。〔註163〕不過由康熙二十三年（1684年）的季麒光到乾隆二十九年（1764 年）到任的湯世昌前後八十年，這一類型的作品，大多是相同主題的重複再寫，且自成一個互相模擬、傳承的系列。當然這些作品有「主題增多」、「內容擴大」以及「後出轉精」的情形，然而主要內容頗爲類似。

第四節　作品的訛誤與辨正

　　清代臺灣文獻著述中頗多訛誤、篡奪的情形如：余文儀編纂的《續修臺灣府志》幾乎全脫胎於六十七、范咸的《重修臺灣府志》，其中卷十四、十五、十六〈風俗志〉，全抄《重修臺灣府志》，惟〈藝文志〉由卷二十至卷二十五，擴增一卷二十六（詩四）。柯培元撰《噶瑪蘭志略》卷十二〈番市志〉文字與《噶瑪蘭廳志》卷五〈風俗下・番俗〉大致類似，實則爲剽襲陳淑均之作。屠繼善、吳廷光、劉子鑫等所編《恆春縣志》卷十四，錄有柯培元〈熟番歌〉一首，誤爲黃逢昶之作。此外沈光文的〈平臺灣序〉，〔註164〕孫爾準的〈埔里社〉，〔註165〕是否爲作者甚爲可疑，陳香編著的《臺灣竹枝詞選集》收錄有關

〔註163〕王兆陞的〈郊行即事〉五律八首，詩中看到民眾吃不飽飯，又遭蝗蟲之害，深感同情。六十七〈北行雜詠〉詩風優雅閒適，寫沿途景物，番社民情一派恬靜自然。譚垣詩中的語氣十分霸氣，姿態頗高，官氣十足，對原住民用的是教訓的口吻，自視爲「天朝使者」，總是要原住民知禮義，讀經書，要節儉，勿奢侈。他是來此「宣皇仁」的，「我謂番本愚，聖朝所安撫。」我們認爲原住民本是愚昧的，所以「我們」要來教化「你們」，保護「你們」的。

〔註164〕范咸：《重修臺灣府志》卷二十三〈藝文志四〉，頁 701～703。周鍾瑄：《諸羅縣志》卷九〈人物志 寓賢〉曾言及沈光文其作品有〈臺灣賦〉、〈東海賦〉等作品，然未言及〈平臺灣序〉一文，頁 188。

〔註165〕林文龍編：《臺灣詩錄拾遺》，（南投市：臺灣省文獻委員會印行，1997 年再

原住民風土民俗之作甚多，望重士林，然訛誤、待考之處不少，將其相關內容辨正如下。

一、作者未詳的作品

1. 沈光文〈平臺灣序〉

沈光文的〈平臺灣序〉首見於范咸《重修臺灣府志》卷二十三〈藝文志四〉，然作者是否為沈氏所作，頗有爭議。〔註166〕這篇文章內容粗疏，文采不彰，抄錄志書中的疆界、山川、形勝等章節入文，且對清朝過多諛美之辭，與其生平所志不合，應非出自他的手筆。此文作者為誰，推測為好事文人仿製，冒名之作，或編者沒有詳查，造成誤用、套用的情形，實際作者已難查考。

2. 陳震曜〈平埔族竹枝詞〉

陳香編著的《臺灣竹枝詞選集》〔註167〕收錄有陳震曜的〈平埔族竹枝詞〉七首，黃式度〈朱阿里仙族竹枝詞〉五首，張彝銘〈賽夏族竹枝詞〉五首，何大年〈阿美族竹枝詞〉五首，唐守贊〈泰雅族竹枝詞〉六首，〔註168〕曾仲箎〈雅美族竹枝詞〉四首，林東艾〈布農族竹枝詞〉六首，〔註169〕袁維熊〈排灣族竹枝詞〉八首，姜春棠〈卑南族竹枝詞〉七首，陳維禮〈魯凱族竹枝詞〉四首，〔註170〕張浚生〈曹族竹枝詞〉首等十一位作家，共六十二首作品。這六十二篇作品一篇寫平埔番，其餘各篇寫生番。其中陳震曜的

版），頁 74、75。

〔註166〕見林煜真：《沈光文及其文學研究》，（高雄市：國立中山大學中國文學研究所碩士論文），1997 年，頁 74～97。

〔註167〕陳香編著：《臺灣竹枝詞選集》，頁 51。

〔註168〕唐守贊，生平不詳。從軍後自湖南北歷江、皖，積官花翎總兵銜，留閩補用副將。同治十三年調臺管帶宣義右營，擒獲彰化知名的盜匪。光緒元年，移營後山，總辦北路營務。後赴秀姑巒察看地勢；積勞感瘴，六月卒於軍。見《臺灣通志》〈列傳忠義〉，（台北市：臺灣銀行經濟研究室編印，臺灣文獻叢刊第 130 種，1962 年），頁 599。

〔註169〕林東艾，臺灣淡水人，後山總通事。光緒元年，隨提督吳光亮開中路，隨途招撫番社，以功保把總。二年十一月，至擴巴摘山，猝遇生番，被殺。《臺灣通志》〈列傳忠義〉，頁 602。

〔註170〕陳維禮，外委。同治十三年夏，隨羅大春綏遠營開闢北路。元年二月，由蘇澳解餉赴新城。行至右公嶺下，突遇生番，力戰護餉，為番人擊殺，頁 599、600。。

〈平埔族竹枝詞〉七首問題頗大。此作記載清代平埔族因漢人大舉入侵，流離散逸，失去土地，失去族群文化與特色，屬於紀實之作。以下先引述並詮說詞作內容。

　　詞中說平埔番種族很多，爲爭奪領域會互相攻殺，但有時也互相親善，彼此扶持。是島上早期的住民，曾經爲生存流血、流汗過，付出很多的努力，但今天仍然四處流浪。

　　　　似石似沙一族人，交相排斥亦相親。

　　　　崇山灑血平原汗，先住依然屬逸民。〔註171〕

平埔番靠耕田、狩獵捕魚維生，沒有歷史沒有書本，由於四處流亡，連清政府給他們的番籍都喪失了。

　　　　狩獵耘田復捕魚，不知囊昔不知書。

　　　　是番久已亡番籍，輾轉遷移散漫居。〔註172〕

受到漢人風俗的影響，在婚喪喜慶的儀俗上都有了轉變，放棄了原來的祖靈崇拜等信仰，改信漢人的天公和菩薩。在歲時方面仍然用草木的榮枯來判斷。

　　　　嫁娶猶人重禮儀，矜生恤死有風規。

　　　　天公祭後迎菩薩，草木榮枯判歲時。

族人不再認爲紋身、鑿齒是件光榮而美好的事，不再以爲身上插滿羽毛很美觀，但仍然喜歡配刀，腰間配刀讓人覺得很有男子氣概。身上仍然穿著黑色的衣服，但上面沒有花紋，部族中流傳久遠的圖騰也不再出現了。

　　　　鑿齒雕題鄙野蠻，翎毛不尚尚刀鐶。

　　　　黑襟黑褲無紋飾，亙古圖騰未見攀。〔註173〕

平埔番人天性較溫和，或者是與漢人爭戰之後完全失敗，而喪失了自信心，因此不願和「兇番」爭鬥，他們沒發出甚麼不平之鳴；常年來所受到的災厄，也願意以隨和的態度加以化解。這些人嚮往文明進步，跟隨漢人的步伐，才可以走向文明。

　　　　厭與兇番抵死爭，由來絕少不平鳴。

　　　　隨合化解長年厄，嚮往文明即自明。〔註174〕

〔註171〕陳香編著：《臺灣竹枝詞選集》，頁51。
〔註172〕陳香編著：《臺灣竹枝詞選集》，頁52。
〔註173〕陳香編著：《臺灣竹枝詞選集》，頁52。
〔註174〕陳香編著：《臺灣竹枝詞選集》，頁52。

以上所述爲七首中的五首，內容上對清代中葉平埔族的描述相當真切，不過這些作品是否出自陳震曜的手筆還須斟酌。陳香浸淫臺灣古典文獻多年，見過非常多已散逸的舊籍，但編錄的作品的方法比較粗糙，辨體常有不明之處，例如《臺灣竹枝詞選集》中將黃叔璥、夏之芳、范咸等人的〈雜詠〉之作、劉家謀的〈海音詩〉，通通改名爲〈竹枝詞〉，以符合輯錄的方便。〈雜詠〉與〈竹枝詞〉來源甚不相同，〔註175〕這樣混淆體例的做法實在欠當。這組詩作是否爲陳震曜的作品確實可疑，因爲其中出現了「圖騰」、「文明」這樣的詞句，這兩個詞句的出現與廣泛被人們使用，最早恐怕要到光緒末期，日據初期才有可能。而陳震曜生於乾隆四十八年（1778 年），爲嘉慶十五年（1810年）嘉義的試選優貢生，後至大陸任建安、閩清、平合等縣教諭，道光年間，調省，監理鰲峰書院，還曾助修《福建通志》。張丙之亂時回臺協助平亂，道光十五年（1835 年）任陝西寧羌州州同，三十年返臺，與邑士張青峰、陳廷瑜等共結「引心文社」，咸豐二年（1852 年）卒，年七十四。由生平經歷來看，可以確定不可能是這組竹枝詞的作者。

二、作者不正確的作品

《臺灣竹枝詞選集》所選的記載生番的作品問題也很大，如：署名黃式度的〈朱阿里仙族竹枝詞〉，有關黃式度這個人的經歷，陳衍所編的《福建通志列傳選》第三冊說：「字奕垣，晉江人，康熙庚申舉人。歷沙縣、鳳山縣教諭，與修「臺灣志」。擢臨泉知縣。……會雲中有事，輸輓絡繹，以勞卒於官。」〔註176〕「朱阿里仙族」據陳香的講法爲屏東三地門排灣族中的一枝族群，這個名稱應爲一混淆拚湊之詞，「阿里山」爲南投縣玉山山脈的支脈，玉山西側的東埔鎮一帶有「沙里仙溪」，爲布農族的居地，所謂「朱阿里仙族」，恐爲混合兩詞而誤造之詞。詞中有云：「三地門」，「三地門」爲日據時代屏東縣才有的名稱，康熙、雍正年間稱爲「山豬毛社」，臺灣光復後改爲「三地鄉」，民國八十一年又改爲「三地門鄉」。據此我們幾乎可以斷定此作絕非黃式度所作，陳香收錄作品的判斷力是大有問題的。此外署名張浚生所作的〈曹族竹枝詞〉，張浚生之名有誤寫的情形。據賴子清著《臺海

〔註175〕詳見第六章〈文學中的原住民〉第一節〈各類文體記述模式〉，頁 160～171。
〔註176〕陳衍編：《福建通志列傳選》第三冊，（台北市：臺灣文獻叢刊第 195 種，臺灣銀行經濟研究室編印，1964 年 5 月），頁 311。

詩珠》張浚生寫爲張浚三。此人字謹卿，號曲江，嘉義人，行一，光緒間進縣學，日據後任嘉義地方法院通譯。他的祖父兆華，福建尤溪知縣，太平天國之亂，吞金殉職。父鵬飛，歷任江西省經歷，湖北大冶縣令。弟銘三亦入泮，〔註177〕亦能寫詩。寫有〈賽夏族竹枝詞〉的張彜銘，《臺灣竹枝詞選集》記載他是浙江金華人，光緒年間任諸羅縣記室，其實諸羅縣在乾隆五十二年（1787 年）時已改爲嘉義縣，「賽夏族」一詞的正式出現應在明治四十四年（1911 年），日本殖民政府番務課參酌了伊能粟野及鳥居龍藏對原住民的分類，增加了賽夏族（Saisiat），刪除了邵族（Sao），建立了最初的九分法，賽夏族之名才爲人所知。〔註178〕明治四十四年（1911 年）爲宣統三年，清朝也於此年爲中華民國所取代，是以可見其記載甚爲訛誤。寫有〈雅美族竹枝詞〉的曾仲箎據《臺灣竹枝詞選集》說法，他是光緒年間人，因出海貿易，遇風漂流至「紅頭嶼」，停留了三、四年才有機會返回基隆，並定居於此地，以經商而得小富。因有居住「紅頭嶼」的經歷，所以寫了〈雅美族竹枝詞〉來歌詠此族之事。這段記載較爲平實，不過依其用語來看，曾仲箎應爲生於光緒年間的人，而主要的人生經歷應該是在日人據臺時期，日據時期臺灣各地詩社林立，「騷人墨客」眾多，推測曾仲箎之作應出自於日據末期詩社的作品選集中。

除此之外還有一些都屬於清代光緒年間人士的作家，如何大年、袁維熊、姜春棠、唐守贊、林東艾、陳維禮等，這些作品以番俗番情爲主，與一兩百年前宦遊臺灣者所秉持的心態，所用的筆法差不多，只是描寫的族群不同罷了。這些族群如排灣、魯凱、卑南族等就是以前詩文中常出現的「傀儡番」、「雞爪番」〔註179〕等，至於勇敢善戰的泰雅族，最常被移入的漢人稱爲「生番」、「野番」，隨著漢人開闢的腳步，逐一的放下武器，接受被招撫、統治的命運。這些竹枝詞的內容亦不外五種主題：1. 日常生活 2. 愛情婚姻 3. 身體服飾 4. 種族制度 5. 節慶儀式等等。

〔註177〕賴子清：《臺海詩珠》自刊本，1982 年，頁 199。

〔註178〕衛惠林：〈臺灣土著族的源流與分類〉，《臺灣文化論集一》，（台北市：中華文化出版社，1954 年），頁 37。

〔註179〕「排灣族實是清代文獻裏所指，包括狹義的傀儡番、雞爪番、琅嶠番、卑南覓西南諸社。狹義傀儡番、係指鳳山縣東北生番境內，包括魯凱族及排灣族之 Vujule 和 Lavale 二部族。雞爪番，蓋指稱東港溪流域上游，S-garedeb 部族。」見蔡光慧〈排灣原住民部落社會的建立與族群關係〉，（台北市：國立師範大學歷史研究所碩士論文，1998 年 7 月），頁 97、98。

何大年〈阿美族竹枝詞〉。何大年，廣東梅縣人，光緒初，輔佐綏遠軍協助軍事，駐兵歧萊，後入秀姑巒撫墾分局。此詞說臺島東半尚屬未開發之地，他們進來此地撫墾，走過荒蠻的山野，如同鷗鵠鳥那般的生活著。阿美族是母系社會，重女輕男，很是迷信，發起威來獵取人頭，讓人十分害怕。

血汗蒸騰曠野蘇，東南半壁尚偏枯。

丘陵踏過窺岑麓，割據山頭效鷗鵠。

重女輕男執故常，宗巫媚鬼最昭彰。

呈威本足寒人膽，馘首頍風貶作倀。〔註180〕

袁維熊〈排灣族竹枝詞〉。袁維熊，江西樂平人。光緒初年，以綏靖軍正哨長駐卑南。同治十三年七月，親率埤南、呂家望、知本社各番目，入山探路。由蚶子崙、西京、諸也葛一直到昆崙坳，鳳山的赤山出山，歷經艱苦阻難。以功保千總。光緒八年，積勞得疾，卒於巴塱衛防營。〔註181〕

排灣族的階級制度很分明，甚麼顏色代表何種社會階級，族人都很清楚。每當舉行歌舞歡慶時，族人衣飾上的鈴聲響個不停，歌舞之樂讓人們忘記了長年生病的痛苦，以此可見原住民樂天忍苦的性情。

階級年齡永不泯，平民頭目自知遵。

藍紅黑色歸頭目，淺黑天藍白是民。

歌舞賢來每共娛，不分老少不偏枯。

鈴聲節奏迴天籟，病苦長年有若無。〔註182〕

姜春棠〈卑南族竹枝詞〉。姜春棠，字芳坡，江西上饒人。光緒十九年，為臺東州吏目，兼卑南撫墾局長。〔註183〕卑南族以強大的武力，雄踞臺灣東南部很長一段時間，因為族中曾出現一位雄才大略的英雄叫「比優馬」，在他領導下卑南族武力最為強盛。比優馬深受族人仰慕與敬愛，鄰近的阿美族、魯凱族等都飽受威脅，時時擔心受到侵襲。還好上天有好生之德，東臺灣土地廣大，讓番人們仍有存活的空間。

嘯眾膚懲出草叢，手能拔樹腿生風。

卑南土目比優馬，四境咸推一郡雄。

〔註180〕陳香編著：《臺灣竹枝詞選集》，頁58。
〔註181〕《臺灣通志》130列傳〈忠義〉，頁601。
〔註182〕陳香編著：《臺灣竹枝詞選集》，頁67。
〔註183〕陳香編著：《臺灣竹枝詞選集》，頁69，另據《重修臺灣省通志卷八職官志文職表篇》訂正，（南投縣：臺灣省文獻委員會編印，1993年），頁74。

卑南咸武壓相鄰，他族生機幾欲泯。

不盡荒溪成活路，蒼天總愛德存仁。〔註184〕

這幾位作者中袁維熊病死於臺東，唐守贊病死於花蓮，陳維禮、林東艾爲原住民所殺，何大年、姜春棠爲光緒年間臺東、花蓮一帶的官吏，這些作品是否眞的出自於他們的手筆，還是令人心存疑慮的。如前所述陳香編選作品的手法粗糙，辨體未清，所做的資料很難令人信服，以上所述及的六位作者，生半履歷雖皆能查證，然作品是否眞出於其人之手，還是個疑問。根據判斷，這些作品仍難免張冠李戴，恐皆爲日據時代詩社中人的作品，不知是陳香轉錄時未加明辨，或是知其不正確，仍有意拼湊以成的。本節所述的十一位作者中，較無問題的或僅曾仲筬一人而已。

此外也有詩作內容不正確的情形，如：道光年間兩渡來臺的孫爾準，其作《泰雲堂集》卷十三〈婆娑洋集〉、第十四卷〈臺陽籌筆集〉，爲專詠臺灣的詩作，內容訛誤處就不少。〔註185〕

孫爾準道光四年（1823 年）、六年（1825 年）兩度來臺，都未曾進入埔裏，只對是否開關此地關心過，所以對此地原住民的了解不夠。〈埔裏社〉一詩前半段詠埔裏山景壯闊，雲氣噴湧之景甚副實情，然中段以後談及番人以鵝管書寫「紅毛字」：「鵝管書字傳紅毛」，番婦嚼米成「姑待酒」：「待姑嚼米成香」，眾番於樹蔭下盪鞦韆以爲樂：「鞦韆遊戲樹陰底」，則有挪用錯置之嫌，尤其是會寫「紅毛字」的應該僅有西拉雅族群，道光初年，西方人的力量還未進入此地。其他所述的習俗應屬西南部沿海地區族群的行爲，與埔裏社不相符，套用的情形很明顯。

這些文學作品中可以見到「系列」、「重複」、「再寫」、「雜湊」、「訛誤」等現象，對「原臺灣人」的描述可以見到其中一脈相承，意念相近之處，由清領初期到光緒年間許多詞彙與觀點，反覆的被使用，許多主題一再被重寫，由此可以看到秉筆之士與原住者之間的「距離」。所謂「距離」指的是寫作者通常未眞正的深入觀察原住民生活習俗，對其種族、文化、儀節了解甚爲浮

〔註184〕陳香編著：《臺灣竹枝詞選集》，頁 70。

〔註185〕《續修四庫全書・集部・別集類》第 1495 本《泰雲堂集》，（上海古籍出版社，1997 年，頁 613～623。

〈婆娑洋集〉、〈臺陽籌筆集〉中寫番俗、番事者不少，其中〈熟番〉、〈臺陽雜詠〉、〈麻達〉、〈番社竹枝詞〉等皆爲描述番俗之作，〈番割〉、〈淡水〉兩詩對原住民頗有悲憫之情。

面，在詩文中常流露出「教化」、「玩賞」的心態，因爲缺乏了解，寫作資源只能來自文獻的記載。而前人所知便有侷限，就文獻望文生義，堆砌拼湊，原住民的眞貌，便仍然是曖昧模糊了。基於對原住民的輕忽之心，許多「爲文造情」、「爲文造文」的情形層出不窮，是這「系列」作品中普遍的現象。

第七章 文獻記述中的原漢衝突

第一節 移入者與原住者

　　博埃默（Elleke Boehmer）在：《殖民與後殖民文學》（*Colonial and Postcolonial Literature*）第一章〈帝國主義與文本化〉說到：「但帝國本身——至少在部分意義上——也是一種文本的運作。」〔註1〕不論帝國存在於當下或過往，確實是可以「文本」的方式被認知，「被存在」的。事實上要重回那個強大清帝國統領臺灣的情況，只能藉由政令宣示、剿撫策報、方志、旅遊日記、追憶記述、詩文作品、民間歌謠等，追溯、拼湊那個逝去的時空。而「殖民扎根的過程也是通過文本來表現的」〔註2〕所以希望組織、建構清代臺灣社會的整體面貌，各類型的「文本」都將是不可或缺的部分。

　　大清帝國以其強大的國力，在康熙二十二年（1683年）擊敗了在東南海上的頑抗勢力，瓦解鄭成功三代的經營，順利的攻下了臺灣，再度擴大其版圖，增加了帝國的榮耀。接下來如何統治、管理、改變這座島嶼，由相關文獻看來是一項漫長而艱難的歷程。畢竟臺灣自古並不隸屬於任何強勢政權，多達二、三十種的原住民族群，絕大部分還處於漁獵社會，生活狀態非常原始。當此島正式隸屬滿清之後，政府初期雖有禁令，但移民們仍陸續地來到

〔註1〕博埃默（Elleke Boehmer）著，盛寧譯：《殖民與後殖民文學》（Colonial and Postcolonial Literature），頁13。
〔註2〕博埃默（Elleke Boehmer）著，盛寧譯：《殖民與後殖民文學》（Colonial and Postcolonial Literature），頁13。

此地，在短短的幾十年間，人數已然凌駕原有的住民。這些「中國」來的人們與先居於此的島民，自然發生各方面「適應」與「調整」的狀況，而「非我族類」的「中國化」或是必須經過「摧毀」與「再生」的，〔註3〕因而「衝突」的產生是不可避免的現象。

一、衝突的展開

　　這些衝突包括了：文化、經濟、社會、武力等的各個層面。這些衝突最後的結果是造成了「取代」作用，所謂「取代」，亦即臺灣全面的中國化，移民者在各方面「同化」了這座島嶼，原住者成為邊緣者，他們由「多種族的主流」變成遷徙、降服、消失的「支流」，這樣的例子也發生在近代的美國、加拿大、阿根廷、澳洲等國家。歐洲移民的來到，征服並取代了原住者，使這個地方完全成為後來者的領域。

　　文化上的衝突，表現在要求原住者的髮型、服裝、裝飾、風俗習慣的改易，刺青、拔齒、獵首、自由戀愛、巫術，骷髏崇拜等的去除，改變婚葬方式，以漢人的姓氏為姓氏。主政者要求他們學習漢字，研讀儒家經典，接受滿清式的衣冠、髮式、服裝，以儒家文化中的四維八德，作為日常生活的倫常與規範，逐步成為一個滿清中國治下的庶民百姓。在牡丹社事件（1871 年～1874 年）以前，〔註4〕「改風易俗」的行動較為緩和，主政者沒有顯示同化的急迫性，文獻中對「奇風異俗」的書寫，反而帶有一些趣味性和觀賞意味。他們很自信地寫到，原住民對滿清中國的文明是非常艷羨的，主政者不必刻意要求，他們自會改變：六十七引范咸詩：「衣冠漸已學唐人，（番謂漢人曰「唐」），婦女紅衫一色新。」〔註5〕吳廷華：「十年新學唐人俗，五色絲穿長命錢。」〔註6〕原住民對「唐山」來的人很是欣羨，認為文化高，武力強，比原住民高尚得多，統治一段時間後，便逐漸學到「唐人」的衣服、裝飾，改

〔註3〕 薩依德（Edward Said），王志弘等譯：《東方主義》（Orientalism）〈晚近發展面面觀〉，頁 226。

〔註4〕 同治十年（1871 年）有琉球漁民六十六人因船難，漂流至恆春一帶，此地為排灣族牡丹社的領域，這些漁民其中有五十四人遭到殺害，日本由西鄉從道領軍，登陸牡丹社，對原住民展開報復行動，朝廷派出沈葆禎協調處理此事。此次事件讓清廷對臺灣的政策有了很大的改變。

〔註5〕 六十七：《番社采風圖考》，頁 15。

〔註6〕 吳廷華：〈社寮雜詩〉，《淡水廳志》卷十五，附錄二，文徵（下），（台北市：臺灣銀行經濟研究室編印，臺灣文獻叢刊第 172 種，1963 年 8 月），頁 430。

變先前裸體、紋身的習慣，剃髮留辮，模仿起統治者的形貌。這種「唐化」的現象在「熟番」的部分相當成功，幾乎西部沿海地區的原住民都已「移風易俗」，放棄了原有風俗習慣與文化特色，成爲中國的子民。

　　經濟方面，移民引入較高級的農耕、漁獵技術，大量地開墾原住民的獵場，拓展「荒莽」之地，承租「番地主」無力耕種的土地，造成地權與生產力的移轉，缺乏生產技術與能力的原住者，無法抵擋這樣的衝擊。在一波又一波地周旋爭抗之後，在語言不通、司法不公、不識漢字的種種劣勢下，遭到兼併、挪除的命運。原住民對土地缺乏經營觀念，又沒有儲蓄等累積財富的習慣，移民經常以「墾拓團」的方式，以宗族、鄉親集體的力量，進行有組織，有計畫的墾拓。相對於這樣有經驗的，與官府頗有交涉的墾拓團體，原住民自然無法匹敵，族群萎縮，經濟破產，被迫成爲遷移、弱化或消失的人群。

　　社會方面，大規模移入的漳、泉、粵東民眾，使得原有的族群結構、婚姻關係、社群組織，都逐一崩解。抵抗性較強的部落首先遭到剿除，清政府另外扶植依附的族群，讓它成爲較強大的部族，在「以番治番」的策略操作下，與政府親善的族群獲得較好發展，不肯馴服的族群則遭到各種的壓制、侵擾。原漢通婚，造成母系社會的質變，成爲「番女婿」的漢人，順理成章地接收大量的原住民田產。來臺「唐人」所顯示的優勢力量，讓男性原住民相形見絀，其祖先的訓示，部落的尊嚴，原有的倫理與秩序，都因移入者展現的強勢，逐步萎縮、崩解，不再能維持下去的權威，造成族群意識渙散，轉而接受移入者帶來的社會規範與價值。

　　牡丹社事件之後，清廷意識到若不全面掌控臺灣原住民，在列強的侵擾下將可能失去這座島嶼。可是西部山區的「生番」以及後山地區的原住民，並未接受足夠的「教化」，不服政府命令。到了清領末期，尚抗拒政府力量的原住民，仍然堅持著原有的生活型態、社會文化，對入侵者仍不時加以攻擊。這點由光緒五年（1879 年）頒布的〈化番俚言〉可以看出來。清領初期以採風錄俗爲主的書寫，用著賞玩或趣味性心眼紀錄的「奇風異俗」，到了後來，都成爲被改革，被去除的對象，主政者急迫地希望「原住民中國化的」完成。〈化番俚言〉共三十二條，主要目的在「將蠻夷僻陋之俗，轉成禮義廉讓之風矣。」〔註7〕其中的重點工作有：禁除殺人割頭顱的習慣，禁止部落男女三

〔註 7〕黃逢昶：《臺灣生熟番紀事》，頁 38。

五成群的「作饗」，飲酒叫嚷，歌唱舞蹈，製造事端。保護商旅，以廣貿易。各部落之間不可任意攻殺，以維安寧。結婚要由父母主婚，不可任意牽扯即成。若有親屬死亡，不可葬於家中，或埋之田疇，應有喪葬之處。男女有別，不可同坐一席，女蓄長髮，男應剃髮留辮。穿著衣褲，「以入人類」。這三十二條對遲遲未曾「漢化」的原住民，有著非常大的衝擊，很短的時間內，必須放棄原有的生活方式，並且「剃髮蓄辮」成爲一個中國人。由於「統治」的迫切性，光緒年間的衝突主要出現在武力的征服上，因爲武力具有的強制性，在鎮壓完成後，原住民的原有的社會、文化等也必須跟隨統治者的要求，在短時間內改變。

二、武力的鎮壓

在這些衝突中，原住民社會所有的改變，不論是其自願的或被迫的；「武力」具有最全面的影響力，是造成「取代」現象最決定性的力量。移入者是以武力征服的方式，強行進入了這個地方，所以與被征服者之間的衝突，在二百多年裏，一直都是存在的。自有人類文字記載以來，可以看到沒有任何一個民族是甘願無條件屈服在另一個民族之下的。就算統治者的武力強大，壓覆的手段激烈，除非全部滅絕，只要一息尚存，反抗的力量都會不時的躍動。二百多年來，文獻中記載了許多「朝廷」征討原住民叛亂的文字，然而統治者與被統治者之間的戰爭，在清領時期中從來都未停止過。

（一）無聲的逃亡

臺灣特殊之處在於：由荷蘭到鄭氏到清朝統治的近三百年間，臺灣原住民始終都是沒有聲音的，幾乎看不到對異族入侵，統治壓迫，發出什麼不平之鳴。他們並沒有發言的機會，也沒有記載的工具，對應入侵者僅有抵抗、逃亡、屈服，或融入等方式。因爲沒有發言權，所有的屈辱、不公是不被聽聞的。他們的挫敗在「他者」的記載中以「被消滅」、「被教訓」的方式出現，「被打敗」往往正是征服者光榮與功勳的一頁。歷史是荷蘭人、西班牙人、中國來的人書寫的，詮釋者也是勝利者。原住民許多綿延數百年（千年？）的社群消失了，土地被佔領了，殘存者爲了生活下去，必須努力忘記自己的身分、血統與文化。二百餘年來原住民從未獲得發言權，也沒有詮釋的機會，以下這幾則記載讀來是令人怵目驚心的。

周鍾瑄〈上閩浙總督覺羅滿保書〉：

> 自比年以來，流亡日集，以有定之疆土，處日益之流民，累月經年，日事侵削，向爲番民鹿場麻地，今爲業戶請墾，或爲流寓佔耕，番民世守之業，竟不能存什一於千百。〔註8〕

丁紹儀《東瀛識略》：

> 臺灣土番，當荷蘭、鄭氏竊據時，附近數十里內非徙即滅，已無遺種，故臺灣縣獨無番。〔註9〕

陳培桂《淡水廳志》卷十一〈風俗志〉：

> 風俗之移也，十年一小變，二十年一大變。……今至大甲至雞籠，諸番生齒漸衰，村墟零落。其居處、飲食、衣飾、婚嫁、喪葬、器用之類，半從漢俗。〔註10〕

所謂「番民世守之業，竟不能存什一於千百」、「附近數十里內非徙即滅，已無遺種」、「諸番生齒漸衰，村墟零落」，顯現的便是一種族群逐漸淪亡的景象，他們的輾轉遷徙，「遠罪避禍」，寂靜的離開世居之地，放棄了曾有的一切。除了記載者說明的原因如：被欺侮、被佔墾、被漢化之外，他們沒有發出什麼反對的聲音，這些官式文書也沒有記載抗議與不滿，而這種「沉默」與「空白」正是臺灣歷史中需要加以塡補，重新書寫的部分。〔註11〕

賈德·戴蒙（Jared Diamond）爲研究人類攻擊性行爲的學者，在《第三種猩猩·人類的身世與未來》第十六章〈原住民問題：族群衝突〉中他談到人類歷史裏出現的「滅族屠殺」的動機，並舉出英國人自 1788 年建立殖民地

〔註 8〕　黃叔璥：《臺海使槎錄》卷八〈番俗雜記〉，頁 165。

〔註 9〕　丁紹儀：《東瀛識略》卷六〈番社〉，頁 65。

〔註10〕　陳培桂：《淡水廳志》卷十一〈風俗志〉，頁 306。

〔註11〕　清代古文書如：呈文、地契、買賣契約、渡讓契約等，可以看到許多番人爲不平的事訴諸法律的行動。如：乾隆五十一年苗栗縣新港社的土目南茅乞請註銷加已毛毛案，加已毛毛原爲漢人，假冒爲番，「遇事生風」，冒用眾番名字以「橫蠹剝佔」、「佔築差館，礙傷屋墳」等。另一例則爲道光四年，發生於土目南茅，控告「漢奸林光本與革惡陳璋生」，指控這兩人冒充土目「肆橫欺噬，逆例亂規，社番遭殃極慘。」，在控官之後屯番鍾官福反遭毆殺。見胡家瑜主編：《道卡斯新港社古文書》，（台北市：國立台灣大學人類學系，1999 年），頁 157、179。另一例爲圭北屯社社眾潘坤源於光緒十三年，稟請官方斥責漢人捏名假冒該社土目，收取社租之事。經批示後要求假冒者立即撤職，並追繳併吞口糧。見劉澤民編著：《平埔百社古文書》，（南投市：國史館臺灣文獻館出版，2002 年），頁 80。

後到 1921 年，當地土著人口由三十萬降至六萬人。歐洲人於 1642 年發現塔斯馬尼亞島後，當時島上土著約有五千人，到 1830 年僅剩下 72 個成年男人 3 個成年女人。美國殖民者在 1763 年殺死了最後二十個蘇斯奎汗那（Susquehanna）印地安人，使其種族完全滅絕。〔註 12〕也分析了赤柬屠殺非共產黨的百萬國人，德國人在二次大暫時對猶太人的集體屠殺行為，他認為「滅族屠殺」的動機其實很難捉摸，但可以概括為四種類型，這四種類型包括了「土地與權力」的衝突以及「意識形態與心理作用」：

> 「滅族屠殺」很難捉摸，無論就動機而言，還是定義。雖然好幾個動機可以同時作用，可是把動機分別成四個不同類型，有助於我們的分析。第一種、第二種涉及土地或權力的衝突，無論是否以意識形態緣飾。第三、第四種則不怎麼涉及土地或權力的衝突，主要在意識形態與心理方面。〔註 13〕

強勢的入侵者，以優勢軍事力量消滅並統治弱勢族群，除了掠奪原來社會的財富之外，進一步便是「土地與權力」的獲得。這是武力強大的國家，面對原始民族常用的方法，先進的武力可以直接達到佔有的目的。如西班牙人入侵中南美洲，英國移民佔領美洲印地安人的土地。而處在多元族群的社會中，各族群勢力相當，或稍有差距，一族群要打敗另一族群，就會利用「族群觀念」作為工具，而這個動機及武器就是「意識形態與心理」。清代臺灣移入者與原住者的衝突，由於實力相差懸殊，掠奪的目標主要還是在「土地與權力」的動機上，族群的衝突則在清領中期以後，移民中的漳人、泉人、粵人之間的分類械鬥至為激烈，原住民在此時刻只是被動的受到牽連而已。當清廷決定將臺灣納入版圖，並逐步開發以後，臺灣廣大的土地成為移入者最想獲得的目標物。因為是以武力征服而取得統治權的，所以充分利用這樣的權利，主宰、教化、馴化這些弱勢族群。而原住者所要保衛的的正是原本擁有的土地，漁獵主權，以及生存的尊嚴。

（二）屠殺的合理性

原居此地的住民們，就在一波波的衝突中逐漸失去了土地，失去了大半

〔註 12〕 賈德‧戴蒙（Jared Diamond）著，王道還譯：《第三種猩猩‧人類的身世與未來》，（台北市：時報出版，2000 年），頁 331～337。

〔註 13〕 賈德‧戴蒙著（Jared Diamond），王道還譯：《第三種猩猩‧人類的身世與未來》，頁 339。

人口。以官府和漢人的立場來看，臺灣的原住民當然是原始的、落後的、不知廉恥、好殺成性，與禽獸沒甚麼不同，原住民反抗官府的統治是極不明理、非常野蠻的行為；統治、教化、甚或屠殺，乃是一種合理的行為。

我們看以下這些敘述：

藍鼎元〈謝郝制府兼論臺灣番變書〉：

> 近聞臺地土番，復有崩山等社，狝至彰化縣治，騷擾作孽。此曹不知寬大之恩，欲以毛髮試洪爐之焰，自速其死，無足矜憐。……為今之計，宜大震軍威，連根撲滅，使他社番彝知國法萬不可犯，然後一勞永逸。〔註14〕

藍鼎元《東征集》〈覆呂撫軍論生番書〉：

> 生番殺人，臺中常事。此輩雖有人形，全無人理；穿林飛菁，如鳥獸、猿猴。撫之不能，剿之不忍，則亦末如之何。〔註15〕

《諸羅縣志》〈番俗〉：

> 其俗淫嗜酒，愚悍少慮。猾者賺剝其膚，不為病；稍侵陵之，往往殺人亡匿，依山為險。〔註16〕

范咸《重修臺灣府志》〈叢談〉：

> 傀儡生番性嗜殺，取其頭以多者為雄；諸社皆然，而山豬毛為最。〔註17〕

同書〈番俗通考〉引《海上事略》：

> 生番素喜為亂，苟有不足，則出山屠殺商民。〔註18〕

〔註14〕藍鼎元：《平臺紀略》附錄，（臺北市：臺灣銀行經濟研究室編印，臺灣文獻叢刊第 14 種，1958 年 4 月），頁 61。

〔註15〕藍鼎元：《東征集》，頁 59～60。據陳支平：《福建六大民系》第四章〈漢人民系與少數民族的血緣文化融合〉云：「有的畬族子弟甚至讀書應試，成為政府官員者，如閩南漳浦的畬族藍氏家族，清代康熙、雍正、乾隆年間有藍理，官至陸路提督；藍廷珍官至水師提督，藍元枚亦官至水師提督；藍鼎元曾在臺灣為官並多有善政。」（福州市：福建人民出版社，2001 年），頁 176。藍鼎元自己本身也不是漢族，他的家族在福建一帶也曾是飽受漢人歧視、壓迫的一群。他對臺灣番民的景況很少同類相惜的情感，反而深受傳統思想影響，以漢文化的觀點來對待臺灣原住民，這其實是另一值得探討的、弔詭的課題。

〔註16〕周鍾瑄：《諸羅縣志》卷八〈風俗志〉，頁 154。

〔註17〕范咸：《重修臺灣府志》〈叢談〉，頁 559。

〔註18〕范咸：《重修臺灣府志》〈番俗通考〉，頁 470。

劉銘傳〈奏臺灣各路生番歸化並開山招撫情形疏〉：

> 查臺灣生番種類繁多，處處與民仇殺。自上年九月臣親督大隊勦撫
> 中、北兩路生番歸化後，現在數月之間，所有後山各路生番二百一
> 十八社、番丁五萬餘人一律歸化；前山各路續撫生番至二百六十餘
> 社、番丁薙髮三萬八千餘人。水尾、花蓮港、雲林、東勢角等處，
> 可墾水旱田園數十萬畝；不獨開疆闢地，且可免民番仇殺之禍。此
> 皆朝廷威福遠播遐荒，使深山幽谷野居穴處之類咸知向化歸仁，化
> 獉狉而登衽席。〔註 19〕

說「番人」如鳥獸、猿猴一般，說他們素喜爲亂，風俗淫亂，好飲酒、殺人，
不知天高地厚，所以必須以非常的手段對待。賈德・戴蒙分析近代人「滅族
屠殺」的理由有三個，其一是爲了自衛，若不自衛我族就會受到傷害。其二
自認爲擁有較高文明的族群，對較低劣民族的蔑視。其三是動物與人類是可
以分開對待的，「我族」才是眞正的「人」，苛虐或屠殺如牲畜般的下等人類，
並沒有道德與倫理的罪惡感。〔註 20〕這是所有強勢族群對弱勢者屠殺，最正
當的理由。劉銘傳的奏報更指明了，由於強力的「勦撫」之下，反抗者皆已
去除或降服，國家增加了五萬多人，可耕的土地增加了數十萬畝，且漢番也
不再互相仇殺了。西班牙人對南美的印地安人，英國移民對美洲印地安人，
都用過這樣的理由來宣示行動的合理性、必要性。以他們的分析來看清廷對
待原住民的方式與觀念，也是非常相符的。原住民出草威脅到良民的生命安
全，他們沒有文字，生活簡陋，不知文明爲何物，行爲與禽獸無異。佔有如
此多的土地而不知運用，是非常可惜的事，教化或殺掉好作亂者，是必要的
手段。

有清一代對南方少數民族的做法與觀念，其實是很一致的。在《貴州通
志》卷三十五，雍正六年（1728 年）〈苗民歸誠加恩官弁兵丁〉、趙廷臣〈廣
教化疏〉可以看到非常類似的說法：

〈苗民歸誠加恩官弁兵丁〉：

> 上諭雲南等省所有苗蠻儂壯種類甚多，殘忍成性，逞兇嗜殺，剽略
> 行旅，賊害良民……苗性狡獪反覆，當用兵之際，往往詭詐負嵎，

〔註 19〕 劉銘傳：《劉壯肅公奏議》卷四，（台北市：臺灣銀行經濟研究室編印，臺灣
文獻叢刊第 27 種，1958 年），頁 220。

〔註 20〕 賈德・戴蒙著，王道環譯：《第三種猩猩・人類的身世與未來》，頁 352～354。

出其不意，以致官兵受傷。〔註21〕

《瓊州府志》卷四十鍾芳〈憫群黎文〉中對海南島的少數民族黎人也有這樣的描述：

> 瓊之黎去中土遠，其俗去禽獸無幾矣。裸體涅面，言語侏離，無冠
> 履衣裳之製，匪為禮義不知，亦或不知有郡邑。〔註22〕

貴州、海南島地區的「生苗」、「儂壯」、「黎」等異族，生性殘忍，不知禮義為何物，裸體文身和禽獸差不多。以中國人的立場來看，這些化外之民不服統治，不知孔孟之教，好殺成性，當然是需要加以管束教化的。如若不服教化，不願納租繳稅，就必須加以鎮壓才能讓他們知道天朝軍威，才能徹底臣服。如果再由范咸《重修臺灣府志》卷五〈賦役（二）〉戶口的資料來看，會發現另一項清廷對臺灣這個新疆土的態度。朝廷對這裡的人民課重稅，臺灣的漢人每年繳的稅是內地的兩倍左右，而原住民又是臺灣漢人的兩倍左右。這種情榨取的情形一直持續到乾隆二年（1737年），臺灣原、漢民眾的稅收才和大陸人民相同。

> 康熙二十三年題准：臺灣每丁徵銀四錢七分六釐。……查內地每丁
> 徵銀一錢至二錢、三錢不等，而臺灣加倍有餘，民間未免竭蹙。二
> 年，上諭：「聞台地番黎大小計九十六社。有每年輸納之項，名曰『番
> 餉』，按丁徵收，有多至二兩、一兩有餘及五、六錢不等者。朕思民
> 番皆吾赤子，原無歧視，所輸番餉即百姓之丁銀也；著照民丁之例。
> 每丁徵銀二錢，其餘悉行裁減。」〔註23〕

既然把原住民當作禽獸一般的看待，卻在稅賦上卻課了非常高的稅收，這種剝削式的做法，讓他們生活更為困窘，往往辛苦了一年，還無法應付朝廷的稅收，只好變賣田地，賤賣農獵所得應付稅官，甚或棄家潛逃，來逃避官吏的追捕。這種不公平的待遇，也是造成原住民反抗的重要因素之一。〔註24〕
面對這些歧視性的文字記述，鄒族的學者浦忠成在《敘事性口傳文學的表述》一書第二章〈內外詮釋的融攝〉說：

〔註21〕靖道謨等撰：《貴州通志》乾隆6年（1741年）刊印，頁651。
〔註22〕明誼修、張岳松纂：《瓊州府志》卷四十一，清道光21年，中國方志叢書第47號，（台北市：成文出版社），頁938。
〔註23〕范咸：《重修臺灣府志》卷五〈賦役（二）〉戶口，頁185。
〔註24〕對番民課重稅始於鄭成功時代，清朝領台後仍持續這樣的做法。郁永河於《裨海紀遊》卷下，曾提出批判，「囊鄭氏於諸番徭賦頗重，我朝因之。」頁36。

> 與其面對非原住民所撰述充斥偏見與蔑視的史料，倒不如未曾有如
> 此的史料。此即「盡信書，不如無書之嘆」。〔註25〕

身為臺灣原住民後裔的浦忠成，在回顧及反省清代這些漢文書寫，有著甚為難堪的感受，他寧願沒有這些史料的存在，理智上可以理解寫成這些文字的背景，但感情上卻覺得難以接受。這種「充斥偏見與蔑視」的移入者記述，正是許多強勢者對弱勢族群的蠻橫態度，也是為自己的入侵行為，尋找光明正大理由的表現。事實上這些文字潛藏的意識，是為了說服別人和自己：武力侵犯落後的原住民並非一種罪行。

第二節　政策與對抗

　　有清一代原住民與中國人的落差，表現在國家組織、武裝力量、經濟能力、文化進展等方面，這種落差造成兩者之間的傾壓、抵抗、同化、取代等現象，面對差距如此巨大的外來者，原住民的挑戰是嚴酷的。為了妥善管理這些原住者，執政者曾經實施了許多政治措施，因應各種社會變化，以保護力量日漸衰微、土地逐漸流失的原住民。

一、統治政策

　　相關的政策舉其大要如下：

　　1. 劃定疆界，區隔漢番

　　康熙六十一年（1722 年）福建巡撫楊景素劃界立石，命鳳山、臺灣、諸羅三縣居民離開侵占原住民之地，嚴禁偷越，不許耕種。南起放索社（屏東林邊鄉），北至峰仔嶼口（台北縣汐止鎮），築土牆五六尺，深挖濠塹。土牆與濠塹可防原住民，亦防朱一貴餘黨。這是一種「區隔」的做法，將移入者與原住民分開，各自劃定勢力範圍，不互相侵擾。這種做法雍正七年（1729年）〈臺灣人民偷越番境全文〉再次強調：「臺灣南勢北勢一帶山口，生番熟番，勒石分界，如有姦民偷越番境，抽藤釣鹿及私運貨物者，將失察之專管官，降一級調用，該管上司，罰俸一年，其有賄縱情弊者，將專管革職治罪。」這個條文明令禁止漢民越界，侵墾土地，盜取山產，有關督導官員必須負責

〔註25〕浦忠成：《敘事性口傳文學的表述》第二章〈內外詮釋的融攝〉，（台北市：里仁書局，2001 年初版二刷），頁 66。

監督，否則將遭致處罰。

2. 教化改造，禁止通婚

設土番社學等，雍正十二年（1736 年）依臺灣道張嗣昌之議：

（1）嚴禁漢人侵佔土地

（2）設立教化土番學校

（3）使土番改採清朝風俗，嚴禁使用羅馬拼音

（4）禁止漢人娶番婦〔註 26〕

由官方出面設立教導原住民的「社學」，禁止西拉雅族等平埔族再使用荷蘭人留下來的羅馬拼音文字，希望逐步的「漢化」。漢人娶番婦造成男番無妻，造成漢人藉此繼承土地的情形，許多原住民社會都是以女性爲主的母系社會，移民娶番婦後，以男性爲主的中國社會規範，自然而然的接收了妻方的財產。這種情形由清領初期便已產生。朝命雖再三禁止，但這種情形一直到清末都沒改善。

3. 設官任事，納編管理

乾隆三十二年（1767 年）設南北理番同知。北路駐彰化，南路駐台南府治。管理番民交涉事務，當時兩路熟番九十三社，歸化生番二百餘社。

理番同知的工作大約如下：

（1）管理漢人典購番地，以防遏侵占

（2）漢人娶番婦而佔居番地者，查拿逐出之

（3）官吏有妄入番社採買，及需索供應者，查明處分之

（4）管理土番義學，督勵番童就學，監督社師

（5）訓誘番人改易漢俗，指導其從事生產

（6）番戶編審事宜

（7）管理番人輸餉事宜

（8）清查番界，彈壓生番

（9）選拔熟番人才充任土目，舉用通達事理之番人或漢人爲通事〔註 27〕

理番同知設立後，所處理的原住民事宜便較具體而明確，行政力量的控制效果顯現，但對原住民來說更有效率的「行政官僚」，帶來的是更多負面的效應。

〔註 26〕劉良璧：《重修福建臺灣府志》卷十一〈學校〉，頁 333。

〔註 27〕溫吉編譯：《臺灣番政志》，（南投市：臺灣省文獻會，1957 年，12 月），頁 92。

4. 賜田設屯，化番為兵

乾隆五十三年（1788 年）福康安奏傲四川屯練之制，設置屯防，計大屯四，小屯八。並將未墾荒地 5441 甲，抄封田園 2380 餘甲，分給屯丁。這是福康安為感謝原住民協助平定林爽文事件，所給予的「恩賜」。林爽文事件原先是閩、粵移民合作，反清獨立的戰爭，但後來變成閩、粵相仇殺的局面，做為久遭移民欺凌的原住民，會願意協助官方「平亂」是可以理解的。

嘉慶、道光、咸豐、同治年間理番措施，與上述諸項差不多，但常會因地制宜，對原住民也有頗多的保護、減稅、歸還土地等優遇。但執行上並不徹底，且這一階段清廷官箴不振，吏治鬆弛，許多法令形同具文而已。當時有「各省吏治以閩省最劣，閩省以臺灣最劣」〔註 28〕這樣的說法。再如何的「區隔」原、漢，如何教導他們耕織，要他們讀書學習，在吏治黑暗，移民侵擾不止的情況下，仍無法阻擋衝突的發生。

二、對抗與遷徙

為抗拒移民的不斷侵擾，統治官吏的惡劣行徑，原住民曾有許多次武裝抗爭的行動，許雪姬《清代臺灣的綠營》一書中曾做過統計，總共有三十七次，〔註 29〕其中比較重大的可以舉出十個例子來。

1. 康熙三十八年（1699 年）。吞霄社（今通霄）通事黃申，殘民以逞，土官卓介、卓霧、亞生被逼作亂。二月吞霄社反抗通事黃申的暴虐（要求捕鹿前先繳錢），清軍鎮壓七個月未能成功，於是以送糖、煙等方式，請求岸裡社番協助勦平吞霄社。同年五月淡水、北投社社眾也發生反抗行動。〔註 30〕

2. 康熙六十年（1721 年）。阿里山、水沙連各社反抗，殺通事。主事者利用平埔族為先鋒殺賊，所到之處掠劫民番財物，反促成朱一貴號召各莊反清。五月藍廷珍派千總鄭惟嵩至後山，賷檄前往諭令卑南覓大土官文結，搜捕朱一貴餘黨王忠。〔註 31〕

〔註 28〕《重修臺灣省通志》卷三，〈住民志同冑篇〉，（南投市：臺灣省文獻會出版，1996 年 6 月），頁 1171。

〔註 29〕許雪姬：《清代臺灣的綠營》，（台北市南港：中央研究院近代史研究專刊（54），1987 年 5 月），頁 109，其數目應遠過於此。

〔註 30〕周鍾瑄：《諸羅縣志》卷十二〈雜記志〉，頁 279。

〔註 31〕黃叔璥：《臺海使槎錄》卷六〈番俗六考〉，頁 123。

3. 康熙六十一年（1722 年）。三月淡水人林亨謀起事。阿里山、水沙連各社叛，燒殺頗重。邑令以兵威、火炮攻擊，並賞以煙布銀牌多方招撫，十二月才平定。〔註32〕

4. 雍正四年（1726 年）。九月二日水沙連社骨宗不滿統治，率原住民反抗。九月二七日清政府出兵鎮壓。〔註33〕

5. 雍正九年（1731 年）。大甲西社林武力等聯絡樸仔籬、沙轆社等八社，鼓眾倡亂，包圍縣治。〔註34〕

6. 乾隆五十二年（1787 年）。林爽文亂起，三月廿六日莊大田攻府治。五月十三日常青，俘莊軍的金姑（番婦）。原住民有支持清軍的，亦有支持莊大田軍的，此次遭難的男、婦共四四八八〇七口，小口共二一八九七〇口。〔註35〕

7. 嘉慶二年（1797 年）。吳沙赴淡水廳呈請給札招墾蛤仔難，廳治給與義首墾拓印信。吳沙訂鄉約，組織壯丁，修道路，置隘寮，至者愈多，蛤仔難原住民見狀大懼，環攻烏石港，吳沙退保三貂，不久與原住民議和，因為持續進墾如故，原住民仍不時與墾民征戰。〔註36〕

8. 嘉慶二十年（1815 年）。郭百年等領得彰化縣示照，率眾千餘人入水沙連，築土圍，侵墾番地，劫掠財產，造成原住民重大傷亡。史稱「郭百年」事件。〔註37〕

9. 道光六年（1826 年）。四月彰化（虎尾溪以北）閩粵籍民械鬥，蔓延數十莊社，大甲以北亦應之。粵人弱，多竄南莊，南莊粵人黃斗奶、黃武二等，乘機煽動原住民，擾亂中港，匪亂番害並起。六月孫爾準用閩人捕閩，粵人捕粵，及秋亂平。〔註38〕

〔註32〕 藍鼎元：《平臺記略》，頁 26。

〔註33〕 鄧傳安：《蠡測彙鈔》〈遊水裏社記〉，頁 34。

〔註34〕 丁紹儀：《東瀛識略》卷七，頁 87。

〔註35〕 據行政院原住民生活資訊網：原住民族大事記：http://www.apc.gov.tw/indigene/mater/mater06.aspx。2005 年 4 月 29 日。此資料錯誤甚多，原始資料應出自《平臺記事本末》，（台北市：臺灣文獻叢刊第 16 種，臺灣銀行經濟研究室編印），頁 34、35。金姑應寫作金娘，長青應為常青，其遭難人口資料為全臺受兵災影響人口，並不單指傷亡的番民人數。

〔註36〕 姚瑩：《東槎記略》卷三，頁 72。

〔註37〕 鄧傳安：《蠡測彙鈔》〈遊水裏社記〉，頁 5。

〔註38〕 《臺案彙錄甲集》卷三〈大學士曹振鏞等議奏前案摺〉，（台北市：臺灣文獻叢刊第 14 種，臺灣銀行經濟研究室編印，1963 年 6 月），頁 135。

10. 光緒元年（1875 年）。置台北府，轄淡水、新竹、宜蘭三廳以及基隆廳、恆春縣、卑南、埔里社二廳。一月十日詔除內地人民渡臺入山耕墾例禁，理番行政大改革。所謂開山撫番的政策：統領羅大春負責北路，總兵吳光亮負責中路，統領袁聞柝負責南路（十月抵台東）。吳光亮率兵勇自林圯埔出發開中路，一自大坪頂至鳳凰山麓；一自東埔至臺東璞石閣（玉里）。此三路清軍均與原住民發生血戰。二月，內外獅頭社番亂，淮軍提督唐定奎率兵討剿之，此役戰歿一千九百八十人。〔註 39〕

這些武力爭鬥，有些是官逼民反，如：康熙三十八年（1699 年）吞霄社事件。有些是被迫應戰，如：嘉慶二年（1797 年）吳沙入蘭，噶瑪蘭番群起抵抗；如：光緒年間施行「開山撫番政策」，各山區原住民群起抵抗。有些根本是橫遭屠戮，如：嘉慶二十年（1815 年）的「郭百年事件」。

臺灣土地的開發隨著漢人不斷移入而拓展，「區隔」移民與原住民的界線：「土牛」、「溝塹」，一再向內山移動，一再被移民突破、翻越、侵入。如前所言這種「墾拓」背後是有著強大武力支撐的。武力是解決文化、經濟、社會、司法衝突最有效的工具。是「同化」與「取代」過程中最關鍵的手段。面對這種壓力，原住民為了求生存也展開自己的拓墾活動，不過他們的拓墾往往是放棄原有的居地，向更荒僻的野地求生存。嘉慶、道光約五十年間，歷史上記載了「熟番」幾次重大的遷徙：

1. 西部諸番遷往噶瑪蘭社。嘉慶九年（1804 年）彰化社番首潘賢文，大乳漢毛格，率西部之岸理社、阿里史社、阿束社、東螺社、北投社、大甲社、吞霄社、馬賽社諸番千餘人，越內山逃至噶瑪蘭。〔註 40〕

2. 嘉慶中葉，漢人郭百年率眾入侵南投埔里一帶，對當地原住民手段殘虐。後經官府嚴討後，盡驅入墾者。埔里原住民招西部熟番，台中岸理社、大甲社、日南社、苗栗縣苑裡社、吞霄社等入墾。〔註 41〕

〔註 39〕《劉壯肅公奏議》卷一。

〔註 40〕據施添福的說法他們遷移的路線是由豐原、卓蘭、大湖、獅潭、三灣、北埔、竹東、關西，再由關西入山，沿石門水庫南側上行。《宜蘭市：宜蘭研究，第一屆學術研討會論文集》1994 年 10 月，頁 85。到達五圍後和當地漢人發生衝突，後退居羅東一帶開墾。他們還應臺灣知府楊廷里之命，參與抵抗海賊朱濆之亂。不過不出幾年他們逐漸被漢人侵占了土地，只得退到蘇澳一帶生活。

〔註 41〕參見丁曰建：《治臺必告錄》卷三劉韻珂〈奏開番地疏〉，（台北市：臺灣銀行

3. 道光年間，漢人移民大量開墾噶瑪蘭地區，原住宜蘭五結鄉加禮宛社番民，率領屬近部落向南遷徙，由蘇澳走至奇萊平野（花蓮港）一帶。另一支由海陸至花蓮美崙山下；嗣後遷徙到台東長濱鄉、豐濱鄉等地。〔註42〕

4. 道光九年（1829 年），鳳山縣內淡水溪的武洛、塔樓、阿猴等社（馬卡道族）因客家移民的侵墾，爲求生存，由枋寮越中央山脈，至台東縣大武鄉，台東市一帶開墾。〔註43〕

有關原住民遷徙的原因，彼時官方的說法與實際情形當然頗爲不同。原住民的流亡，不外土地的被佔，無力抵抗，期望生存下去而已。漢人不論用甚麼理由：生性愚昧，動輒造反，出草割人頭，民生落後，不服教化等等。〔註44〕總之，「原住民」的淪亡就在這樣不斷的「安撫」、「教化」之下，短短二百年內，幾乎喪失了原有大部份賴以維生的依靠。〔註45〕

第三節　「他者」記述中的爭鬥

原住民沒有發展出書寫的符號，他們傳遞歷史與文化的方式依靠口傳及歌舞等方法。是以要了解他們的過去，必須依賴「他者」以第三人稱來敘述。這些敘述他們沒有介入的可能，這些書寫下筆時被書寫者的「缺席」，其人意志的「空白」，是一種不可逆轉的事實。原住民無法像已有文字能力的民族一般，在國家淪陷，民族受侵略時，以文字做爲武器，做爲紀錄，來記述侵略

經濟研究室編印，臺灣文獻叢刊第 17 種），頁 207。及梁志輝、鍾幼蘭：《平埔族史》（中），（南投市：臺灣省文獻會，2001 年），頁 124～138。

〔註42〕 潘繼道：《清代臺灣後山平埔族移民之研究》第四章〈平埔族在後山的墾殖〉第一節〈加禮宛平埔族〉，（台北縣板橋市：稻鄉出版社，2001 年），頁 115～123。

〔註43〕 潘繼道：《清代臺灣後山平埔族移民之研究》第三章〈移居後山的背景〉第二節〈大庄平埔族〉，頁 111。

〔註44〕 《重修臺灣省通志》卷三〈住民志同冑篇〉引姚瑩《葛瑪蘭原始》:「嘉慶九年，有彰化土民犯法懼捕，遂合岸理、阿里史、阿束、東螺、北投、大甲、吞霄、馬賽諸社之先住民千餘人。越內山逃至五圍，欲爭地云。」姚瑩的文章是最典型的官方說法。

〔註45〕 梁志輝、鍾幼蘭：《平埔族史》（中），第四章〈十八、十九世紀中部地區平埔族群〉第四節〈埔里盆地與平埔社群〉認爲非單一因素造成平埔族大舉遷移，且「族群遷移是人類歷史演進的通例」，此種講法本文並不認同，頁 124～125。

者的惡行，抒發內心的悲痛。然而掌握書寫權及詮釋權的人，在沒有任何制約的情況下，是否任意而為，恣縱其書寫及詮釋的「暴力」，是可以檢驗出來的。攘奪書寫及詮釋權是「文明」國家相當重要的政治鬥爭項目之一，這種權力的獲得與展現，關係到政治主導欲力的是否存在。回顧這長達二百餘年的歷史，由於第一人稱的敘述者不存在，所以論述者僅能用「倒敘」、「檢選」、「重構」的方式，「逆寫」這段臺灣原住民的經歷。吊詭的是「逆寫」的可能，源自於書寫者的「如實」紀錄，源自於書寫者「自由意志」的發揮。在這些記述中，事實上是可以在不同的方式與心態下，找到原漢之間矛盾與衝突，這些文獻也述說了臺灣原住民在征服者侵迫下，沉淪、崩解、流亡的過程。

一、新階級的形成

　　由於屬於征服者的國民，不論他在中國大陸是何種出身，貧農、罪犯、無謀生技能者，來到臺灣，自然成為統治集團的一員，成為統治的階級。而戰敗者，被征服者，不得不變成被統治者，是屬於有罪的、卑下的階級，理當接受征服者的支配與驅使。我們可以在許多記述中看到，原住民淪為「番奴」階級的紀錄。

　　高拱乾於康熙三十一年（1692 年）入臺，他的〈禁苦累土番等弊示〉〔註46〕意在警示在臺從事「贌社」商務的漢人，不可藉機剝削土番，欺侮原住者。告示首先即說明主旨在嚴格禁止「贌社」商人需索「花紅」，對以駕駛牛車維持生活的土番，要求免費的載運各項貨品，這樣會影響他們的生活「妨其捕鹿，誤乃耕耘。因而啼饑呼寒，大半鶉衣鵠面。」造成衣食不足，因飢寒而啼哭。各衙門差役經過番社「輒向通事勒令土番撥應牛車，駕駛往來。致令僕僕道途，疲於奔命。」，造成奔波之苦，這種仗勢凌人的做法，實為惡劣。更過份的還有勒索原住民，要免費供給竹子和木材，以為個人私用，極盡剝削之能事。告示上說對原住民的嚴苛統治，源自於鄭氏政權，如今已為清領，應當改革舊習，拯民於水深火熱之中，這樣原住民才可能傾心歸化。由這個告示可以看出，來臺的統治階級是如何的對待奴屬階級的。

　　康熙三十六年（1697 年）來臺的郁永河便看到當時的原住民，在強勢者的壓服下，成為社會的底層人物。《裨海紀遊》卷下有這樣的文字：

〔註46〕高拱乾：《台灣府志》卷十〈藝文志〉，頁 249。

是舉世所當哀矜者，莫番人若矣。乃以其異類且歧視之：見其無衣，
曰：「是不知寒」；見其雨行露宿，曰：「彼不致疾」；見其負重馳遠，
曰：「若本耐勞」。噫！若亦人也！其肢體皮骨，何莫非人？而云若是
乎？馬不宿馳，牛無偏駕，否且致疾；牛馬且然，而況人乎？抑知彼
苟多帛，亦重綈矣，寒胡爲哉？彼苟無事，亦安居矣，暴露胡爲哉？
彼苟免力役，亦暇且逸矣，奔走負戴於社棍之室胡爲哉？〔註47〕

郁永河說舉世中最可憐、最應當悲憫的就是那些原住民，漢人來台後把他們
當作奴隸一般，不給足夠的衣服遮寒避雨，無日無夜驅策，總說番人耐寒耐
勞，不會生病，毫不憐惜的壓榨勞力，郁永河希望人們用同樣是「人」的同
理心，來看待番人們。從鄭成功入台後，便展開對原住民的「管理」、「納編」
的工作，爲充份掌握他最後的復明基地，派出了軍隊展開對西部沿海番社的
「接收」，不堪鄭成功部隊征撫的原住民們，與統治者進行武力的爭鬥，當然
其結果是很明顯的。「開臺聖王」很快便底定了叛亂〔註48〕，反抗遭到報復，
存活者成爲奴僕。清人將臺灣收入版圖後，閩、粵移民逐步的移入此地，換
了一個政權之後，原住民的命運並未改善，在移民的強勢作爲下，仍是任人
宰制的一群。郁永河眼見這種情形深爲不平，覺得這裡的人們對待原住民，
比牛馬還不如，歧視、虐待、欺凌，只知奴役不知愛護，令人憤慨，郁永河
認爲番人與漢人一樣都是人，要將心比心，不應該如此的對待，這樣的觀察
與描述是令人感觸良多的。

黃叔璥《臺海使槎錄》卷八〈番俗雜語〉也有這樣的記述，移民們平時
就以番人爲奴僕，生活上的大小事都要他們服務：「平時事無巨細，悉呼男婦
孩稚供役；且納番婦爲妻妾。」〔註49〕經常納番人婦女爲妻妾，對待的態度
很惡劣，動輒怒罵，黃叔璥說番人似乎也不怎麼生氣，逆來順受，願意接受
這樣的責辱；這樣的「看法」恐怕是一廂情願的。

夏之芳於雍正六年（1728年）入台，擔任巡台御史的職位，名作〈臺灣

〔註47〕郁永河：《裨海紀遊》卷下，頁37、38。
〔註48〕大陸沿海的人民對臺灣本即有墾拓的期望，但由於武力不足，盜賊多，原住
　　　　民護土意識強，所以一直無法得遂其願。鄭成功率領大軍來臺，一方面驅趕
　　　　了荷蘭殖民軍，一方面挾其武力降服了原住民，讓有意願來臺墾拓的「中國
　　　　人」有了支持者，鄭氏將中國人的力量帶入臺灣，開啓了移民入臺的大門，
　　　　瓦解了原住民護土的力量，稱其爲「開臺聖王」是很正確的。
〔註49〕黃叔璥：《臺海使槎錄》卷八〈番俗雜語〉，頁163。

紀巡詩〉中有兩首對原住民窘迫的景況，寄與相當深切的同情。

> 老番拜舞復迴旋，細叩生平劇可憐。
>
> 嘆息窮荒生事苦，丁絲田賦說當年。
>
> 餐風宿露爲當官，宿食經旬一飯丸。
>
> 多少豪民安飽甚，動云番性耐飢寒。〔註50〕

有位年老的番人來到他的前面，委婉的述說生平的可憐。官員經常要他們出勞役，繳賦稅，不知道營生的艱苦，耽誤了謀食的時間，經常十天才有一點飯可吃。漢人們生活安逸，吃得飽穿得暖，原住民挨餓受凍，官員卻認爲原住民天性如此，不必理會，實在不公平。

臺灣的發展由台南一帶開始，移民向南部、北部、東部，逐步的拓展，原住民逐步的在移民，以及移民背後的政府力量壓力下，形成社會中的新階級，這個階級便是爲其服勞役、供其驅策，繳納重稅的「番人奴隸」。這個情形與歐洲人役使非洲黑奴，西班牙人奴役南美洲印地安人的情況類似。郁永河、夏之芳對「大陸來的官、民」這樣對待原住民的態度深感不滿。夏之芳本身爲巡台御史，官高權重，尚且不能以職位的力量改變這種現象，可見這種壓迫在當時是相當普遍的。隨著移墾的力量的拓展，淪爲這個階級的原住民就更多了。

二、以安靖爲理由

對抗統治者的壓迫，對不公平的對待加以反擊，是被征服者尋求正義的表現。明知道反抗可能會造成更大的災難，也沒有勝利的可能，但與其受辱被殺，不如起而殺敵，如此還可維持生命的尊嚴。清領時期許多「番社」的「叛亂」就是這種情況。臺灣原住民族群差異頗大，語言、風俗不同，但彼此之間有一定的聯繫、往來，也經常有爭奪獵場，互相出草的行爲。由於不曾遇到如此強大的「外侵」力量，在同樣遭受宰制之餘，他們也會聲氣相連，相互結盟，共同抵禦外侮。雍正九年（1731 年）大甲西社、樸仔籬、沙轆社等八社的反抗事件就是很好的例子，這次事件造成重大傷亡，地方騷動，官府動用了大批軍力，歷時甚久才加以平定。事件過後官府對其仍懷戒心，多次的進行清剿與監控的行動，繼續鎮壓反側之心，期望讓這個騷亂平靜下來。

〔註50〕 夏之芳：〈臺灣紀巡詩〉，引見《重修福建臺灣府志》，頁 590。

　　劉良璧有一首寫於乾隆五年（1740 年）〈沙轆行〉詩作〔註51〕，對此一事件有所記述。劉氏乾隆二年（1737 年）任臺灣知府，五年陞分巡臺灣道，曾主修《重修福建臺灣府志》，這篇作品是巡視位於中臺灣熟番番社的紀實作品。

　　詩首先寫他早上由彰化出發，晚上進入沙轆社，此社十年前（雍正九年）與大甲西社共同起事反抗官府，原住民看到官員來到，表情很是驚惶，劉良璧認爲社番是做了壞事而內心害怕之故，這些人竟敢反抗官府，簡陋的裝備，單薄的武力，怎能與朝廷軍力對抗？實在是螳臂當車，不自量力。

　　　　曉出彰山北，北風何悽涼。晚入沙轆社，社番何跟蹌。

　　　　十年大甲西，作歹自驚惶。牛罵及大肚，鋌而走高岡。

　　　　蠢爾無知番，奮臂似螳螂。王師一雲集，取之如探囊。

清軍很快攻入番社掃平了反抗者，進佔了這個地方。詩中說沙轆社原來是個「牛馬遍原野，黍稷盈倉箱。」的富庶之地，但因爲在地的官吏對他們「勞役無休息，誅求不可當。」造成他們不得不鋌而走險，但反抗朝廷的做法好像挖肉補瘡，只有更糟。眾番社串聯反抗後，清軍不久大軍壓境，一下便大獲全勝，殺得死傷過半。各番社遭受此劫，變得滿目瘡痍。劉良璧很了解原住民造反的原因是來自官逼民反，但還是認爲以武裝對抗，是非常不智之舉。官兵殺入番社後的情況是如何的呢？「危哉沙轆社，幾希就滅亡。……番婦半寡居，番童少雁行。」這短短數句詩作，非常沉重的刻畫出一個遭到屠殺番社的情景，男人不是戰死就是逃走了，社內僅留下了一些婦女、孩童；孩童驚恐的躲在家裏不敢出門。屠殺過後，官府下令，只要他們改過遷善，便准許他們還鄉復舊。這同時也把原來的社名改換，以示軍威。

　　　　皇恩許遷善，（沙轆社奉改爲遷善社，牛罵社改爲感恩社，大甲西改爲德化社）

　　　　生者還其鄉。

這段詩作及附註最足以看出漢人對原住民的霸權心態，劉良璧很清楚此次事變起因根本是地方官員管理不當，「造物寧惡滿，人事實不臧。」、「司牧人難得，憫然太息長。」但爲了統治的需要，爲了維持體統，命令官府調兵遣將，平定地人民的反抗。明明是官吏造成的禍端，最後的災難卻要原住民承擔。事後故示寬容，讓住民回鄉，把原來的社名改成充滿悔罪意思的「感恩」、「遷善」、「德化」，這種皇恩眞是令人感到荒謬難堪。以原住民的立場來看，這眞是沒有是非公理的世界，漢人在欺壓、凌辱別人之後，還要受害者悔過、感

<hr />

〔註51〕陳漢光編：《臺灣詩錄》（上），頁 241。

恩。然而既無強大的武力，也無足以抗衡的能力，只能接受這樣的事實。

陳衍，光緒十二年（1886 年）九月應臺灣巡撫劉銘傳之招，東渡參贊戎幕。〔註52〕在臺時寫有〈游臺詩〉一卷。下面這首是他到臺灣後前往拜見劉銘傳，劉銘傳正率兵攻剿「亂番」，陳衍到的時候原住民已「就撫」，他寫了此詩以記其事。

> 曉自大嵙崁行達加九岸大營（三首選一）
>
> 日落扣營門，短衣不至骭。長揖未云已，軍膳已羅案。書生能健步，顧語一笑粲。諒知得渠魁，已誓不復叛。貰其一釁鼓，觳觫弗敢竄。一朝殺十人，厥狀殊不悍。攻心乃為上，枯骨固可惋。日日牛酒來，就撫歡未散。書生亦何知，惟有默讚嘆。慚非甲胄士，空爾弄柔翰。
>
> 註：原註云：生番馬來詩眛，曾一日殺腦丁十九人。劉撫軍敘之。〔註53〕

自從沈葆楨主持臺政，確定大力「開山撫番」的政策後，另一波原漢武力衝突便展開了，沈離臺後，繼任的劉銘傳更積極的從事這樣的工作，他將全臺劃分為幾個區域，然後各派將領進行圍剿的工作，務必要那些「生番」接受政府號令，遵守約制，當然原住民的反抗是十分激烈的。陳衍這首詩寫的是進剿大嵙崁原住民（桃園縣泰雅族）的事情。清軍的圍剿獲得很大的勝利，詩中充滿意親赴戰場氣昂揚的味道，他深恨自己只是個只能舞文弄墨無用的書生，不是能持刀「殺敵」的勇士，看到凶番首領被俘虜，發誓不敢再叛亂，令他感到非常興奮。勝利者還殺了其中一人，以其血來「釁鼓」，其他番人看到這個情景，發著抖都非常害怕。陳衍為「我軍」的英勇驕傲，身為以筆謀生的幕僚，對此事當然要大大頌揚一番了。馬來詩眛殺腦丁十九人的事件，發生在現淡水屈尺一帶。馬來詩眛後來率眾投降，劉銘傳顧全大局，安撫餘眾赦免了他。

光緒十四年（1888 年），東臺灣花蓮發生了「大庄之役」，張雲錦的〈蘇澳從軍紀事〉記載了這件事。張雲錦，字綺年，安徽合肥人，著有《順所然

〔註52〕陳衍，字叔伊，號石遺。福建侯官人。生於咸豐六年（1856 年），卒於民國二十六年（1937 年），享壽八十二。光緒八年（1882 年）中舉，光緒十二年（1886年）九月應臺灣巡撫劉銘傳之招，東渡參贊戎幕，時年三十一，著有《石遺詩集》、《臺灣通紀》，〈游臺詩〉一卷。陳氏來臺的原因，據其「晚渡獅球嶺放舟至水返腳乘月肩輿抵稻江」詩云：「平生出門遊，逸興脫羈勒。一為稻梁計，蹭蹬無縱翼。」是因為謀生計而來的。

〔註53〕林文龍編：《臺灣詩錄拾遺》，（南投市：臺灣省文獻會印行，1997 年），頁158。

齋詩集》。〔註54〕光緒十三年（1887年）隨軍駐紮於蘇澳。此組詩爲五律，共五首。內容寫從軍撫番之苦非常深刻動人。因爲劉銘傳準備大舉平定原住民，是故由大陸徵調兵丁來此，然這裡的軍備甚差，令人難堪：「冑披生蟣蝨，笳動嘯狙猿。」〔註55〕兵士的甲冑上長滿蝨子，不堪使用。部隊中軍號一響，受到驚嚇的猿猴跟著吼叫，聞之令人氣沮。花蓮一帶十分荒僻，瘴癘之氣瀰漫，兵士不用作戰便意氣消沉，「無路荒山峻，參天古木高。修蛇臨澗躍，怪鳥繞營號。瘴毒蒸豐草，吹煙蓺濕蒿。不須言戰士，士氣已蕭騷。」〔註56〕兵士們從大陸來臺，對荒蠻之境很不能適應，因水土不服而生病的很多，何況主要任務是與原住民作戰。張雲錦於光緒十三年（1887年）入駐蘇澳，次年在花蓮大庄地區（今花蓮縣富里鄉東里村）發生了騷亂，當地的漢人及原住民不滿負責「清丈田畝」的官員雷福海，催討稅款過於嚴急、苛刻，且對婦女出言不遜，動以私刑。群情洶洶之下，便聚眾包圍官員，且加以擒殺，後來事態愈來愈擴大，亂民不斷攻擊官員，手段殘酷。清軍調派各路軍隊進剿，甚至動用到軍艦「伏波輪」由海面發砲攻擊，由於對地方官府長久積壓怨忿，此次叛亂甚爲嚴重，「番社叛者十有六七」，「大庄之役」雙方傷亡都甚爲慘重，動亂持續一年多才勉強平定。〔註57〕據詩意判斷，張雲錦並未親身參與此次戰役，但對此役頗多聽聞，亦有所感慨：

> 死邊爲烈士，搏兔乃戕獅。末將能相殉，忠魂可並祠。（偏將軍傳公德高獨當敵前，飛鏢中目，暈厥在地。部將某躍而進，且戰且負公歸。後無策應，遂並殲焉。）捐軀難瞑目，裹革尚存屍。（劉君朝帶昔戍於番，忠骸無著。）後勁多觀望，陰風撼大旗。〔註58〕

清軍與原住民戰鬥至爲慘烈，殉難者情況悽慘，讀來令人爲之傷感，不過原住民受創之重，應該遠過於此，只可惜沒有人爲他們寫下紀錄，就算有，這些記載也是很難能被登載，被留存的。畢竟歷史幾乎都是主政者在記述的，歷史的詮釋權，一向握在勝利者的手裡的。

　　張雲錦對清廷遠道派軍來此與原住民作戰的策略，是十分不認同的，除了

〔註54〕林文龍編：《臺灣詩錄拾遺》，頁114。

〔註55〕林文龍編：《臺灣詩錄拾遺》，頁114。

〔註56〕林文龍編：《臺灣詩錄拾遺》，頁114。

〔註57〕潘繼道：《清代臺灣後山平埔族移民之研究》，第六章〈後山平埔族與漢人的衝突與抗爭〉，頁171～184。

〔註58〕林文龍編：《臺灣詩錄拾遺》，頁114。

殺傷重大外，他在以下這幾句詩中委婉地道出，原住民所以騷動，實際上是「官逼民反」。「雨淫天助虐，日久帥休兵。慎選防關將，何勞戰鼓聲？」〔註59〕只要選對了管理的官員，善待原住民，怎麼會發生反叛的事呢？更何必調動大批的部隊來此征剿呢？張雲錦的說法與劉良璧〈沙轆行〉有類似之處，主持地方政事官吏的好壞，往往決定了「在地民眾」的命運。只要原住民以武力反抗，不論原因為何，為了「安靖」地方，清廷政府都會「以殺止殺」鎮壓反抗的力量。

三、墾民的土地侵奪

中國自古以農立國，在開墾土地，種植農作上經驗豐富，並以這樣的生產方式養活眾多的人口，發展出高度的文明。臺灣，有甚為廣大的土地，且泰半並未開闢成田地。中國移民一直不曾入墾此地，原因在於臺灣海峽的天險，其次是原住民對自身領域的保護。若有移民入侵，都會給予無情的攻擊。是以閩、粵沿海的居民，雖然知道臺灣沃野千里，草萊未闢，但都不敢也沒有能力進墾此地。這種情形在荷蘭人、西班牙人、鄭成功的闖入後開始打破，移民藉著軍事力量開始來到這個地方，拓墾者逐步增加。清領臺灣後，臺灣主權確立，移民開始來到這個「荒蕪」之地，起初因為朝廷禁令，來的墾戶不多，開墾的面積也不大，到了雍正、乾隆之後，有組織的墾民大批的來到，極其有效的對此地進行開發、侵占，〔註60〕在地方豪強與政府軍隊的保護下，順利推展墾務。有關「墾拓」造成的原住民社會、經濟的衝突與變動，有許多詩文記載了這個過程。康熙年間的阮蔡文有幾首詩寫及這個現象〔註61〕。阮蔡文來臺後在吏治有「海疆之冠」的周鍾瑄的手下任職，由於對治下原住民情況不了解，決定由南走到北，沿途進行對各番社的情況進行探訪，所到之處輒有紀錄。《淡水紀行詩》〔註62〕就是此行的成果，其中的〈吞霄道中〉、〈大甲溪〉、〈後壠〉、〈竹塹〉、〈淡水〉諸作最為人稱道，　詩中對地理景貌，

〔註59〕 林文龍編：《臺灣詩錄拾遺》，頁 115。

〔註60〕 有組織的墾拓如：以蒸嘗（祭祀公會）為名的墾戶，以合股出資的墾戶，也有以官府為代表的 官戶等。一般由墾首出面，獲得官方許可後，才可進墾。有組織的墾拓團體，通常與官方關係良好，墾殖效果顯著。

〔註61〕 阮蔡文，字子章，福建漳浦人。康熙二十九年（1690 年）進士。康熙五十四年（1715 年）任臺灣北路參將。

〔註62〕 周鍾瑄：《諸羅縣志》第二冊，卷十一〈藝文志〉，頁 265～268。

番社風俗，物產情形都有精采紀錄。

〈竹塹〉這首詩，對新竹一帶熟番生活景況有很深入的觀察，很可以看出墾民入侵造成「鵲占鳩巢」，弱者肉強者食的情形。竹塹社的原住民在康熙三十六年（1697 年），歸順清朝，成為「熟番」。在成為「歸附納稅」的大清子民後，意謂將接受政府統轄，遵守法令，不再有對抗行為。但馴服歸順之後的情況是：來自大陸的移民，開始進入這個地區，他們帶著鋤頭、釘鈀、畚箕、種子，來到這「渺無人跡」的「平疇沃野」，進行開闢草萊，播種耕種的工作。短短二十年的時間，原住民的生活有了改變，這個從來不曾遇見過的強勢外來者，帶來了先進的生產方式，擁有犀利的武器，造成了很大衝擊：

> 南崁之番附淡水，中港之番歸後壠。……年年捕鹿邱陵比，今年得
> 鹿實無幾。鹿場半被流民開，菽麻之餘兼蓺黍。番丁自昔亦躬耕，
> 鐵鋤掘土僅寸許。
>
> 百鋤不及一犁深，那得盈寧畜妻子。鹿革為衣不貼身，尺布為裳露
> 雙髀。
>
> 是處差徭各有幫，竹塹煢煢一社耳。鵲巢忽爾為鳩居，鵲盡無巢鳩
> 焉徙。

他注意到中港、竹塹、南崁諸番社盛衰的情形，因為漢人逐漸入墾，原住民由於墾殖技術不如人，捕鹿的獵場被漢人侵入，生活發生困難，「南崁之番附淡水，中港之番歸後壠。」中港社眾只好歸附勢力較強的後壠社。南崁四社的原住民屬於雷朗族，與淡水一帶凱達格朗不同，其語言與賽夏族較為接近，因為人少力量不足，也向淡水諸番社尋求依附。〔註 63〕由於原住民所耕獵的收穫沒有辦法供養妻子、小孩。困窘的情形已到了衣不蔽體的模樣，「鹿革為衣不貼身，尺布為裳露雙髀。」這裡的「附」與「歸」有兩個意思，其一是隸屬關係，其二是移居歸併的意思，這兩種情形實際上都有發生，康熙末年中港社與南崁社，因為面臨族群破滅的危機，便都歸附力量較大的番社管轄。阮蔡文以悲憫關懷之筆，忠實紀錄下這個情形。

柯培元寫有兩首知名之作〈生番歌〉、〈熟番歌〉，〔註64〕這兩首分別歌詠

〔註63〕詹素娟、張素玢：《臺灣原住民史‧平埔族史篇（北）》（南投市：臺灣省文獻會編印，2001 年），頁 166。

〔註64〕柯培元，字易堂，山東歷城人。所編撰的《噶瑪蘭志略》，學者們的看法是他抄襲陳淑均的作品《噶瑪蘭廳志》，因為他來任噶瑪蘭通判僅有一個月的時

未受「漢化」的原住民（泰雅族），以及與漢人頗有接觸的熟番（噶瑪蘭番）。
詩歌內容十分寫實。泰雅族人居在深山林內，不接受漢人的教化，經常出來
偷襲入侵的移民。因爲他們神出鬼沒，殺人毫不留情，讓移墾之民非常害怕。
而噶瑪蘭番則因「獻土」之後，成爲大清國的子民，從此走入悲慘的世界。
因與漢人相處日久，遭到壓迫欺凌，處境至爲困窘。所謂:「人畏生番猛如虎，
人欺熟番賤如土。」〔註65〕漢人不把他們當人看，予取予求，開墾的荒埔，
很快就被「唐人」爭奪去了，「歸化」這樣的決定正確嗎？還是引狼入室，造
成族群的淪亡:

> 熟番歸化勤躬耕，荒埔將墾唐人爭。
>
> 唐人爭去餓且死，翻悔不如從前生。〔註66〕

「唐人」佔走了土地，讓熟番們無以爲生，幾瀕於死亡的境地。柯培元以假
設的語氣說:也許噶瑪蘭番應該如「生番」那樣神出鬼沒的攻擊入侵者，爲
維護自己的領土，族群的尊嚴，與移民奮戰下去。柯培元在噶瑪蘭的時間雖
不久，但已非常清楚的看到土地奪佔的情形，歌詞所言至爲沉痛。

吳性誠的敘事長篇古詩〈入山歌〉是一篇相當令人震驚的作品，內容所
述可以說是清代中葉移民侵墾原住民土地，最爲詳實的作品。〔註67〕嘉慶十
九年（1814年）水沙連隘丁首黃林旺，勾結陳大用、郭百年及臺灣知府衙門
門丁等，貪圖水沙連膏腴的沃土，發動一場令人驚駭的野蠻劫掠行動，不肖
的胥吏與漢人墾首聯手，入侵水沙連番社大肆焚殺，毫無顧忌佔奪土地，使
得水沙連的土著族人流離失所，這就是知名的「郭百年侵墾事件」。嘉慶二十
一年（1816年）臺灣鎮總兵武隆阿巡閱臺灣北部，得知郭百年侵墾及焚殺事
件，下令嚴辦，要求彰化縣令吳性誠諭令墾戶，驅逐眾佃出山，不准就地耕

間，不可能在如此短的時間內作出這樣的志略。陳淑均於道光12年（1832
年）入蘭，那時他就有志於此，隨後便開始了這個工作，道光14年（1834
年）他內渡大陸，草稿留在署中。柯培元道光15年（1835年）任噶瑪蘭通判，
必然見過此稿。對照柯培元憫番詩所表現的仁者情懷，與剽襲他人之作以爲
己有的行爲，實在有天壤之別。陳漢光《臺灣詩錄》下冊將生熟番歌兩詩列
爲黃逢昶所作，實爲誤列。

〔註65〕陳淑均:《噶瑪蘭廳志》卷八〈雜識〉（下）〈紀文〉（下），（台北市:臺灣銀
行經濟研究室編印，臺灣文獻第160種，1963年5月），頁409。

〔註66〕陳淑均:《噶瑪蘭廳志》卷八〈雜識〉（下）〈紀文〉（下），頁409。

〔註67〕吳性誠，字樸安，湖北黃安人。廩生，嘉慶十七年（1812年）代理澎湖通判。
二十年（1815年）轉任鳳山縣丞，建阿猴書院。翌年署彰化知縣，頗有政聲。
道光四年（1824年）攫淡水同知。秩滿病歸卒。

種，並撤還準耕府示。傳郭百年等人至郡審訊，會訊後判決郭百年以枷杖，附從民眾則宥其罪，敕令返籍。署鹿港同知張儀盛，彰化縣知縣吳性誠、呂志恆，赴沈鹿拆毀城，將水沙連的耕佃全數盡撤，各社族人才陸續返回故居。之後官府又在集集、烏溪二口各立禁碑，嚴禁越界，北者樹於龜仔頭坪（今國姓鄉龜仔頭）刻「原作生番屬，不造漢民巢」〔註68〕，南者樹豎於風崆口（今集集洞角）刻「嚴禁不容奸入，再入者斬」〔註69〕之告示。〈入山歌〉寫的就是這段史實。

　　這首長詩是描寫漢民與原住民爭地，最具代表性的作品。非常生動敘述了事件的整個過程。郭百年侵墾事件前後發展了兩三年，吳性誠在事情發生後不久任彰化縣令，他以地方長官的身分，參與了這整個事件，目睹了移民手段的殘酷。這詩出自漢人官吏之手，非常不容易。閱讀詩中的描述，可以感受到這位有惻隱之心的官員，確實被原住民悲慘的遭遇感動。詩由自己從未料到會到臺灣這個海島為官開始寫起，「夢亦不到海外亂山之中，炎歊來往於煙雨寂寞之空濛。」〔註70〕說到臺灣地理環境的蠻荒，原住者動輒殺害入侵領域的墾民，而愚昧的漢人偏不畏懼，老是想侵佔那些肥沃的土地。

　　　土牛紅線分番漢，文身鯭面判衣冠。
　　　毋相越畔設險守，舊章遵循永不刊。
　　　叵耐生番偏嗜殺，伺殺漢人鏢飛雪。
　　　割得頭顱血模糊，山鬼伎倆誇雄傑。
　　　睭睒梟獍人見愁，癡頑吾民與之遊。
　　　慫不畏懼侵其地，吞食抗死竟無休。
　　　千峰萬壑潛深入，荷戈負耒如雲集。
　　　橫刀帶劍萬人強，蠢爾愚番皆掩泣。〔註71〕

原漢之間政府畫有界線，以土牛作為標示，希望彼此不要侵犯。而且生番殺人毫不手軟，令人害怕。但是那些眼中只有利益的民眾，卻冒著生命危險去和他們接觸，最後帶著武器去爭地。原住民雖勇敢，但漢人數目眾多，帶著刀、槍深入他們居住的地方，看到漢人蜂擁而入，原住民們無法抵擋，只好

〔註68〕劉枝萬編：《臺灣中部碑文集成》〈未錄碑文存目表〉，（台北市：臺灣銀行經濟研究室編印，臺灣文獻第151種，），頁168。
〔註69〕劉枝萬編：《臺灣中部碑文集成》〈未錄碑文存目表〉，頁168。
〔註70〕陳漢光編：《臺灣詩錄》（中）冊，頁594、595。
〔註71〕陳漢光編：《臺灣詩錄》（中）冊，頁595。

掩面哭泣，無可奈何任人宰割了。這種情形其實在全島各地都看得到，只是情節輕重，死傷多寡，有沒有讓官府知道的差別而已。吳性誠未到彰化縣之前，是在鳳山縣任縣丞，鳳山縣開發比此地更早，那兒原住民土地遭侵占、掠奪的事件，已屢見不鮮，吳性誠是相當了解的，故有這樣的感慨。郭百年等人暗藏屠殺的預謀，勾結臺灣府官員，假借要徵糧，還扮成官員模樣，打著紅傘出現，就在原住民接待「長官」巡視時，在毫無戒備的情況下，突然發動襲擊。

　　何來搆隙失鄰好，水社殺機藏已早。

　　諜謀暗引貪利徒，滅虢還從虞假道。

　　偽呼庚癸乏軍糧，欲向山中乞鹿場。

　　矯稱官長張紅蓋，襲取其社不可當。〔註72〕

一場屠殺就在原住民沒有預料之下展開了，吳詩描述了當時屠殺的景況：

　　壯者僅免幼者死，老婦飲刃屠稚子。

　　開廩運粟萬斛多，其餘一炬屋同毀。

　　野掠牛羊室括財，弓刀布斧盡搜來。

　　可憐更有傷心處，掘遍塚墓抛殘骸。

　　兔脫紛紛竄巖曲，只解哀號不解哭。〔註73〕

強壯的逃得快因此倖免於難，但逃不掉的老弱婦孺，入侵者都沒放過，一併殺害。打開了原住民的倉庫，搬光糧食，搶奪牛羊等牲畜，放火燒掉番人住所。更惡劣的是把原住民的墳墓也挖開，將亡者骨骸四處亂抛，原住民們一面哀號一面向深山逃竄，這種可怕的場面讀來令人驚心動魄，震撼不已。

　　愁雲白日慘昏沉，蜂蟆偷窺仇起屋。

　　築土星羅十二城，蜂屯蟻聚極縱橫。

　　分犁畫畝爭肥瘠，不管蚩蚩者死生。〔註74〕

趕走原住者後，入侵者大方地在此地築起房舍，建起碉堡，開始論功行賞，劃分每個人「應得」的土地。這一幅畫面正是有清一代，不時上演的景況，此詩將它非常完整呈現出來。吳性誠畢竟是位有良知的官員，對眼前之景感

〔註72〕陳漢光編：《臺灣詩錄》（中）冊，頁595。

〔註73〕陳漢光編：《臺灣詩錄》（中）冊，頁595。

〔註74〕姚瑩：《東槎紀略》卷一〈埔里社紀略〉說：「得串鼻熟牛數百，未串鼻野牛數千。粟數百石，器物無數。聞社中風俗，番死以物殉葬，乃發掘番塚百餘，每塚得槍刀各一。」，頁34。

到惶恐不已，身爲父母官，原住民的受害讓他覺得有虧職守，他說：「我聞痛心兼疾首，終夜徬徨繞床走。同爲赤子保無方，斷腸愧報惟引咎。」〔註75〕吳性誠並沒有把原住民當成異類，認爲他們都該是受照顧的「赤子」，受到如此的傷害，讓人終夜無法安眠，繞著床苦痛難忍。這種發自內心的告白，相信讀此詩者無不動容，也足以讓那些爭功諉過的官員汗顏。而且水沙連番曾爲朝廷效力，立過戰功，今天遭此大難，實在令人扼腕。〔註76〕

> 傳聞此番知大義，曾助王師殲醜類。有功不賞禍太奇，髮指兇殘頻
> 墜淚。……何物莠民敢戕害，罄竹難書其罪大。〔註77〕

清政府官員統治面對「番亂」時，常用的方式一是利用地方豪強的力量，另一則是「以番治番」，這樣的例子甚多。康熙三十八年（1699年）吞霄社之亂，清軍屢攻不下，最後還是靠岸裡社巴宰族的番人，才平定了「亂事」。黃清泰有一首〈觀岸裡社番踏歌〉裡面也講到番人爲他出生入死的情形：「我撫此景轉嘆息，此輩蠢愚忠義知，昔曾隨我砍賊陣，慣打死仗心不移。朝廷設屯有至計，莫聽奸民魚肉之」〔註78〕岸裡社番對朝廷忠心耿耿，出征打戰奮不顧身，官員對他們的愚忠很欣賞，但當受到奸民欺詐、侵侮的時候，官員並未有甚麼積極的作爲，並沒有出面保護他們，水沙連社原住民的遭遇恐怕也是那時的通例。

這件嚴重的屠殺侵墾事件震動了上級，官員幾經商議後作了處置，先把入侵者趕走，將爲首者加以嚴懲，拆毀漢民所築的住屋，將田地還給原住民。跟隨郭百年進來的人無罪驅回。

> 從來拓土與開疆，豈可編氓私越界。擬議爰書中大義，當事震怒從
> 嚴治。分檄奔馳文武官，機宜良策飛宣示。宣示威恩孰敢違。先驅
> 狼虎解長圍。摧城撤屋散其黨，還爾土田亦庶幾。仍彰國典警奸宄，
> 罰不及眾罪有歸。〔註79〕

跟隨者獲得無罪釋放，看起來清政府還是偏袒移墾者，只處罰帶頭幾個人，其餘人無罪，這樣的決定，實在令人難以認同。但那個時代裡，這樣的判決

〔註75〕陳漢光編：《臺灣詩錄》（中）冊，頁595。
〔註76〕吳性誠另一組批判臺灣官吏的惡劣行徑的詩作〈諭戒書書役口號四首〉也充分發揮了憫民的仁者情懷。陳漢光：《臺灣詩錄》（上），頁591。
〔註77〕陳漢光編：《臺灣詩錄》（中）冊，頁595。
〔註78〕陳漢光編：《臺灣詩錄》（中）冊，頁543。
〔註79〕陳漢光編：《臺灣詩錄》（中）冊，頁596。

似乎很公道,本來原住民在很多漢人的眼光與禽獸差不多,不將之消滅,終
究是一個妨害。弱肉強食本即是蠻荒世界的法則,這樣的判決對後來的侵墾
者多少有著鼓勵的作用。

原住民遭此大難後,要怎麼彌補都是很困難的事,所以吳性誠說:「自顧庸
才忝斯土,未然弛禁疏防堵。筍輿冒雨入雲山,事後勤勞恐無補。」〔註80〕愧
疚之心溢於言表。此詩末段另有警句「莫認蓬萊可訪仙,荒煙蔓草翠微巔。」
〔註81〕告訴人們不要以為臺灣是蓬萊仙島,此處有仙可訪,這兒也充滿了貪婪
的鬥爭,充滿人性卑劣的一面。吳性誠的這首詩,展現的是一幅相當可怕的歷
史傷痕。

出生於道光十一年(1831年)的重要的詩人陳肇興,著有《陶村詩稿》
一集。詩作大部分寫的是道光、同治年間臺灣社會的事情,因為走的是杜甫
的詩風,寫實性、社會性特別強烈。《陶村詩稿》中有一首〈土牛〉詩,以原
漢相隔的界線「土牛」作為吟詠的對象。乾隆年間清政府曾在西部沿線各地,
築有一條數百公里長的「番民界址」,這種界線有地方是土堆,有地方是土溝,
其目的為了保護移墾者,防止原住民出來殺害良民。其間也訂有許多規條嚴
禁移民入侵原住民之境。不過這些土堆、土溝的作用不大,越界的事情經常
發生,糾紛始終不斷。原住民為保護千百年來自己的領土,移民為爭奪土地
和山林的利益,弱肉強食的戲碼,百餘年來持續演出。全台各地迄今仍有一
些殘跡留存,土堆、土溝不在者,也還存有「土牛」、「土牛溝」這樣的地名。
〔註82〕這首詩的一開始便站在原住民的立場來說話:

　　土番畏人如畏賊,自築土牛封其域。

　　星羅棋布廿四頭,尺寸不差繩與墨。〔註83〕

他說這裡(彰化一帶)的土番非常害怕「人」,這些人像賊一樣,因此堆起了
廿四個土堆,來阻止「人」的入侵,這裡的人指的當然是漢人。漢人築土堆
說是防止原住民「出草」,其實原住民才最怕漢人的侵擾。土堆為甚麼叫土牛
呢?因為它的形狀:「砌以礧确,塑以泥,嶄然頭角狀奇特。」〔註84〕,原住

〔註80〕 陳漢光編:《臺灣詩錄》(中)冊,頁596。
〔註81〕 陳漢光編:《臺灣詩錄》(中)冊,頁596。
〔註82〕 如:台中縣石岡鄉有土牛國小,苗栗縣頭份鎮有土牛里,桃園縣楊梅鎮有土
　　　　牛溝地名,都是清代區隔漢番的遺跡。
〔註83〕 陳肇興:《陶村詩稿》,(台北市:臺灣銀行經濟研究室,臺灣文獻叢刊第144
　　　　種,1962年),頁100。
〔註84〕 陳肇興:《陶村詩稿》,頁100。

民希望用這個來抵擋漢人的入侵，能在自己的領域內過著快樂的日子，而他們從前確實過著富足美好的生活：「是時番奴富田疇，烹羊炮豬樂無極。醉後歸來兩眼昏，忽訝寢訛遺路側。短笛攜將信口吹，歌呼踏破夕陽色。」〔註85〕。這是一幅多麼美好的圖畫，不幸的是，這個寧靜的生活不久便破滅了。「邇來十社九社空，鋤犁轉在內山北。」原住民陸續遷離原有的住居，讓出了土地，帶著鋤頭和犁田的工具轉向內山去了。為甚麼會這樣呢？

　　　豪強子弟恣侵陵，拔毛削皮禁不得。

　　　朝廷兼併有明刑，嗟爾無告獨可惻。〔註86〕

原住民敵不過地方豪強的勢力，他們明爭暗奪，連皮毛微末之物都不放過，政府雖明令禁止漢人兼併的劣行，但似乎並沒有嚴格執行，讓原住民實在無法生存下去。作者藉「土牛」來批判漢人的惡行，對喪失財富、土地的原住民寄與深切的同情。漢人口口聲聲以聖人教化之名，對原住民進行爭剿、教化，讓他們脫離刺面紋身，殺人為食的禽獸行徑；原住民是降服了，受教了，但文化、族群也逐漸喪亡了。漢人所謂的「聖賢教化」背後，其實是包藏了無盡的貪婪和野心。

　　原住民因移民侵擾而變得窮困，被迫流亡的事情，陳肇興另一首〈番社過年歌〉記載非常詳細。這首作品前半為敘述番人過年快樂的情景，既生動又有趣：

　　　纏頭插羽盛衣飾，紅絨鬖鬖垂兩肩。……醉起攘臂蹋地走，歌呼跳躑
　　　何喧闐。……腰間錚錚薩鼓響，千聲沸出騰青天。……土官通事持羊
　　　酒，獨坐工廨行賞錢。男嬉女笑出真樂，此風直在羲皇前。〔註87〕

但到詩的尾段氣氛完全轉變了：

　　　邇來熟番變唐化，每歲歌舞猶相沿。穫稻築場農事畢，家家舂磨修
　　　潔鮮。可憐眾社漸貧困，有室同悲如磬懸。昔日千豚今一臠，百年
　　　人事隨風煙。君不見，生番化熟熟化泯，耕耘轉在高峰巔。南北十
　　　社九社廢，裸人叢笑何有焉。〔註88〕

彰化一帶的原住民「唐化」之後，欲來愈來愈窮困，許多人戶如懸磬，難以為生。以前過個年要殺千隻豬，現在只剩下一臠。清人入主臺灣後，百年之

〔註85〕陳肇興：《陶村詩稿》，頁100。

〔註86〕陳肇興：《陶村詩稿》，頁100。

〔註87〕陳肇興：《陶村詩稿》卷三，頁46。

〔註88〕陳肇興：《陶村詩稿》卷三，頁46。

間番民由富轉窮，被迫離開家鄉，轉到高山上去耕作，南北社番十社有九社荒廢掉了，清人統治臺灣給漢人帶來無限的財富和希望，給原住民帶來的卻是破滅與流亡。本詩的最後一句，陳肇興質問寫〈裸人叢笑〉的孫元衡，這些原住民如今落此下場，是該感謝皇恩浩蕩呢？還是原住民本來就命當如此？這個質問包含了相當強烈悲憫與控訴。陳肇興不愧是學杜有得者，他將杜甫詩中飽含的寫實批判精神，運用到眼前所見所聞之事，不僅如村夫子般只知刻畫步趨其面貌而已。

　　黃富三在〈清代臺灣漢人之耕地取得問題〉一文中說：「漢人取耕地的方式有二：強力方式與和平方式。強力方式包括武力攻取與個別佔領。」〔註89〕至於和平取得的方式，他先舉了伊能嘉矩所說的四種方法：一是土地交換，二是結婚政策，三是同化政策，四是騙取土地。另外自己增加四種，一是偷墾，二交易手法，三利用土著習俗，四買賣與租賃。上述的種種方法一再使得原住民喪失了土地，面對強勢族群的侵墾，他們採取了告官、漢化、遷徙、抵抗等方式，但最後的結果仍然無法抵擋移民的蜂擁而入，原住民被迫交出了大部分的土地，成為逐漸消失的族群。至於獲得土地的墾民們，在蠶食鯨吞的方式下，卻反而成為這塊淌著血的；土地上的新主人。

四、為有力者服務的司法

　　征服者與原住者之間存在一個「間隙」，這個文化不同，語言不通，階級落差極大的社會，在兩者之間穿梭、撥弄的人物稱做「番割」或「社商」。他們在這個間隙中扮演了很重要的角色。有清一代的文獻中對這個角色，通常有非常負面的評價，認為是利用雙方的弱點，進行圖利與剝削的行為，且經常造成紛爭。這些人物常常也成為原住民的女婿，成為訛詐社眾的主導者。階級落差甚大的社會組織，期盼出現公正的司法，基本上是種奢求。訂定法律規則的是征服者，執行法令的也是征服者及其屬員，征服者立法的原則，當然是追求本身最大的利益，且要求被征服者貢獻出所有的東西，這種法令精神在征服者族群眼中，應該才算是合乎正義原則的。是以當原住民遇到不白之冤，或受到訛詐、侵占，希望能獲得司法的主持正義，得到公平的判決，結果往往是失望的。因為執法者並不站在被征服者這邊，就算有一些政策、

〔註89〕黃富三、曹永和主編：《臺灣史論叢》第一輯，頁198。

法令是專門爲保護原住民而設立的，但執法者永遠知道如何在「條文」中混淆正義與公理，知道如何解決並無異議能力的原住民。精明的執法者，知道如何撥弄文字，使罪行完全不露痕跡，甚至獲得處世幹練的美譽。爲有力者服務的司法現象，在清代是非常明顯的。

　　在郁永河來臺之前，臺灣的原住民有與「中國人」零星接觸的經驗，那些人大半是沿海的漁民，以及如林道乾之類的海上強梁。荷蘭據臺後引進大量的華工，讓原住民有機會接觸較多大陸來的人，彼此之間有了更多的互動。鄭氏入臺後，一個準備控制全臺的軍事政權在此建立，鄭氏的部將向西部沿海的番民部落進行「撫剿」的行動，由於目的在主權的控制與物資的獲得，原住民與之接觸便很全面了，原住民也充分了解到了「中國人」的力量與欲求。康熙二十三年（1684 年）清朝政府取代了鄭氏，統領了臺灣，更多的漢人有機會來臺，原住民舊有的主權、文化與土地，都遭到空前的威脅，所謂「原漢」之間的矛盾、衝突，變成必然產生的問題。郁永河《裨海紀遊》所記述的問題，比較屬於社會層面的大概有兩類，其一是介於原漢之間的「社棍」，這些社棍來自於大陸內地，常都是作姦犯科之輩，因出入番社，熟悉番語、番情，是以經常藉機訛詐、欺弄原住民，就算有冤情想要投訴，但因爲言語不通，轉譯的通事又袒護社棍，顛倒是非，造成更大的傷害與誤解，社棍可以說是予取予求，肆無忌憚，原住民的處境至爲可憐。郁永河呼籲「是舉世所當哀矜者，莫番人若矣。」懇切盼望執法者能公平對待番人。

> 然又有暗阻潛撓於中者，則社棍是也。此輩皆內地犯法奸民，逃死匿身於辟遠無人之地，謀充夥長通事，爲日既久，熟識番情，復解番語，父死子繼，流毒無已。……此輩正利番人之愚，又甚欲番人之貧：愚則不識不知，攫奪惟意；貧則易於槌抶，力不敢抗。匪特不教之，且時時誘陷之。即有以冤訴者，而番語侏離，不能達情，聽訟者仍問之通事，通事顛倒是非以對，番人反受呵譴；通事又告之曰：「縣官以爾違通事夥長言，故怒責爾」。於是番人益畏社棍，事之不啻帝天。其情至於無告，而上之人無由知。是舉世所當哀矜者，莫番人若矣。〔註90〕

所謂「社棍」、「通事」、「番割」都是介於原漢之間的第三種人，原漢間若涉及了司法方面的問題，他們便穿梭其間，希望從中獲利。而要獲得利益的前

〔註90〕郁永河：《裨海紀遊》卷下，頁 37。

提，便是要犧牲那些「貧且愚」的原住民。臺灣府訓導劉家謀，寫於咸豐二年（1852 年）的《海音詩》中，有一首記述原漢衝突的作品。這首作品的故事主角爲吳鳳，這個故事流傳甚廣，版本也很多，但大多參雜各種複雜因素，失去了原貌。如：連橫《臺灣通史》〈吳鳳列傳〉就認爲吳鳳是勇武之人，爲反對原住民殺人祭神的惡習，與原住民格鬥，因而喪命。〔註 91〕另有吳鳳爲仁慈長者，爲平息原住民之怒，穿紅衣紅帽，騎白馬，犧牲自己生命來讓原住民祭神的故事等等。〔註 92〕劉家謀詩作遠較這些說法爲早，內容也比較平實，是比較接近事件原貌。

　　紛紛番割總殃民，誰似吳郎澤及人。

　　拼卻頭顱飛不返，社寮俎豆自千春。

> 註云：沿山一帶，有學習番語、貿易番地者，名曰「番割」；生番以女妻之，常誘番出為民害。吳鳳，嘉義番仔潭人，為蒲羌林大社通事，蒲羌林十八社番，每欲殺阿豹厝兩鄉人，鳳為請緩期，密令兩鄉人逃避。久而番知鳳所為，將殺鳳；鳳告其家人曰：「吾寧一死以安兩鄉之人。」既死，社番每於薄暮，見鳳披髮帶劍騎馬而呼，社中人多疫死者，因致祝焉。誓不敢於路中殺人。南則於傀儡社、北則於王字頭，而中路無敢犯者。鳳憤在羌林社，社人春秋祀之。〔註 93〕

「番割」這些人品行不端的所在多有，往往利用原住民的無知，官吏聽不懂番語的縫隙，謀取利益。這是造成彼此間糾紛的重要因素。番人覺得受到不公的待遇，且沒有人能主持正義，所以便以自己的方式，來取得「公平」。劉詩以「紛紛番割總殃民」開頭，〔註 94〕但番割中也有如吳鳳者，犧牲自己生

〔註 91〕 連橫：《臺灣通史》〈吳鳳列傳〉，頁 897。

〔註 92〕 這個故事出自日據時期，嘉義廳長經田毅一於 1910 年編纂的《吳鳳傳》，其後故事編入小學課本，影響廣大，然故事內容愈行擴大，情節愈加誇大失實。臺灣光復後，中華民國政府承續這個故事情節，仍編入小學課本中，做為教材，直至 1988 年才加以刪除。

〔註 93〕 劉家謀：〈海音詩〉收錄於《臺灣雜詠合刻》，（台北市：臺灣銀行經濟研究室，臺灣文獻叢刊第 28 種，1958 年），頁 31。其詩注云：「沿山一帶，有學習番語、貿易番地者，名曰『番割』。」這段文字出自陳盛韶：《問俗錄》〈番割〉一則，文字完全相同，可見其詩作亦有所本。《問俗錄》見（北京市，書目文獻出版社，1983 年），頁 109。

〔註 94〕 陳淑均：《噶瑪蘭廳志》卷五〈風俗下〉：「如佃戶利在開墾，番割利在佔奪。不論生番熟番，越界侵耕，不奪不饜。復勾引彩黨，入山搭寮。見番弋取鹿麂，往往竊為己有，以故多遭殺戮。」，頁 230。吳鳳為保護兩位朋友隱瞞他們的行蹤，這兩人是番人非常痛恨之人，不久吳鳳隱瞞的事為番人發現，而遭殺害。錯究竟是在哪一方，恐怕還值得商榷。

命換取和平，原住民殺了他後遭到疫病的侵襲，村社中死亡甚重。爲求贖罪，便以祭祀他來祈求上天原諒。這件事被漢人社會廣加渲染，用來警示原住民，但不知漢人殺害那麼多原住民，做了那麼多不義的事，卻沒見到有相對愧疚的反應。大概漢人們始終認爲自己是原住民的教化者，領導者，他們的困境是來自無知、落後，漢人並無愧疚的必要。

　　認爲自己遭到訛詐或不公平待遇的原住民，如同漢人一般，會去向官府遞狀子，控告這些欺騙他們的漢人或番割，然而因爲言語不通，或官商勾結，司法往往沒有站在公平正義的一邊，到了廳堂的結果，換來的是更多的羞辱與災難。噶瑪蘭通判柯培元的〈熟番歌〉非常生動寫了這個情景：

> 竊聞城中有父母，走向城中崩厥有。
>
> 啁啾鳥語無人通，言不分明畫以手。
>
> 訴未終，官若聾，竊視堂上有怒容。
>
> 堂上怒，呼杖具，杖畢垂首聽官諭。
>
> 嗟爾番！爾何言？爾與唐人吾子孫。
>
> 讓耕讓畔胡弗遵？吁嗟呼！
>
> 生番殺人漢人誘，熟番及被唐人醜。
>
> 爲民父母者慮其後！〔註95〕

這首詩寫熟番受漢人官民欺凌，用詞平淺如白居易的新樂府諸作，將熟番悲慘的遭遇如實描述出來。人們害怕生番是因爲他們手中有刀、有弓箭，會向漢人報復。而已受教化的，不敢抵抗的熟番，卻遭到漢人侵佔土地的命運。他們受到委屈，擔心自己會餓死，便想向官府請求長官主持公道，但因爲言語不通，不了解漢人的法令，那坐在堂上裝聾作啞的父母官，或許早已收到賄賂，一味偏袒「唐人」，就算熟番如何的跪拜哀求，官人不但沒有主持公道，反而差人用刑杖打了一頓。熟番被打後還要站在那兒聽長官的訓示，所企求的公平當然是毫無可能實現的。這種不公不義的事情，讀後確實令人義憤填膺。這首詩最後寫道「生番殺人漢人誘，熟番及被唐人醜。」生番之所以會出草獵人頭，都是因爲漢人的入侵，而可憐的熟番因不再抵抗了，就被醜惡的「唐人」所欺凌，柯培元語重心長的呼籲爲民父母官的人啊！作了這種孽，小心後代會遭到報應。作者看到這種司法黑暗的情況，很替原住民悲傷，但看起來也沒什麼用，所以只能告誡那些喪失天良的執法者，小心壞事作多了，

〔註95〕陳淑均：《噶瑪蘭廳志》卷八〈雜識〉（下）〈紀文〉（下），頁409。

會有因果報應的。以果報不爽來警告他人，是出自於對現實無奈之後的感慨語。

　　原漢之間司法的不公，在土地權的移轉上更顯得明顯，清代的墾拓制度很多樣，有官墾、有私墾，墾民有集體式的，也有個別式的，基本上原住民缺乏耕種能力，往往招請移民協助墾地，移民墾地日久之後，便經由各種方式取得土地所有權。陳盛韶寫於道光十三年（1833年）的《問俗錄》說：

> 臺灣城市之富戶，半富於洋船，實半富於洋船之鴉片。鄉村之富戶，半富於番地，實半富於番地之溢額。〔註96〕

陳盛韶當時在鹿港任理番同知的官職，對臺灣的社會情況非常用心觀察，《問俗錄》一書，是研究清領中期臺灣的重要著作。他說鹿港城內或全臺灣的富戶財富的來源，一半是來自商船的利潤，而商船的利潤來自販賣鴉片。鄉村富戶財源則來自原住民土地的取得，原住民土地的取得，則泰半來自「溢額」，所謂「溢額」指的就是以欺騙訛詐的手法，讓無知的原住民在看不懂的契約書中，遭到非法侵吞。

> 臺灣初皆番地，厥後彰、泉、惠、潮民至，有強佔私墾者，有典贌給墾者，有墾成賣絕者。番只約略收口糧數碩，而番地盡為閩、粵所有。計通臺九十二社，田園皆失，存者不過萬分之一。〔註97〕

墾民玩弄法條，官民之間又有利益往返，原住民本身缺乏司法的觀念，沒有耕種能力，終於失去曾有的土地。陳盛韶說原住民現存的田園，不到以前的萬分之一，這樣的說法出自治臺的官員，是很具公信力的；也可看到藉由司法力量侵吞土地的可怕。〔註98〕

五、優勢者的污名化

　　對原住民族的書寫中是亦有讚辭的，詩文中稱讚他們所居之處風景如畫，民風淳樸，若陶淵明《桃花源》所述，桃花源中的百姓，不論黃髮或是

〔註96〕陳盛韶：《問俗錄》〈番社〉，（北京：書目文獻出版社，1983年），頁110。
〔註97〕陳盛韶：《問俗錄》〈番社〉，頁110。
〔註98〕另一例如：董正官〈蘭陽雜詠八首〉其一〈番社〉：「金鯉魚懸雙頟喜，刺桐花發一年論。斗醪尺布售摹紙，忍極田租漢仔吞」此詩說漢人向原住民租田耕種，承耕前寫了契約書，但不久後漢人只用了一些酒，一些布，就騙走了契約書，田租的事就不了了之了，這樣愚弄原住民的事幾百年來都不斷的發生。陳淑均：《噶瑪蘭廳志》卷八〈雜識〉（下）〈紀文〉（下），頁420。

垂髻，一幅怡然自得的樣子。說他們居住的屋宇整潔，個性純樸，舉行祭典時，對外賓非常熱情接待等等。在風俗民情上若不是以批判角度來描寫，則是以觀賞的、驚訝的語調出之。對他們的悲慘遭遇，若以同情悲憫之筆述之，基本上採取的也是一種「俯視」的角度，見不到「平視」的觀點與真正的尊重感。而污名化的書寫，在有清一代則屢屢可見。或者可以說，對原住民的鄙夷語辭和心態，是一以貫之的。康熙四十三（1704 年）任鳳山知縣的山東萊陽人宋永清，寫有一首〈番社〉：

> 百里長征山徑紆，溪邊竹里走番奴。
>
> 蠻音雜沓聞鴃舌，茅屋參差入畫圖。〔註99〕

這首詩寫他去巡視治下民眾，走了許多灣彎曲曲的道路，在一條溪邊看到了「番奴」，番人所居之屋還算好看，可以入畫。但「番奴」講話的聲音正所謂是「南蠻鴃舌」，雜沓不堪，令人無法聽懂。康熙六十年（1731 年）歲貢，曾參與《重修臺灣府志》、《諸羅縣志》、《鳳山縣志》纂修的臺灣縣人李欽文，有一首〈番社〉詩，內容與形式看得出來是步武宋永清的作品：

> 社屋參差路轉紆，社中忽見數番奴。
>
> 文身自昔稱殊國，斷髮於今入版圖。〔註100〕

他也以「番奴」來稱呼當地的原住民，宋永清是典型的宦遊之官，來臺數年後即離去，李欽文出身於臺灣，是移民的後代，兩人同樣對臺灣原住民有著歧視性的看法。

乾隆二十八年（1763 年）來臺任鳳山縣教諭的朱仕玠，他的《小琉球漫誌》中有一首詠當地熟番（西拉雅族）的詩作：

> 熟番形貌肖猿猴，漸製衣裙慕勝流。
>
> 但羨唐山無限好，安知文物萃神州。〔註101〕

乾隆年間許多形貌類似猿猴的「熟番」，因為對「唐山」來的「勝流」羨慕，學習製作衣裙的方法，穿上漢人的衣飾，想要成為漢人。朱仕玠內心大概是頗不以為然的，「唐山」是何其的偉大，文物是何其豐盛，神州的偉大與豐盛又怎是這裡的土著所能了解的，就算穿上了漢人衣飾，也不能脫離「猿猴」

〔註99〕 范咸：《重修臺灣府志》卷十〈藝文志〉，頁 414。

〔註100〕 李丕煜：《鳳山縣志》卷之九〈藝文志〉，（台北市：臺灣銀行經濟研究室編印，臺灣文獻第 124 種，1961 年）頁 153。

〔註101〕 朱仕玠：《小琉球漫志》，頁 48。

的形貌。朱仕玠本身是一位具有撰述能力的地方官員，臺灣原住民的漢化，去除舊時風俗習慣，努力成爲中國庶民，這正是主政者一直希望推行的目標，然而看到「熟番」如此「慕義向化」，反而讓他覺得頗爲可笑。這種矛盾的心理狀況，正可反映出內在歧視的心態。

朱景英的〈雨夜宿西螺社〉是另一典型。〔註102〕朱景英某次因公出巡，途經西螺社時碰到傾盆大雨，衣服被打濕了，睡覺的地方也很寒冷。接待他的原住民害怕他生氣，不敢出聲說話，一面生起火堆保暖，一面要婦女爲他烘衣：「獠奴抱火婦焙衣，囁語怕受長官斥」，朱景英以「獠奴」一語來稱呼接待的人，最後兩句說明天一早會用轎子，會把他抬出這個泥淖之地，覺得這裡的原住民是很明白道理的：「遲明掩我輿出淖，感嘆異域明尊卑」。這些抬轎服勞役的「番人」，爲風雨打濕長官的衣物而惶恐不已，在勤勤懇懇彌補過失的過程裏，朱景英以高高在上的姿態，感嘆他們很懂得尊卑之禮。雖然對服勞役而疲累不堪的原住民，懷有憐憫之感，如〈後壟早發〉一詩說：「憊矣島夷煩力役，寂然里鼓鬧征程」〔註103〕但仍免不了觀念的偏頗。

爲了解決漢人開墾土地造成的衝突，官府曾築有土牛、土溝或立石等作爲漢番界線，這是一種典型的「區隔」作用，道光年間任職於噶瑪蘭的李若琳寫了一首〈防番〉的詩，這首詩歧視的意味就更濃了。他說界線內的範圍便屬於「人」，界線外的就只能稱作「犬羊」、「麋鹿」：「界未標銅柱，疆曾畫土牛。犬羊區異類，麋鹿信同疇。」〔註104〕將原住民歸爲與禽獸同類，比擬實爲不倫。

在清代文獻中以「愚蠢頑悍」等詞來稱原住民，可謂屢見不鮮，處處皆是：《臺海使槎錄》卷六〈番俗六考〉：「土番蠢爾本無知，制器伊誰遠近取。日計苦無多，月計有餘褸。」〔註105〕《鳳山縣志》卷之六〈賦役志〉：「嗟此番黎，蠢愚無知，竭終歲之勤動，以餬其口猶且不足。」〔註106〕《東瀛識略》卷四〈屯隘〉：「番性愚魯，衣食可度，即不忍輕去其鄉。今則俯仰無資，紛紛散走，向時之社，經再過焉，而已爲墟。〔註107〕……野番遁入深山，蠢悍嗜殺，每每乘

〔註102〕《全臺詩》第三冊，頁40。
〔註103〕《全臺詩》第三冊，頁57。
〔註104〕《全臺詩》第四冊，頁389。
〔註105〕黃叔璥：《臺海使槎錄》卷六〈番俗六考〉，頁134。
〔註106〕李丕煜：《鳳山縣志》卷之六〈賦役志〉，頁78。
〔註107〕丁紹儀：《東瀛識略》卷四〈屯隘〉，頁49。

開出而戕人。」〔註108〕《東瀛識略》卷三：「番性愚，不事耕鑿，間有耕者，用力苦而成功少，故視地不甚惜。」〔註109〕《恆春縣志》卷十〈義塾〉：「據城鄉各莊社總董頭人陳怡隆等分別稟稱：『恆邑開闢未久，民番貧苦異常，村童、番童日事樵牧，頑蠢成性，不諳王化。』」〔註110〕以這樣蠻橫的書寫方式描述原住民，說他們本性愚蠢、粗魯、頑劣、無知，一直到清領末期仍是如此，吳德功有一首〈番社〉詩，詠的是清末日據初期臺灣番社的情景：

鑿齒文身地，彬彬俗化良。狂獉皆禮樂，鱗介亦冠裳。

俗尚都新製，形容變舊裝。可憐愚蠢甚，十室九空囊。〔註111〕

這首詩說番人雖已漢化，服裝風俗都已「文明」了，但仍然不免「愚蠢」，所以窮困異常。這種說法當然顯示了族群優越感，但也傳達出了原住民處境艱難的實景。其實中國兩次亡於少數民族之手，傳統中國所鄙視的蒙古人、滿洲人都曾以強大的武力，嚴密的組織，將號稱文明之邦的中國打敗，並建立起龐大的國家，創造輝煌的歷史。但在中國文獻書寫中，似乎仍未開出對「非我族類」尊重的、接納式的模式，仍充斥著對少數族群的敵意與輕視。傳承中國文化書寫模式的清代撰述者，仍然以污名化的筆法記述所見所聞，毫不客氣地以鄙夷式的用語加諸原住民的上面，滿清的統治者本身即為傳統中國中的「蠻夷」之族，由於大興文字獄的緣故，有清一代的秉筆之士，在這方面便顯得謹慎異常，不敢多做「華夷之辨」。然而對弱勢的貴州的苗族、猺族，海南島的黎族及臺灣的「番民」，則是另一副手眼。這種對「非我族類」的方式，顯得閉塞而矛盾，具有很大的侷限性。由於缺乏書寫的能力，也沒有發抒的載體，原住民對「漢人」、「唐人」的看法為何，畢竟是完全空白的，他們在每一次被欺辱時，都沒有發聲的機會，事實上也不可能有這樣的機會。

第四節　衝突歷史的逆寫與新詮

綜觀這些「原漢衝突」的作品，除了散文體的記述外，詩文作品幾乎都是以寫實紀事的筆法來創作。主旨都很顯豁，明白的表達事件的經過，有些也會在詩文中發表議論、抒發感觸；若有不足的地方，尤其是詩，便會在詩

〔註108〕丁紹儀：《東瀛識略》卷四〈屯隘〉，頁78。

〔註109〕姚瑩：《東槎紀略》卷三，第7種，頁70。

〔註110〕屠繼善：《恆春縣志》卷十〈義塾〉，頁203。

〔註111〕林文龍編：《臺灣詩錄拾遺》，頁171。

後加註解，以詩寫史、寫事的用意非常清楚。

一、原漢衝突的逆寫

　　有關統治者與被統治者，征服者與被征服者之間的互動，理查德・謝默霍恩（Richard Schermerhorn）在《比較族類關係》（*Comparative Ethnic Relationship*）講到「從屬族類（subordinate ethnic）與統治群體（dominant group）之間可重複發生的互動序列。」他綜合討論之後，舉出兩者之間會有這五個過程及現象，這五項是：

　　　1. 賤民的出現 2. 本地人隔離群的出現 3. 吞併 4. 遷移 5. 殖民。
　　〔註112〕

在他的分析中可以看到非常接近的情況，清朝政府在此建立後，漢人移民來到，原住民族逐漸淪落至社會的下階層，成為被剝削、被支配的「賤民」階級。移入的漢人與原住者彼此自動的區隔，住在不同的環境裏，在清代的發展中大概可以以地名看出漢、原居處的不同，漢人所居之處稱作「莊」，原住民則為「社」，這便是所謂「隔離群的出現」。康熙、乾隆兩朝為區隔原漢的領域，所立的界碑、挖的溝塹、堆成的土牛，也正是為了隔離兩種人群而存在的界線。在移入者強大的侵擾力量下，「吞併」行為二百餘年來從未停止過；原住民逃避入侵者的「遷移」也始終未曾停下腳步。把清朝政府模式帶入臺灣，建立一套完整的文化、經濟、社會結構，讓此島成為清政府治下的一個地方政府，這是來臺官員一直努力的工作，臺灣的中國化，就在這樣的政策下持續進行。在清領末期，此地事實上已經成為一個中國化非常深的地方，由於絕大部分的居民已經是來自中國的人，「新臺灣人」取代了「原臺灣人」，臺灣在這個時候實際上是中國人的居地，以「殖民」一詞來解釋清領前期的臺灣則有其準確度。在「中國化」後，所謂「殖民」則較不妥當。不過以原住民的立場看來，是接受「被殖民」的觀念，孫大川說：

　　原住民被殖民的地位，不是最近這四十年或甲午戰爭後的五十年才
　　被決定的；四百年來漢人的移入、掠奪，早已將臺灣原住民推向被
　　殖民的深淵。〔註113〕

〔註112〕引見約翰・雷克斯著，顧駿譯，顧曉鳴校閱：《種族與族類》第三章〈種族、族類和殖民地社會的結構〉，（台北市：桂冠圖書公司，1991年），頁53。
〔註113〕孫大川：〈原住民文化歷史與心靈世界的摹寫——試論原住民文學的可能〉，

這樣的說法關乎原住民族群的「國家認同」與「主體意識」，原住民若認為自己是被「滿清中國」、「日本」、「中華民國」殖民，首先必須不認為自己是「中國人」或「日本人」，其次是原住民基本上是具有主體意識的族群。以這兩個觀念作為基礎，「殖民」的意義才會顯現。而「國家認同」與「主體意識」的突顯與被喚醒，乃源自於感受到被侵犯，被壓榨、受到不公平的待遇，才會出現。如果「中國」或「日本」的統治，具有「效果」或「公正」，這樣的意識將不會被突顯，也難能成為議題。歷史上原住民所遭受到的苦難，也不會被「倒敘」、「建構」、「再現」與重新詮釋。

在「原漢衝突」的載紀，其實可以看出兩種書寫心態，其一如劉良璧、陳衍、吳德功等，對原住民仍不免流露出輕視的看法，雖然知道衝突的起源，漢人責任要大些，但並不認為殺伐這些「作亂」的原住民有何不妥。對討伐之後的想法，毋寧是帶著矜耀之心的。這種以武力為手段的「鎮壓」、「降服」、「改造」等的行動，是屢見不鮮的，在文獻中正好可以找出例子來，說明這種帶有血腥味的「原漢衝突」。政府軍「剿平」了一個部落的「叛亂」後，通常會做「清社改名」的工作，所謂「清社」便是掃除社內反抗勢力，「改名」便是將原來番社的名字更改，從新命名，由以下這些命名中可以看出一種「支配」、「改造」的欲求與意志。

原社名	所在地	更改後社名	出處
沙轆社	臺中縣沙鹿鎮	遷善社	臺灣文獻叢刊第 74 種《重修福建臺灣府志》
牛罵社	臺中縣清水鎮	感恩社	臺灣文獻叢刊第 74 種《重修福建臺灣府志》
大甲西社	臺中縣大甲鎮	德化社	臺灣文獻叢刊第 74 種《重修福建臺灣府志》
竹坑社	屏東縣獅子鄉	永平社	臺灣文獻叢刊第 29 種《福建臺灣奏摺》
本武社	屏東縣獅子鄉	永福社	臺灣文獻叢刊第 29 種《福建臺灣奏摺》
草山社	屏東縣獅子鄉	永安社	臺灣文獻叢刊第 29 種《福建臺灣奏摺》

孫大川主編：《臺灣原住民族漢語文學選集》〈評論卷〉（上），（台北市：印刻出版社，2003 年），頁 17、18。

內外獅頭社	屏東縣獅子鄉	內外永化社	臺灣文獻叢刊第 29 種《福建臺灣奏摺》
射不力社	屏東縣恆春鎮	善化社	臺灣文獻叢刊第 75 種《恒春縣志》
呂家望	臺東縣卑南鄉	遵化社 迪化社	臺灣文獻叢刊第 81 種《臺東州采訪冊》
不詳	花蓮港附近（南勢番之一）	歸化社	臺灣文獻叢刊第第 81 種《臺東州采訪冊》

　　這些被改名的「番社」，通常都代表著一段統治者與被統治者之間的流血衝突，這種流血性的抗爭，由「遵化」、「歸化」、「德化」、「永福」這些字眼標示出來，讓熟悉傳統中國政治文化的人，很容易便明瞭其中的含意，也代表傳統中國人對夷狄蠻族的態度。

　　其二如郁永河、夏之芳、吳性誠、黃清泰、陳肇興、柯培元等人的作品。這些人的作品就明顯可以看出他們悲憫之情，對原住民所受到的待遇深感不平，這些人具有中國傳統知識份子的「仁者情懷」，對弱勢者懷抱有「不忍之心」，若不能在行政上實施什麼具體的做法，也期望以文字做些表達，以抒發內心的感觸。這些詩文成為今日建構那段巨大的「空白」，淒厲的「無聲」最有價值的文獻。事實上這些作品，也是違逆當時社會風潮，批判移民殘酷行為的道德文章，在侵墾者、得利者的心中，是非常刺眼的、不合時宜的。有勇氣寫下這樣的詩文，提出批判，是值得敬佩的。

二、原住民記述的新詮

　　原漢之間的衝突在清領的二百多年間從未停止，所謂的熟番、化番在這段時間內逐步的消失了他們的族群，喪失了土地，成為隱晦的身影。比較頑強的抵抗者，絕大多數是以悲劇收場；接受教化，順從局勢者或遠避者便有機會存活下來。在清末到日據這段時間，熟番的種種逐漸成為無人知覺的歷史，曾經存在過的事實，幾乎已完全沒有人了解，沒有人去整理與解讀那段血跡斑斑的歷史。就算知道自己身為熟番後裔，也經常刻意隱瞞，不願他人察知。遠居在偏遠山區的「生番」，因為移墾者的力量不足，直到日據中期之後才逐漸完全「就範」。臺灣重回中國懷抱後的三四十年間，「生番」雖被人們清楚的認知，但他們的命運與二三百年前「熟番」的遭遇只能說略有改善。

直到 1980 年代中期以後，原住民的問題才真正的被重視，原住民運動的蓬勃以及本身的覺醒，苦難才獲得整個文化與社會的反省。〔註114〕孫大川說：

> 他們在生存上不但飽受威脅，而且在文化、歷史上也遭到徹底的「消音」，沒有人真正認識他們，也沒有人真正在乎他們，他們成為這塊島嶼上可有可無的存在。〔註115〕

對「原臺灣人」來說，這種無聲的，缺乏尊重的，以可有可無方式存在的族群，確實令人覺得悲哀。有清二百多年這種「單一聲音」的歷史敘述，呈現的自然是征服者的主觀意志，是「移入臺灣人」的「偏頗的」、「污名化的」書寫，原住民只能在「第三者自我批判的紀錄，想像祖先們焦灼的靈魂。」〔註116〕在全世界的文化界普遍思考「去中央」、「反主流」、「逆寫帝國」、「多元發聲」、「典範解構」等的命題時，自然不能無所感應；而重新的詮釋歷史文獻，定義「番人」，建構新視角的論述，是文學研究者不可迴避的時代任務。基於這樣的理念，在文獻檢擇上，同樣的素材，會有顛覆性的解說，如：藍鼎元、劉良璧、陳衍、劉銘傳鎮壓「番人叛亂」的書寫，在當時他們認為理所當然，也認為平定叛變、安定地方是光榮的功勳。本論文則將之列為負面的「屠殺」行為，認為是帝國為控制「國土」所做的殘酷行動，批判其自圓其說的「選擇性邏輯」（alternative logic），〔註117〕吳性誠、黃清泰、陳肇興、柯培元的憫番書寫，則給予突顯與讚美，且藉以「看見」漢人移民曾如此的對待「原臺灣人」。不論如何，所謂漢人與「生、熟番」之間的衝突，還待有勇氣與良知的「臺灣人」去正眼面對。幸運的是，文學作品為那段晦暗血腥的歷史留下過紀錄，讓人們足以思考與反省。

〔註114〕孫大川以為臺灣原住民漢語文學的形成，是在一九八○年代中期以後，一九九三年《山海文化雜誌社》成立，開拓了一個原住民的書寫園地，一九九○年末期，原住民研究脫離人類學和社會學的範圍，往更接近「原住民主體心靈的方向逼近」。孫大川主編：《臺灣原住民族漢語文學選集》〈評論卷〉編序，頁 5。

〔註115〕孫大川主編：《臺灣原住民族漢語文學選集》〈評論卷〉編序，頁 18。

〔註116〕孫大川主編：《臺灣原住民族漢語文學選集》〈評論卷〉編序，頁 18。

〔註117〕約翰·雷克斯著，顧駿譯，顧曉鳴校閱：《種族與族類》〈種族主義、制度化的及其他〉，頁 132。

第八章　原住民記述的特色

第一節　新題材的拓展

　　臺灣之所以在元代以後才逐漸被中國人知曉，其中最重要的因素就在大海的阻隔，寬達一百多公里的大海，由於航海技術難以克服，渡海是件危險的事。且島上的人還停留在原始的部落狀態裏，因爲其生活型態的原始，可以見出他們大部份與於菲律賓、越南、印尼、琉球的種族較有關係。沒有可資利用的物產和人力，便缺乏冒險佔領的價值。中國的政治與文化重心一直是以黃河、長江流域爲主，屬於「內陸型」的文化。在傳統的著述中，對海外「蠻夷」一向並不重視，也不鼓勵征伐或佔領這些地區。元代以後，「倭寇」侵擾沿海的情形屢屢發生，明代更是嚴重的邊患之一，明朝初年就有命令，非必要不得出海「通番」，且對犯此規條者，予以重懲，以免沿海居民勾結「番邦」危害居民，損害國體。若非鄭成功的來到，滿清中國恐怕海外政權終成禍患，才出兵加以攻佔，否則傳統上，對這個島嶼一向是既不關心，也無「領有」的興趣。康熙二十三年（1684 年）之後，先是採取了領有但消極經營的策略，讓其自由發展，等到臺灣發展到某一程度之後，才開始了較多面向的統治管理。

　　清朝領有臺灣後各方面的發展，是由南到北，由簡而繁，逐步建立起來的，若依其開發的階段如第六章第一節所述可將清代的統治分爲四期：

　　一、探索期：約由康熙二十三年（1684 年）至雍正元年（1723 年），約
　　　　四十年。

二、拓展期：約由雍正元年（1723 年）至乾隆六十年（1795 年），約七
　　十二年。

三、穩定期：嘉慶、道光、咸豐三朝，（約 1796 年至 1861 年）約六十五
　　年。

四、變動期：同治年間至光緒割臺（1862 年至 1895 年），約三十三年。
〔註1〕

　　對臺灣的統治與管理，各個階層的官員、兵丁都來自大陸各省，此地對
絕大多數官員來說，都是一個很新的經驗，而這種經驗在傳統文化中是非常
少見的。來臺灣必須渡過大海，這是第一個嚴苛的挑戰，臺灣自古在文獻上
是個語焉不詳，缺乏記載的地方，她的山川景物，人文風土，對大多數人來
說是完全不熟悉的，是一個陌生的、荒僻的所在。不過對有心的人來說，卻
是一個全新的世界，處處充滿新的題材，不同的景觀，有非常多值得記述、
吟詠的地方。這些新的題材中有三類是比較特殊的，其一是「渡海經歷」之
作，其二是「獨特的自然景觀與物產」，其三是「原住民的風土民俗」。清代
統領此地之後，官員們入臺必須經過這一天險，渡海的經驗是新鮮的，風浪
是危險的，海上的景色是前人極少述及的，是還待開發的園地，這一類的作
品是整個清代文學作品中獨特的一頁。

一、渡海經歷

　　以描寫渡海情景為主題的作家作品有：孫元衡〈渡浯通之海〉、〈望洋〉、
〈首風廈門排悶〉、〈乙酉三月十七夜渡海遇颶，天曉覓澎湖不得，屢濱於危，
作歌以紀其事〉、〈危舟得泊，晚飯書懷〉、〈黑水溝〉，張方高〈海吼行〉，范
咸〈三月二十五日渡海所見〉、〈二十六日晚泊澎湖〉，錢琦〈泛海〉、〈抵任〉、
〈澎湖〉、〈晚從安平渡海歸署〉、〈七鯤身〉、〈後渡海歌〉，盧觀源〈渡臺灣放
洋〉，朱仕玠〈海中見澎湖島以無風不能至〉、〈由黑水溝夜泛小洋〉，胡建偉
〈渡海紀行〉、〈到澎湖境〉，曹士桂《宦海日記》，姚瑩〈三月朔日自臺灣放
舟至澎湖忽遇北風舟南駛不可收越兩日達粵東之惠來乃捨舟登陸間道至潮州
偕方子步琛登江樓小飲憑檻有作寄穎齋觀察〉，劉伯琛〈渡海歌〉，曹士桂〈東
渡難〉、吳玉麟〈渡海歌〉等，這些作品或寫渡海的歷程、航行的艱險，海上
的異像，或藉其景抒發情感，吐露抱負，都是特殊生命經驗的書寫。

〔註 1〕見本論文六章第一節，頁 160、161。

　　除了這些士大夫階級的「渡海」之作外，民間亦有如〈新刊勸人莫過臺灣歌〉、〈又勸莫過臺歌〉以及受其影響的〈渡台悲歌〉、〈台灣番薯哥歌〉等歌謠流傳，這些以簡樸易懂文字寫成的勸世歌謠，敘述渡海的艱難，船老大的陰狠，臺灣的荒穢，番人出草殺人，勸人莫拋棄家中老小來此異地，陳述的也是渡臺的悲苦情形。〔註2〕

二、獨特的自然景觀與物產

　　臺灣有許多獨特的自然界現象，如颱風與地震，這兩種自然界的可怕威力是常有的狀況，颱風與地震，在傳統文學中稀有撰述者，但因與此地的生活關係密切，成為一個重要的題材。其次島上有許多動、植物是大陸來的人前所未見未聞的，這些動、植物的特性頗有值得書寫的地方，不論是記其特異之處，或加以譬喻引申，都有落筆成文的價值。

　　文學作品中紀錄地震情形的有兩篇名作，其一是施瓊芳的〈五月己亥地震書事〉〔註3〕，其二是林占梅的〈地震歌〉〔註4〕。兩作都以淺白之筆記述地震情形，詩人以真切且生動的筆調，寫出人們面對地震時的心態。

　　以文學作品描寫臺灣颱風景象的有：孫元衡〈颱風歌〉、〈海吼吟〉〔註5〕，張湄〈海吼賦〉〔註6〕，鄭用錫〈颱風〉〔註7〕，周凱〈乞風行〉〔註8〕、陳

〔註2〕　〈新刊勸人莫過臺灣歌〉、〈又勸莫過臺歌〉這兩首歌謠據李憲章的推測產生時代約在雍正、乾隆之間，而刊刻在道光7年（1827），見（桃園龍潭：《臺灣文藝》革新號第25、26期合刊，1982年12月號），頁249。〈渡臺悲歌〉、〈臺灣番薯哥歌〉這兩首都是七言客語民間歌謠，〈渡臺悲歌〉長達352句，2464字，〈臺灣番薯哥歌〉256句，1792字，推估出現於清末時期，見黃榮洛：《台灣客家傳統山歌詞》一書，（竹北市：新竹縣立文化中心出版，1997年）。內容寫渡臺之苦如：「不知船中多艱苦，禁在船中如牛欄。不見鴉烏野獸走，只見水浪白如山，……無水食時口無泉，忽然吐出幾多痰。行船行得十分苦，茶水如金一般般。」，頁31。

〔註3〕　《重修臺灣省通志》卷十〈藝文志文學篇〉，頁256。此詩寫於道光19年（1839年），本年地震全臺皆受波及，災害主要發生在嘉義、臺南一帶，此地區正是施瓊芳居住的地方。

〔註4〕　林占梅：《潛園琴餘草》，見《林占梅資料彙編（一）》徐慧鈺等校記，（新竹市：新竹市立文化中心出版，1994年6月），頁40。此詩作於道光29年（1849年）農曆3月初8日，時年29歲。

〔註5〕　孫元衡：《赤嵌集》卷一，頁21。

〔註6〕　〈海吼賦〉前有一小序，說明寫作此文的緣起。他說臺灣四面皆海，從夏天到秋天，颱風屢作，風雨來時雷電屢作，昏天暗地，雨水四集，人處此間，

肇興〈樹中大風雨歌〉、〈大水行〉〔註9〕，姚瑩〈噶瑪蘭颶異記〉〔註10〕等。其中以陳肇興的七言，三十八句的〈樹中大風雨歌〉〔註11〕是較爲成熟之作。

寫動、植物的如：莊一煊〈詠魚骨鶴〉〔註12〕，孫元衡〈羞草〉、〈詠荔枝〉、〈波羅蜜〉、〈刺桐花〉等〔註13〕，朱仕玠〈瀛涯漁唱百首〉，范咸〈七里香〉、〈水仙花〉、〈檳榔〉、〈烏魚〉、〈木蘭花〉等，〔註14〕楊桂森〈佛手柑〉、〈紅潮登頰醉檳榔〉、〈詠西螺柑〉〔註15〕，陳學聖〈蔗糖〉、〈波羅蜜〉等。〔註16〕這些動、植物都是臺灣比較知名的特產，能代表此地的特色。對作家們針對這個題材的創作意義，魯仕驥爲朱仕玠的《小琉球漫志》寫的序上說：「其間道途所經、勝蹟所垂，與夫珍禽異獸中土所不經見者，則以詩歌寫之。」〔註17〕朱仕玠〈瀛涯漁唱百首〉的作品裏有很大一部分，是「中土」所看不到的，這些從未見過的珍禽異獸，是他刻意描述的題材。張實居在序孫元衡《赤嵌集》時寫得更透徹：

恍惚置身曠野無垠之地，面臨洪荒之境。張湄所述是非常典型的颶風現象。《重修臺灣省通志》卷十〈藝文志文學篇〉，頁8。

〔註7〕 鄭用錫：《北郭園集》卷四，（台北市：臺灣銀行經濟研究室編印，臺灣文獻叢刊第41種，1959年），頁55。

〔註8〕 詩見：《重修臺灣省通志》卷十〈藝文志文學篇〉，頁237、238。道光16年（1836年）任臺澎兵備道時寫的，內容是因夏秋之間臺澎一帶遭受颶風侵襲，他因職務的關係必須前去勘災，很不幸的是天公一直不作美，天氣惡劣，他的船隻遲遲無法出發，所以他寫了這篇作品祈求上蒼協助，颶起順風，讓他能前去慰訪災民。此文語多委婉，充滿謙卑之情

〔註9〕 陳肇興：《陶村詩稿》，頁23、33。

〔註10〕 姚瑩：《東溟文集》〈噶瑪蘭颶異記〉，（台北市：臺灣文獻叢刊第7種，臺灣銀行經濟研究室編印，1958年），頁84。

〔註11〕 〈樹中大風雨歌〉，此詩寫颶風來襲情形，平白如實，其景如在目前：「昨夜狂颶振林木，千聲萬聲動巖谷。橫吹黑雨捲山來，飛灑如麻亂相撲。」、「淘淘波浪天外來，頃刻平地爲川瀆。」，詩寫颶風暴雨侵襲的情形，是臺灣人在夏秋季節共同的經驗。在農作物損害方面：「東鄰纔報流麥田，西舍還聞破茅屋」、「黃雲滿地抽鍼芽，餘粒但供鳥雀啄」，寫農民遇風災摧殘後的慘狀：「詰朝雨止風亦停，鄉村十家九家哭」，「老農垂淚前致辭，乞減半租救饘粥。里胥下狀來催租，悉賦輸將苦不足。」這些敘述看似平淡，實則選字用意都頗費心思，以實境取材，以散文筆法鋪敘，說理有法有度。

〔註12〕 王瑛曾：《重修鳳山縣志》卷十二〈藝文志文學篇〉，頁405。

〔註13〕 孫元衡：《赤嵌集》卷一，頁10。

〔註14〕 范咸：《重修臺灣府志》，卷二十五，藝文（六）詩（三），頁327～336。

〔註15〕 《彰化縣志》卷十二〈藝文志〉，頁479。

〔註16〕 《彰化縣志》卷十二〈藝文志〉，頁492、493。

〔註17〕 朱仕玠：《小琉球漫志》〈魯仕驥序〉，頁2。

> 然風雅所詠，如鳩、鵲、麟、麇以及細草、夭蟲，不過十五國之土
> 產，人得而知，非若集中之蕃草、黎花、海鳥、蠻獸，率爾雅、山
> 海經所遺，管夷吾、張茂先之所問而失對者也。因悟作詩之道，每
> 以所遇進，其得之遊覽之助者正自不少。〔註18〕

他認爲《詩經》上所吟詠的鳥獸花草，祇不過是中原地區的十五個國家而已，範圍不大，且早已爲後人所知。而《赤嵌集》中的「蕃草、黎花、海鳥、蠻獸」則是連《爾雅》、《山海經》中都沒有記載的東西，臺灣所有之物，博學之人如管夷吾、張茂先等都無法回答出來，可見詩人的用心，更可見出此詩集的價值，而孫元衡正是受了海島上這類奇花異草、珍禽異獸的激發，才領悟到了作詩的方法，這裡的山川人物、風土民情大不同於「中土」，正是詩人騷客最好的題材。

三、原住民的風土民俗

　　明清兩代，所謂的「臺灣人」所指皆爲臺灣的原住民，亦即多達二十幾種不同種族的「番人」，移民入臺的大陸人，仍習慣以自己的祖籍如福建或廣東來確認自己的身份。因爲在臺灣的住民，在許多方面仍處於非常原始的狀態，裸體、紋身、獵首、漁獵等習俗，在中國已然消失甚久，〔註19〕這裡的住民給中國的移民相當強烈的印象，來臺任職的官員及遊歷此地的文士們，面對島上這些極爲不同的人民，自然會進行必要的記述，這些成爲大清子民的「臺灣人」的種種，也是一種全新的題材。

　　以「風土民俗」爲主題的作品最爲豐富，內容包括了幾個重點：日常生活、愛情婚姻、身體服飾、部族制度、歌謠舞蹈、慶典、語言等。這幾個要點幾乎是有清一代的官式文書、個人著作以及文學創作的共同內容。風土民俗中的原住民習俗與民情的記述，有清一代始終不曾間斷，其記述方式一爲依其所見，紀錄其實，二爲以歌詩吟詠之，亦即「文學的紀錄化」。這兩類作

〔註18〕孫元衡：《赤嵌集》〈張實居序〉，頁3。
〔註19〕段成式：《酉陽雜俎》前集卷之八〈黥〉，：「越人習水，必鏤身以避蛟龍之患。今南中繡面老子，蓋雕題之遺俗也。」引《天寶實錄》云：『日南廄山連接，不知幾千里，裸人所居，白民之後也。刺其胸前作花，有物如粉而紫色。畫其兩目下。去前二齒，以爲美飾。』」，可見在唐以前中國的福建、廣東、雲貴一帶，裸體、刺青、涅齒之俗還非常普遍。在宋、元之後這樣的習俗已逐漸消失。（台北市：源流出版社，1982年），頁79、80。

品間或夾雜作者「改風易俗」的議論和批評。在紀錄實況方面以其語言、婚姻、喪葬、衣飾、飲食、居處、器用等爲主，歌詩吟詠則以上述習俗爲主題，再加入作者的情感與觀察，做文學形式的藝術化表現。這兩類各有其特色，以不同方式傳述了原住民習俗的多重風貌。齊體物〈臺灣雜詠〉十首、夏之芳〈臺灣雜詠〉一百首、阮蔡文〈淡水紀行詩〉、黃清泰〈觀岸裡社番踏歌〉、劉家謀〈海音詩〉百首、王凱泰〈臺灣雜詠三十二首〉、〈續詠十二首〉等詩作，以及郁永河《裨海紀遊》、孫元衡《赤嵌集》、黃叔璥《臺海使槎錄》，六十七《番社采風圖考》等著作，都是表現風土民俗的代表作品。

有關於原住民的政策性書寫除了志書上的〈風俗志〉以外，還包括論、疏、策、議、告示、碑文等。政策性文書方面的内容有：1.政令宣示 2.墾拓議論 3.剿撫策報等。因爲管理的對象往往是以臺灣「番民」主體，所以許多内容牽涉到經濟、法令、稅務、土地開墾、戡剿叛亂等，這些文章大部份爲以實記錄的奏報，就事論事，反映現實狀況，但其中有不少奏章，具有很強的文學性，表現出寫作者高度的文采，條理分明，氣勢縱橫，議論風發，將治理臺灣原住民的特殊性，因地置宜的必要性，表露無遺。

由於清代正式擁有了臺灣的主權，也逐步開發這座島嶼，大量的移民開始來到這裡。由南向北，由東向西，移民的力量迅速的擴張，有組織的移民在官方曖昧的態度下，勇於開拓他們認爲是「無主」的土地，二百餘年間原住民大部分的資源都被侵吞殆盡。然而原住者也曾多次爲保護故有的領土與財產，向移入者發動戰爭。移入者與原住者的矛盾衝突，二百餘年來始終沒有停止。在大大小小的衝突中，有不少文學性或非文學性的作品出現了。這些書寫者有些是帶有霸權心態，對原住民充滿歧視與傲慢之情，有些則對原住民懷有悲憫之心，有些則書寫征番時作戰的艱難。這些作品全部都出自於「他者」之手，以打敗原住民，獲得土地，炫耀戰功而去寫作的作品，正好紀錄了漢人入侵臺灣，原住民被逐步摧毀的血腥過程，也說明了移入的中國人在佔有原住者的一切後，成爲這座島嶼的新主人的過程。這個過程其實是一段非常典型的現像，在中國歷史上不斷重複出現。從秦代開始中國就是用這種方式，入侵並「同化」了許多蠻邦異族，讓中國成爲一個大型的帝國。在帝國建構的歷程裏，犧牲少數族群是言之成理的「必要之惡」。檢驗原住民的書寫，其實特別有價值的，便是對原住民悲慘遭遇的同情之作，如：柯培

元的〈熟番歌〉、〈生番歌〉，吳性誠的〈入山歌〉〔註20〕、陳肇興的〈番社過
年歌〉〔註21〕、黃清泰〈觀岸裡社番踏歌〉等，這些作品對處於弱肉強食境
況的原住民，給予強烈的關懷與鳴不平，這樣的立場與角度在整個中國文學
中也是少見的，值得特別重視。所謂「夷戎蠻狄」在傳統眼光中是與禽獸沒
什麼差別的，殺害他們的生命，搶奪他們財產，基本上並沒有道德上的罪惡
可言，也沒有愧疚之必要。因此這些人甘冒大不韙，寫出與大多數移民不同
的態度，不同的論調，秉持良知，對移民的加暴、欺壓、掠奪發出嚴厲的譴
責，寫下這樣詩篇，是非常可貴的。

　　以上這三類作品「渡海經歷」、「獨特的自然景觀與物產」、「原住民的風
土民俗」都是新的題材，在整個中國傳統文學中具有不同的意義，這種異域
的記述內容與主題，正是價值所在。在整個中國書寫傳統而言，她的獨一性
是不可取代的，這些著作拓展了傳統詩文的範疇，增加了一向較少的「海洋
經驗」與「異文化經驗」。以臺灣為主體眼光而言，「原臺灣人」記述的討論，
是建立一個區域性特色的文學與歷史不可或缺的基礎，探討這些文獻，也正
是為建構一個完整的臺灣文學，十分必要的研究工作。

第二節　文學紀錄化　紀錄文學化

　　有清一代臺灣的文學作品基本上都是寫實為基調的，作家們以眼前的所
見所聞為材料，舖寫一己的感觸。以寫實為主，正因為臺灣是一個新闢的疆
土，二百餘年來都處於一種探索、墾拓、變動的狀態裏，許多的創作者，在
臺灣的時間並不長，來來去去，眼光是移動的，寫作法是紀錄式的，對此地
的觀察都是在反映現實的情況。出現在清領中葉以後的「臺灣作家」，面對移
墾的、變動不安的社會狀況，也必須以眼前的環境為寫作材料。在經濟條件
不佳，生活環境艱難的條件下，現實的一切才是他們最關心的，這樣的狀況
下以寫實為創作技巧的基調，是不足為奇的。然而僅是單純的紀錄並不能滿
足寫作者，將紀錄以文學化的形式表現出來，將許多素材簡單化、精緻化，
韻文化，是許多寫作者共有的現象。

　　臺灣原住民對絕大多數的作家來說，是非常嶄新的經驗，在中國大陸已

〔註20〕陳漢光：《臺灣詩錄》（上），頁241。
〔註21〕陳肇興：《陶村詩稿》，頁100。

經看不到如此原始的民族，這些生、熟番的外貌、裝飾、居處、習俗等都對他們具有很大的吸引力，這些「臺灣人」的種種是他們樂於紀錄的材料，有非常多的文學作品都可看到這樣的表現。如：郁永河〈土番竹枝詞〉二十四首，孫霖〈赤嵌竹枝詞〉十首，謝金鑾〈臺灣竹枝詞〉三十一首，齊體物〈臺灣雜詠〉十首，夏之芳〈臺灣雜詠〉一百首，黃叔璥〈番社雜詠〉二十四首，王凱泰〈臺灣雜詠〉三十二首，范咸〈臺江雜詠〉、〈再疊臺江雜詠〉、〈二疊臺江雜詠〉，屠繼善〈游瑯嶠賦〉、康作銘〈瑯嶠民番風俗賦〉等。這種實錄性的作品，可以舉郁永河〈土番竹枝詞〉、范咸〈臺江雜詠〉、〈再疊臺江雜詠〉、〈二疊臺江雜詠〉為例：

〈土番竹枝詞〉中描寫原住民身體服飾的作品，特別的多了，幾乎佔了二十四首中的一半。如說他們沒有衣服穿，大半幾乎是裸露狀態：

> 生來曾不識衣衫，裸體年年耐歲寒。
>
> 犢鼻也知難免俗，青烏三尺是圍闌。

原住民雖知織布，但產量很少，用三尺左右的青烏布來遮陰，除此之外他們幾近裸露，赤身露體的抵擋寒冷的侵襲，不知養蠶種桑，紡紗織布，手工業的發展還處在非常原始的狀態。

記述原住民身體的刺青：

> 紋身舊俗是雕青，背上盤旋鳥翼形。
>
> 一變又為文豹鞹，蛇神牛鬼共猙獰。
>
> （半線以北，胸背皆作豹文，如半臂之在體。）
>
> 胸背斕斑直到腰，爭誇錯錦勝鮫綃。
>
> 冰肌玉腕都紋遍，只有雙眉不解描。
>
> （番婦臂股，文繡都遍，獨頭面落垢，不知修飾，以無鏡可照，終身不能一睹其貌也。）

郁永河觀察到原住民身體上都有刺青，但花紋不同，有鳥翼形，豹紋等，紋身的位置由胸口到腰部，紋豹紋的番人在半線（彰化縣）以北的地區，南部的以鳥翼為主。婦女也刺青，手腕、手臂、臀部上都刺滿花紋，她們對身上的花紋十分自滿，認為比織錦的衣服更漂亮，常拿來向人誇耀。可是頭髮、臉孔卻十分骯髒，不懂得修飾，因為沒有鏡子可以自照，所以終身不知道自己的模樣。

范咸〈臺江雜詠〉：〔註22〕

　　繞籬刺竹插天青，小草幽花未有名。冷食裸人占夏雨（社番祈雨，則
　　不舉火），水田黎婦盡春耕（番人惟婦耕，男子則餂）。插秧鳥語知聲吉（聽
　　鳥音吉，方插秧），懸穗禾間遍室盈（社番別築室懸稻，名曰禾間）。

熟番居住的地方圍繞著高聳的刺竹，附近開著不知名的花朵。原住民在舉行
祈雨祭儀的時候是不升火的，以吃冷食以示虔誠，種田的都是女人，男人只
是負責送飯而已。要插秧時先要聽鳥的鳴叫聲，以占吉凶，是吉兆才插秧。
收割下來的稻穗掛滿了屋內，這個專門收藏稻穗的屋子叫「禾間」。這些詩句
記的都是熟番生活的剪影，耕田以女性為主，顯現的是母系社會的特性，祈
雨時不吃熟食，何時插秧要先占卜，他們築有收藏稻穀的專門房間，以保護
辛苦所得。范咸用文字描繪出一幅寫實的原住民生活圖畫。

　　以賦作來說，以原住民風俗為主體的作品，有屠繼善〈游瑯嶠賦〉、康作
銘〈瑯嶠民番風俗賦〉兩篇。康作銘文字平直若散文，敘述恆春一代原住民
入城的模樣，十分寫實。

　　　　至若晨出荒林，午游城市，猱猱狘狘，歡歡喜喜。或珠貫牟尼，或
　　　　尾簪雉雉，或荷橐持囊，或攜妻挈子，耳環銅鏡，迎面浮青；口滿
　　　　檳榔，掀唇涅紫．逞強恃悍，呶呶不肯讓人。以有易無，貿貿亦知
　　　　挹彼。〔註23〕

早晨原住民由山中出來，中午的時候來到城市，外表看起來野氣難馴。進入
城內模樣很是高興。他們身上掛著串珠，頭上插著雉羽，有的背著袋子，有
的帶著全家大小，耳朵穿著銅環，臉上刺青，滿嘴的檳榔，嘴唇都被染成紫
色。他們態度強悍，與人多所爭執，和人做生意時，雖然是以物易物，也知
道貿易的方法。賦本來是一種重視辭藻，以華麗是尚，追求音韻鏗鏘的文類。
由此作看來，是以寫實為主，將當地原住民的面貌，做了鮮活有趣的描述；
沒有傳統賦體誇張、炫麗的特色。

　　屠繼善〈游瑯嶠賦〉雖為對話體，然內容仍以記實為主：

　　　　其番也，或平埔與高山，路灣灣而曲曲。袒裸成群，不知羞恥。女
　　　　不紡織，男不菽粟：崇餉姑而崩厥角，剚獸皮而為衫褲。……病不
　　　　就醫，惟神是告；葬不以棺，惟土是斸，雖雉髮而隸版圖，猶未知

〔註22〕范咸：《重修臺灣府志》卷二十五，藝文（六）詩（三），頁327～336。
〔註23〕屠繼善：《恆春縣志》卷十四〈藝文〉，頁245。

正朔之典錄。〔註24〕

賦中說原住民們可分為兩類，一類是高山番，一類是平埔番。他們大半赤身裸體，女生不紡織，男生不種田。若有人供給食物，就非常的感激，磕頭不止。生病了也不看醫生，只知求神問卜，人死了，沒有棺材，就挖洞埋在土裏。他們雖薙了頭髮，隸屬於清國的子民，但仍不知什麼是國家，不知典章制度為何。筆下呈現的是樸質單純，不識不知原住民的形象。

詩、賦、駢文等都是很講究藝術性的文體，創作者運用這樣的體裁，選擇以紀錄的方式來創作，不刻意追求音韻的險奇，技巧的變化，誇誕的詞藻，形成了以寫實為主的特性，這也是所謂「文學紀錄化紀錄文學化」的特性。

第三節　經世備治與民胞物與

清代臺灣的文學作品有很強的經國治世的功能，所謂「採風錄俗，經世備治」、「議事論理，以決政務」的書寫，都是為了面對施政上各種問題而撰寫的。清代臺灣社會經歷了兩百餘年的發展，由「探索期」、「拓展期」、「穩定期」到「變動期」作者的身份和心態也有所變化，如第六章第一節所歸納，我們將移民入臺，就此居於此地的作家稱為「移入型」作者。來臺游宦數年的官員或文士歸納為「流動型」的作者，在拓展期之後出現的移民作家，他們已在此地紮下根基，成為島上的居民，可將之定位為「地著型」作家。在「流動型」的撰述者中可以看出較強的經國治世特質。例如：

郁永河《裨海紀遊》卷下說：

> 余既來海外，又窮幽極遠，身歷無人之域：其於全臺山川夷險、形勢扼塞、番俗民情，不啻戶至而足履焉。可不為一言，俾留意斯世斯民者知之？〔註25〕

他在這本書中議論了臺民中鄭氏殘留的反清力量，臺灣政務制度的良劣；戰略地位的重要，並提出種種改善的方法及策略，來供朝廷參考，可見撰作這些文字的目的。郁永河這種想法，正是絕大多數清領前期來臺官員及文士創作的基本動機。文學創作與統治、教化的需要結合，形成一種特殊的書寫現象。

〔註24〕屠繼善：《恆春縣志》卷八〈風俗〉，頁137。
〔註25〕郁永河：《裨海紀遊》，頁29。

　　諸羅縣知縣周鍾瑄，在任除了治績甚佳外，最大的貢獻是編纂了《諸羅縣志》，此書在康熙五十五年（1716 年）八月起始編，康熙五十六年（1717年）三月完稿。內容價值甚高，是清領初期編輯最佳的方志，其山川圖十一幅、縣治圖一幅、學宮圖一幅、番俗圖十幅，雕工精美，內容確實，是非常重要的文獻資料。纂修此稿時下筆很是慎重，經常與主筆者陳夢林斟酌再三，目的便是希望此志寫出後能達到有效治理地方事務，對症下藥，解決地方問題的效果，有時地方政務發生疑難，也會請陳夢林提供建議。《諸羅縣志》的序上說：

> 凡所謂郡縣志乘之載，各具體矣。中間因事建議，陳君留心時務，動與余合；往復論難，要於保境息民、興教淑士，如醫之用藥。記事者，其品味也；建議者，其方也。〔註26〕

陳夢林對諸羅縣當時的政務特別留意，所提的意見與看法，常常和他相符，兩人在下筆前經常往復辯論，目的就是希望所撰述的文章：「保境息民、興教淑士」，對人民有幫助，對讀書人有益處。

　　朱仕玠《小琉球漫誌》是一本詩、文並見之作，書名「漫誌」其實內容包羅甚廣，寫作的目的也不僅是單純的採風錄俗而已。此書魯仕驥的序言說：

> 自山川風土人物，上至國家建置制度，下而及於方言野語，綜要備錄，靡有所遺。其間道途所經、勝蹟所垂，與夫珍禽異獸中土所不經見者，則以詩歌寫之。……且使讀是書者，洞悉其人情土俗，他日或仕其地，知所法戒，而因以施其撫治之方。此則其用心之尤精者矣。仕驥竊謂此書當與尚書之禹貢、周官之職方氏，並垂不朽。〔註27〕

朱仕玠記載了此地的政治制度，原住民語言，珍禽異獸，名勝古蹟，有以散文之筆出之，有以詩歌詠之，讀這本書的人，可以洞悉臺灣的人情土俗，以後來此為官的人，可以做為借鏡，對施政有一定的幫助。這本書的價值序者認為可以與「《尚書》之〈禹貢〉、《周官》之〈職方氏〉，並垂不朽」。這樣的說法或有溢美之處，但說出了此書的主要的作意。另一本翟灝《臺陽筆記》，也有這樣的用意，吳錫麒在這本書的序上說：

> 世有讀書之士，居恆即以民社自任，及授之以政，非齷齪拘謹，即

〔註26〕周鍾瑄：《諸羅縣志》〈自序〉（第一冊），頁 4。
〔註27〕朱仕玠：《小琉球漫志》〈魯仕驥序〉，頁 2。

> 操切寡恩；其人之不足與圖治也可知矣。吾讀斯編，吾如見作者之
> 心。吾且願天下之同具是心者，即奉以爲治譜焉，則陰受其福者，
> 徒此荒濱遠島間而已哉！〔註28〕

翟灝批評一般讀書人在未當官時，常口口聲聲以國家民生爲念，一當官後便刻薄寡恩忘記初心，這種人是不配和他談論治道的。而翟灝寫成了這本書，則可以看出是一位以生民爲念，有心的官員，希望天下有此觀念的人們，把這本書奉爲施政藍本，那麼不論是治理臺灣或天下任何地方的人，都能對人民施恩造福。這樣的說法正是著書者最大的命意所在。

　　清領中期著有《東槎紀略》的文章大家姚瑩，其立言論事的目的無非如此。

　　《東槎紀略》吳德旋的序說：

> 石甫方以高才碩畫見重當世，造物者蓋將有以大用之，非僅于此書
> 爲足自表見也。然即此而觀，後之從事臺灣者必取其言以爲鑑，豈
> 非不朽之盛業也哉？石甫嘗謂余，有志立言之士，遇所聞見美惡，
> 皆宜據事直書，以寓勸懲之恉；乃克扶樹教道，而有補于人心。讀
> 石甫之書，足以知其識之宏而志之所存者遠矣！〔註29〕

吳德旋稱讚姚瑩「才高碩畫」，不只是一個有志於撰述文章的人而已，在經世濟民上也有很傑出的表現。姚瑩三度來臺，在臺灣頗有政績。文章以氣勢勝，說理辯駁頗能折人，留下的作品很多，從事治理臺灣政事的人，都會以其言論作爲參考。姚瑩曾經告訴他說，有志於「立言」的人，對所見所聞不論美醜，都應該秉筆直書，且要將勸懲之意放在其中，這樣才能發揮闡道翼教的功能，有補於民心士氣。姚瑩爲桐城嫡裔，文學觀念承襲家風，是「載道」論的服膺者，是以文章中「經世備治」之念處處可見。

　　同治年間丁紹儀所著的《東瀛識略》，同樣是這種思想的產物，此書所記十分廣泛而嚴謹，篇幅雖不長，但是一本很受重視的載籍。《東瀛識略》書前周式濂序說：

> 凡人讀書立說，咸思有禪於用。尋章摘句，固不足貴；即鎔鑄經史，
> 發爲偉詞，而於朝章政典、今昔形勢、閭閻風尚與夫因革損益諸端

〔註28〕翟灝：《臺陽筆記》，（台北市：臺灣文獻叢刊第 20 種，臺灣銀行經濟研究室
　　　　編印，1958 年 12 月），頁 1、2。
〔註29〕姚瑩：《東槎紀略》，頁 1、2。

委，不能察微知著、洞悉利病，甚或喜新非故、專務嚴刻，昧大體
而炫私智，縱言之娓娓動聽，而用之適足害道，則亦等之卮言，君
子無取焉。〔註30〕

他認為讀書立說之人，總是希望寫出「實用」之作，寫出的東西對人民有用，
才有價值。寫文章只知吟詠風月，雕章琢句本來就不值得珍貴，但有許多下
筆寫「實用」文章的人也未必高明，有的喜新厭舊，有的僅炫耀一己之智，
寫的文章看起來頭頭是道，但實際祇是在小地方下工夫，做些微不足道的東
西而已。丁紹儀則盡量避免此病，內容包羅萬象卻十分具體，《東瀛識略》的
用意就在「厚民生、移習俗，防微杜漸」〔註31〕為臺灣建立奠立一個堅實的
治理基礎。這個說法很明顯秉持的是文章以經世用世為主，對純粹文學的藝
術上的追求或主情的作品，則認為沒有什麼價值。

　　雖說有清一代相關關詩文作品中，頗多以優勢者的立場，對原住民進行
歧視的、污名化的描述，然而也有很多作家對「原臺灣人」，抱有很高的同情
與悲憫，在文章裡再三表達了這樣的關懷。「民胞物與」是中國傳統知識份子
可貴的情懷之一，他們藉文章、詩歌指摘社會之病，關懷弱勢族群，呼喚主
政者正視問題，解決弊端。在外來力量侵擾之下，臺灣原住民很快淪為「次
等階級」，恃強凌弱的情況不斷發生，社會因此動盪不安。是故許多寫作者將
筆鋒朝向這個方向，為原住民發出不平之鳴，希望有識之士能「致其良知」
改善這種情況，移民們也能善待番人。他們發出沉痛的呼籲，用相當強烈的
字眼，表達內心的期望。郁永河《裨海記遊》卷下說：「是舉世所當哀矜者，
莫番人若矣！」這個世界上最值得同情悲憫的，便是臺灣的番人了。阮蔡文
〈竹塹〉詩說：「鵲巢忽爾為鳩居，鵲盡無巢鳩焉徙。」鳩佔鵲巢已成為事實，
番人們只好四處遷徙流浪，十個番社有七八個都已人去社空，真是可悲。陳
肇興〈土牛〉詩說：「土番畏人如畏賊，自築土牛封其域。」土番飽受侵擾，
看到漢人就好像看到賊寇一樣，還建了「土牛」堆把自己為在裡面，來防禦
漢人。吳性誠〈入山歌〉說：「何物莠民敢戕害，罄竹難書其罪大。」，柯培
元〈熟番歌〉說：「生番殺人漢人誘，熟番被及唐人醜，為民父母慮其後！」

〔註30〕丁紹儀：《東瀛識略》〈周序〉，頁1。
〔註31〕丁紹儀：《東瀛識略》〈周序〉：「若杏於丁丈東瀛識略一編則異是。丈昔遊臺
　　　灣，就所見聞，筆誌而論列之，僅五萬餘言，而臺事已包羅備具；意在厚民
　　　生、移習俗，防微杜漸，奠嚴疆於磐石。」，頁1。

吳性誠指責惡劣的墾民，竟敢枉顧律法殘酷屠殺番人，刨人祖墳，奪人財物，惡行已到罄竹難書的地步，柯培元更說這些喪盡天良的漢人，官員雖無法遏止劣行，但要他們注意天理昭彰，小心報應會出現到子孫身上。

臺灣原住民的處境，是有道德感的人不能視而不見的，這些飽含情感的用詞用語，正是爲「弱勢者」發聲的具體表現，確是民胞物與精神的高度發揚。這些作家除了郁永河、陳肇興以外，都具有官職，甚且爲一方大員，他們負責地方政務，卻無法約束移民的惡行，可見當時官府力量不足的窘境，面對這樣的情況，只能以強烈的道德語言來做陳述了。

由以上的討論可以看出，這些作者的撰述心態是充滿「經世備治」、「民胞物與」的思想的，他們不希望自己的的作品僅止於娛情養性，僅止於鋪寫奇風異俗而已，寫出來的作品，是要意義的、有用的，足以淑世利他。

第四節　言必有據的創作風格

一、清初實學之風

明代的覆亡雖未必與文學的走向有關，其實主政者的腐敗、顢頇，社會經濟的崩潰，民心思變才是主因。然而遭受亡國之痛的明末大儒黃宗羲、王夫之、顧炎武等則認爲亡國與文學及學術有其必然的關係，因此對前朝的學術進行了強銳的批判，並且倡導「實學」以求達到國之復興。另外一方面，清朝以國家之力進行對反清思想的鎮壓，於是悼念故國、懷有黍離之悲，鼓吹節義、反映現實的作品，便容易受到壓抑。由於清初學者們的提倡，現實環境也不容許批判的作品出現，所以一種以考證、求實的學術風氣，逐漸成爲清代的主流，這種風氣也影響到文學的創作，這一路的思潮不僅希望文學創作要務實求眞，且應當具有淑世益民的精神，對風花雪月的、描寫個人情趣的作品，都在屛斥之列。我們看顧炎武在《日知錄》卷二十一〈文須有益於天下〉的意見：

> 文之不可絕於天地之間者，曰明道也，紀政事也，察民隱也，樂道之善也。若此者有益於天下，有益於將來，多一篇多一篇之益矣。
> 〔註32〕

〔註32〕顧炎武：《日知錄》卷二十一〈文須有益於天下〉，（台北市：明倫出版社，1970

文學之所以具有永恆性，存在天地之間不會消失，最重要的就在文章的內容
是否是在闡明正道，是否記述政事，體察民間疾苦，樂於談論善道。以這幾
個原則所寫出來的文章，是多多益善的。在〈又與人書二十五〉一信中說：「君
子之爲學也，以明道也，以救世也。徒以詩文而已，所謂雕蟲篆刻，亦何益
哉？」〔註33〕這段話很明顯的告訴友人，追求學問，就是爲了明道，就是爲
了拯救世人，不可去寫些搬弄辭藻的詩文。這個說法便是「以天下爲己任」、
「文以載道」的傳統儒家學術及文學創作的精神。他所倡導的這種觀念，影
響清代二百餘年。康熙二十三年（1684 年），臺灣納入清廷版圖，來自大陸的
官員與文士，也受到時代風氣的影響，文章有很大一部分便具備了這樣的特
色。檢視這些作品，泰半具有寫實的、應世的、考證的特質，而講求技巧性、
藝術性的作品相對少了很多。事實上清代文壇創作觀念頗爲多樣，以受到朝
廷大力鼓勵的詩壇大家王士禎，〔註34〕他所領導的神韻派，與乾隆年間袁枚
倡導的性靈派，〔註35〕就與顧炎武的「實學」精神大相逕庭。以臺灣爲創作
主體的作品中，幾乎完全無法見到神韻派與性靈派的作品，這與臺灣的草萊
初闢，移民社會的不穩定，文化的累積不足等因素有關，這樣艱難的環境，
要產生純粹性的，藝術性較高或具有富貴氣息的作品，是不太容易的。

　　以求實爲基礎的文學之風，可以從郁永河、黃叔璥、孫元衡、藍鼎元、
張湄、夏之芳、朱景英、朱仕玠、范咸、姚瑩、謝金鑾、劉家謀、鄭兼才、
鄧傳安、丁紹儀等人的作品中看到。這些人的作品基本上都以寫實、紀錄、
議論爲主，寫作的目的以「有益於世」最爲明顯。他們許多韻文作品裏，如
竹枝詞、雜詠、古詩等有一種特點，是前人詩風中少見的，這個特點便是夾
雜了很多的注解，這些注解是用來讓閱讀者更了解詩的內容的。如果沒有這
些解說，要經由直接閱讀詩句以了解所言爲何，通常是很困難的。例如孫元
衡《赤嵌集》卷二丙戌〈裸人叢笑篇〉一首：

　　年），頁 547，。

〔註33〕顧炎武：《日知錄》，〈又與人書二十五〉，頁 8。

〔註34〕王士禎（1634 年～1711 年）山東濟南人，原名士禎，字子眞，貽上，號阮
　　　　亭，又號漁洋山人。著有《漁洋集》、《漁洋詩》、《池北偶談》、《唐賢三昧集》
　　　　等。

〔註35〕袁枚（1716 年～1797 年）字子才，號簡齋，又號隨園老人，浙江錢塘人。乾
　　　　隆四年（1739 年）進士，選庶吉士，曾任溧水、江浦、江寧等地知縣。著有
　　　　《小倉山房詩文集》、《小倉山房尺牘》、《隨園詩話》，筆記體小說《子不語》
　　　　等。

鼉鼓轟林人野哭，舉屍燉炙睎以燠。蠅蚋不敢侵，螻蟻漫相逐。

埋骨無期兩頹屋，安置鬼牛與鬼鹿。鬼殘日夜傷幽獨。

（番死，鳴鼓而哭，火炙令乾，露置屋中，屋傾而後掩所遺，皆稱鬼物，無敢取者；
號其婦為鬼殘，眾共棄之。）〔註36〕

孫元衡記載了原住民處理死者的特殊方法，番社中有人死了，族人便擊鼓如雷，以告知眾人，眾人便會聚集在屍體旁哭泣。處理屍體的方式是升火將屍體烤乾，這樣的話蚊子蒼蠅便不會靠近，連螞蟻之類的昆蟲也不會來啃噬。死者就放在屋內，時間久了以後，屋子倒塌，就連屍體一起掩蓋住了。去世者的遺物沒有人敢拿取，稱做「鬼物」，死者的妻子被稱為「鬼殘」，她被視為不吉祥的女人，部落中的人會共同拋棄她。這首詩所述的情形，若非作者自己注解，要讀懂詩中的意思並不容易。〔註37〕

朱仕玠〈瀛涯漁唱〉一首：

鳴螿幾日弔秋菰，出網鮮鱗腹正腴。

頓頓飽餐麻虱目，臺人不羨四鰓鱸。

（麻虱目，魚名。狀如鯔魚，細鱗。產陂澤中，夏秋盛出，臺人以為貴品。）
〔註38〕

這首詩中所說的「麻虱目」是一種養在南部池塘中的淡水魚類，這種魚類每年七月至十月盛產，是南部人們喜好的魚類，養殖的情況甚為普遍，是民眾日常常吃的食物，直到今日仍是如此。臺灣的人對吳中所產知名鱸魚，一點也不羨慕。朱仕玠乾隆年間來此為官，虱目魚盛產時期餐餐都有得吃，所以把牠寫入詩篇中，這種魚類在大陸難得看見，知道的人不多，所以特別加以說明。

劉家謀〈海音詩〉一首：

黑齒偏云助艷姿，瓠犀應廢國風詩。

俗情顛倒君休笑，梨荗登盤厭荔枝。

（婦女以黑齒為妍，多取檳榔和孩兒茶嚼之。按《彰化縣志》〈番俗考〉：「男女以

〔註36〕孫元衡：《赤嵌集》卷二丙戌，頁27。「鬼殘」一詞出自陳第的〈東番記〉。
〔註37〕孫元衡這個記述恐怕有許多不確實之處，以火烤乾屍體的做法，並未見清代臺灣相關的著述中。所謂以「鼉鼓」召集族人的做法，也有問題。臺灣不產鼉魚，所擊之鼓，大都為木製的。視死人遺物為不祥之物，盡量丟棄，則是許多族群共有的行為。
〔註38〕朱仕玠：《小琉球漫志》卷四，頁36。

沁澀或芭蕉花擦齒，令黑」；蓋本番俗也。梨仔茇，即番石榴。味臭，番酷嗜之；
見鮮荔支，反以爲惡。）〔註39〕

臺灣婦女以黑齒爲美，常用檳榔和「孩兒茶」來染黑牙齒，讓人驚艷。他們
對梨茇（番石榴）的喜歡超過荔枝，梨茇口感欠佳，風味遠不及荔枝，好尙
差異如此大，令人不可思議，這是臺地特有的風俗，別處不容易見到。在吟
詠風土這類作品中加注說明的情形特別的多，會產生這樣的現象，除了是清
代「實學」風氣的影響外，一方面是作者希望人們讀懂詩中的意思，一方面
因爲詩是精練的文字，受到字數、押韻、平仄的限制，無法像散文那般將意
思完整的表達，因此便用附注解說的方式加以說明，讓人們知道所言爲何。
這種詩作再加注解、考證的風氣在清代十分盛行。如：吳振棫〈迎梅送梅曲〉
之一：

　　四月麥黃，五月梅黃。新蠶入簇雨氣涼。（俗有蠶黃梅之説。）逢壬非
　　遲。逢丙非早。有水飲牛莫懊惱。（碎金集。逢壬入梅，神樞經。逢丙入梅，
　　崔寔農家諺。雨打梅頭，無水飲牛。）東畦樹麻，西畦樹穀。簑衣笠帽堆
　　滿屋。（吳下田志。黃沒三時才出門。簑衣笠帽必隨身。）其來其來雨有足。
　　〔註40〕

　　謝元淮〈鹺言〉二十首之一：

　　兩淮引稅額，歲納百萬強。

　　　（懷南北共行綱食鹽一百六十八萬五千四百九十二引。計正課銀二百十九萬七千二
　　　百七十二兩。又雜項雜費百餘萬合三百餘萬兩。）

　　虧帑七千萬，毋乃太不良。

　　合計二十載，一錢未輸將。

　　　（道光十年清查兩淮庫款。虧七千餘萬兩。以每年三百萬計之。是國家二十餘年未
　　　收兩淮一錢。而說者藉口報效，謬也。）

　　公家置不問，裘馬仍揚楊。嗟此公家賦。〔註41〕

〈迎梅送枚曲〉之一寫江南四五月的情景，詩中引用俗語、諺語、《碎金集》

〔註39〕　《臺灣雜詠合刻》〈海音詩〉，頁 15。臺灣原住民有拔齒與染齒兩種方式，見
　　　　連照美：〈臺灣史前時代拔齒習俗之研究〉，《文史哲學報》第三十五期，1987
　　　　年 12 月。
〔註40〕　《清詩鐸》卷一，頁 5、6。
〔註41〕　謝元淮著有《養默山房詩稿十卷》（嘉慶二十五年（1820 年）刻本），《碎金詞
　　　　譜》清道光二十四年（1844 年）。詩見張應昌編：《清詩鐸》卷三，（北京市：
　　　　北京中華書局，1980 年），頁 87。

來補充詩意未及之處。謝元淮〈鹺言〉二十首之一加註說明的情形最爲明顯，
註解中有食鹽的生產數字，虧損數字，雜費統計數字，還包含議論、批判。
這類詩作往往引經據典，或作大量的說明，文字甚多，遠遠超過原來的詩句。
有時注解的內容反而比詩句更有可讀性，而詩句因爲主要在敘事，減少了詩
的想像空間與韻味，造成喧賓奪主的情形。

　　這種以詩記事、以詩敘事、以詩議事的風格，事實上已將詩寫成了有韻
的散文了，看不到純粹詩藝的講求。所謂神韻與性靈，更非這些詩人追求的
目標。綜觀清代詩壇這類詩作數量甚多，循此路線創作的作家彼彼皆是，是
一股重要的寫作潮流。

二、「肌理說」的建構與影響

　　清代臺灣詩作，以詩記事、議事、好用典故、引註說明的作品非常多，
尤其是以原住民爲主題者。這樣的詩風由康熙年間郁永河的〈土番竹枝詞〉
到乾隆年間范咸的〈臺江雜詠〉、再疊、二疊，咸豐年間劉家謀的〈海音詩〉，
光緒年間王凱泰等的〈臺灣雜詠〉三十二首，續詠十二首，都有這樣的情形。
這樣的寫作風格與理念，在此之前是較爲少見的。創作者寫這類作品，必須
要有一定的理論支撐，或文壇風氣習染，否則就不能爲時代所接納。如前所
述，清代考據尚實之風最盛，這種要求「言之有物」、「言之有據」的觀念，
也反映在文學創作之中，而爲具有這種特色作品提出理論基礎的，則是翁方
綱〔註 42〕。翁方綱有名的〈肌理說〉是清代重要的文學理論之一。他在〈志
言集序〉提到了〈肌理說〉的基本觀念：

> 然則在心爲志，發言爲詩，一衷諸理而已。理者，民之秉也，物之
> 則也，事境之歸也，聲音律度之矩也。……義理之理，即文理之理，
> 即肌理之理也。
>
> 士生今日，經籍之光，盈溢於宇宙，爲學必以考證爲準，爲詩必以
> 肌理爲準。〔註 43〕

所謂「肌理」指的是人民所秉持的道理，是萬物的法則，是聲音、格律的法

〔註 42〕翁方綱（1733 年～1818 年），字正三，號覃溪，順天大興人，二十歲成進士，
　　　　官至內閣學士。著有《復初齋文集》、《復初齋詩集》、《石洲詩話》等。

〔註 43〕引見黃保眞、成復旺、蔡鍾翔：《中國文學理論史～明清鴉片戰爭前時期》〈第
　　　　三章清代的詩論〉，（台北市：洪葉文化出版社，1994 年），頁 594。

度。文章的作法，就是依循萬物之理而來的，這個「理」便是所謂的「肌理」。
讀書人生活在今天，可以看到傳統經籍所散發的光芒，充滿了宇宙，所以做
學問必須以考證之學爲基礎，寫詩也要以「肌理」爲原則，這樣的詩才有源
有本。在〈粵東三子詩序〉一文他繼續闡發這個理論：

> 士生此日，宜博精經史考訂，而後其詩大醇。詩必精研杜、韓、蘇、
> 黃，以厚其根柢，而後其詞不囿於一偏。〔註44〕

在今天的讀書人，應該要廣博的閱讀經史，熟悉考證之學，如此所作的詩才
能夠精醇，寫詩的人一定要詳細探究杜甫、韓愈、蘇東坡、黃庭堅的作品，
這樣根柢才能深厚，如此在用辭寫意的時候才不會偏頗，才不會受到拘限。
翁方綱所提到這四位詩人，都是以博學著稱，作品中鎔鑄經史子籍，以「學
問」入詩的作品甚多。這樣的作品便是翁方綱「肌理」說的主要理論，其實
這個理論就是「徵聖」、「宗經」的觀念再加上一個「考證」而已，而這樣的
創作，便是有根柢，有內容的作品了；是有血有肉，是不虛浮空泛的作品了。
這樣的說法自然有其言之成理之處，然而也不難看出創作者藉以顯示才情，
炫耀學問，強做解說的現象。由這個觀念的闡述、發揚便不難想見，何以清
代臺灣詩歌中，有這麼多風格類似的作品。當然清初顧炎武等人開始，以「實
學」來倡導學術及創作的理念，也對時人之作有著巨大的影響。不過對顧炎
武、翁方綱的詩歌創作觀點並非人人都願接受，以「性靈」爲創作原則的袁
枚，不主張以「學問」、「考證」爲創作的原則，他對詩壇流行這樣的詩作很
不以爲然，曾有多次的批評，在袁枚《小倉山房尺牘》卷七〈寄奇方伯〉上
說：

> 考據之學，枚心終不以爲然。大概著書立說，最怕雷同，拾人牙慧。
> 賦詩作文，都是自寫胸襟，人心不同，各如其面，故好醜雖殊，而
> 不同則一也。考史證經，都是從故紙堆得來。我所見之書，人亦能
> 見；我所考之典，人亦能考。雖費盡力氣，終是疊床架屋，老生常
> 談。〔註45〕

袁枚反對以考據之學入詩作文，認爲詩文應該是很自然的由內心中流露出來

〔註44〕引見黃保眞、成復旺、蔡鍾翔：《中國文學理論史～明清鴉片戰爭前時期》〈第
　　　三章清代的詩論〉，頁613。
〔註45〕袁枚著，范寅錚校注：《小倉山房尺牘》，（長沙：湖南文藝出版社，1990年），
　　　頁400。

的情感，每個人的情感又大不相同，所以對應於萬事萬物也不會相同，寫出來的作品也會有好壞不同的面貌，但只要是出自內心的即可，就是真性情，就有價值。借重舊籍典故的詩文，大多是拾人牙慧，模擬別人的感情，基本上不是真感情，所寫的東西大多雷同，沒有太大的價值。想從故紙堆中找尋詩作的靈感，可以說是人云亦云，白費力氣了。袁枚認為考證之事不必太多智慧，你能找到的資料別人也可找到，在舊籍中堆疊舊東西，是沒有意義的。《隨園詩話補遺》卷一針對如翁方綱一派的創作及理論提出批評說：

> 近日有巨公教人作詩，必須窮經讀注疏，然後落筆，詩乃可傳。余聞之笑曰：且勿論建安、大曆、開府、參軍，其經學如何；只問「關關雎鳩」、「采采卷耳」，是窮何經何注疏，得此不朽之作？〔註46〕

袁枚舉出從詩經以來的作品為例，再講到建安七子、大曆十才子、庾信、鮑照等以才情取勝的詩人作品，認為詩本來應該是由人的真情噴湧而寫出來的，與知識學問無關，好的作家根本不需要讀太多的書，研究太多的注疏，不是讀了大量先聖先賢的作品，這樣才能下筆，才能寫出好文章。有清一代這樣的爭論頗為呶呶不休，詩文大家各有所取，各有所依，翁方綱的理論在黃保真、成復旺、蔡鍾翔等人的《中國文學理論史——明清鴉片戰爭前時期》〈第三章清代的詩論〉中是這樣評論的：

> 如果說王士禎的詩論充份暴露了品味方法的欠缺，那麼清中葉考據學鼎盛又為歸納方法的發展創造了空前有利的條件。而學習過王士禎的詩學又精於訓詁考據的翁方綱，就成了發展黃庭堅、葉燮、趙執信這條思想線索，以訓詁考據的求實精神批判綜合王士禎的詩學，改變詩歌研究的最合適的承擔者。〔註47〕

文中認為清初大家王士禎並沒有建構出一套完整的理論，承繼的只是司空圖、嚴羽等人的詩論，使得後繼者沒有依循的根據。過於玄虛不可捉摸的神韻，畢竟難以讓才情不足的人難以步武。是以以學問取勝的「肌理」派，便獲得了許多人的認同，成為許多人創作的依歸。翁方綱本來走的也是王士禎一派的路線，後來受到考據學風的影響，綜合歸納了一套詩學理論，這理論

〔註46〕 袁枚：《隨園詩話補遺》卷一，《傳世藏書》（海口：海南國際新聞出版中心，誠成文化出版社，〈文藝論評〉（1），1995年），頁1196。
〔註47〕 黃保真、成復旺、蔡鍾翔：《中國文學理論史～明清鴉片戰爭前時期》〈第三章清代的詩論〉，洪葉文化，1994年，頁616。

援引了由宋代黃庭堅以來的詩學風格，使用了葉燮、趙執信等人的創作為例證，發展出而這個理論，檢視在清代臺灣的作品中，如：郁永河、孫元衡、張湄、夏之芳、朱仕玠、范咸、劉家謀、黃逢昶、王凱泰等詩作，可以非常清楚的看到這種詩風，也是很明顯的特色。這樣的詩作走的不是才氣神韻一路，不是用來抒發作者內心情感，主要還是在如實紀錄，以合於世用為原則，引經據典，則為了充實內容，以言必有據為準則，使作品看起來「肌理」厚實。

不過這樣的詩作用之過度，讀之也會令人生乏，過度引用書籍，大作考證文章，炫燿博學，使詩作神韻盡失，理智勝於情辭，缺少感性之美，是這類詩作偏執之處。如：范咸〈再疊臺江雜詠〉之一首：

> 零丁避世有遺民（沈文開雜記：零丁洋之敗，宋人遁亡至此），重譯還疑似女真（或云女真遺民，以語有多羅相似）。山上礧房成澤國（大岡山頂多蠣房），洞中橘樹爛樵薪（志稱：鳳山民樵採於岡山，入一石門，庭花開落，桔樹徑圍，有犬從內出，見人搖尾，隨犬曲折縱觀。歸再往，竟失其處）。鹿場漸已除荒圃（番社捕鹿，各有鹿場，今皆開為田矣），蟒甲於今度漢人（蟒甲，獨木舟也）。底事人居同一室，僅分衽席夜橫陳（番社舉家一室）。〔註48〕

范咸在詩中引用了沈文開的雜記及《臺灣府志》等的記述，來作詩句的補述或考證，說臺灣的住民中有些來自南宋末年，零丁洋之役後，許多原為金朝的因為害怕為元兵殺害，於是渡海來臺，久之也成為島民。證據是原住民有些語言與金人用語相似。又鳳山的岡山有樵夫入山，見到疑似仙人所居的地方，這是劉晨入山故事的變形，〔註49〕《臺灣府志》加以採錄，范咸作詩又加引用。這首詩夾雜許多說明文字，造成閱讀上的阻礙，使得詩意很難貫串。在詩的字詞使用上，十分平淺，敘事性遠高過文學性，缺乏音律之美。另外如劉家謀的〈海音詩〉中也有不少這樣的例子：

> 愛戀曾無出里閭，同行更喜賦同車。
> 手牽何事輕相放，黑齒雕題恐不如。
> 《諸羅志》番俗考：『夫婦自相親暱，雖富無婢妾、僮僕。終身不出里門，行攜手、坐同車，不知有生人離別之苦』。臺俗：夫婦雖相得極歡，鮮不廣置妾媵，甚且出為冶遊；反目，輒輕棄之。婦被棄於夫，亦無顧戀；馬頭覆水，視為故常。何

〔註48〕六十七：《使署閒情》卷二詩（二），頁44。
〔註49〕東漢人劉晨、阮肇入山遇仙的故事，源出於劉義慶《幽明錄》。

乃少結髮情耶？內地來臺者，每娶臺婦，久亦忘歸；及歸，則未作飛蓬之嗟，已
違就木之誓！地氣之薄也，抑人心之澆歟？番俗可以風矣。俗娶妻，曰「牽手」；
棄妻，曰「放手」。〔註50〕

整首詩句不過二十八字，解釋考證的文字多達一百八十餘字，大肆引用《諸羅縣志》、臺灣俗語、原住民語言來做背景說明。在閱讀上解說的內容比詩句更有價值，足以讓人看到清代中葉臺灣人們夫妻關係的情形。原住民雖然富有但不會蓄養童僕、婢妾，大部分的原住民終身不離開家鄉，夫妻出門手牽著手，坐在同一輛車上，關係融洽。但「臺灣的人」則不然，雖然夫妻感情很好，但丈夫還是要娶妾，還是要冶遊。夫妻若反目，彼此不會留戀，如水潑在地面不可收回。把夫妻離異視為常態，不以為意。內地來的人與番女結婚，也是易聚易散，離開時毫不眷戀。劉家謀認為原住民之風令人讚賞，而臺俗則令人嘆息。若僅由其詩作短短的數字，是看不出這麼多現象的，這是解說勝過詩作的怪現象。強調詩的寫實性、功能性是清代詩作中的一大特色，不單是來臺灣的創作者如此，如前所引謝元淮〈鹺言〉也有這樣的情形：

兩淮引稅額，歲納百萬強。虧帑七千萬，毋乃太不良。

（淮南北共行綱食鹽一百六十八萬五千四百九十二引。計正課銀二百十九萬七千二
百七十二兩。又雜項雜費百餘萬合三百餘萬兩。）

四句詩短短二十字，不能表達出作者所想反映的事情，於是便在其中夾雜了說明文字，且將課稅及雜項費用以數目字表達出來，讀其詩如讀帳簿文字，實頗棘人耳目。這種以考證、以學問入詩的作法，顯得使用過度，缺乏情感的成份，難怪袁枚等以性靈為詩的作家們，會對此類詩作提出批判了。

一個自古以來即為「非我族類」的「他方異國」，因為政治的領有，接著便出現了文化納編的過程，各種類型的記述，文學化的書寫等實際上都是一種「轉化」的做法，記述者將「臺灣」的一切運用實察、套用、挪用、取捨、編造等的方式，將臺灣寫成一個「中國人」所熟悉的「文本」，讓中國來的人能夠逐步的熟悉這個地方，能夠由文字了解這裡的一切。有關臺灣的題材雖然是新的，描述方式與意識卻沿襲了舊有的傳統，這種以寫實、考證為基礎的表現法，將臺灣的風土以及原臺灣人，以一種「異化」、「混雜」的面貌建構出來，在二百餘年間形成了一套中國式的邊陲記述特色。

〔註50〕《臺灣雜詠合刻》劉家謀：〈海音詩〉，頁13。

第九章 結 論

　　本論文以清代臺灣文獻中，有關原住民的漢語記述作爲研究對象。在諸多文獻資料裏予以分類論述，呈現其要點，分析其內容，辨明其書寫模式；引用中西方理論，以批判或彰顯其文化、社會的特殊現象。行文的主要脈絡可歸納如以下：

一、原住民名稱探源定位

　　有關臺灣最早的漢文記述，能夠確定的大概出現在元代中期。在此之前的記述，有的是大陸沿海省份（福建、廣東），或是琉球、或是日本附近的島嶼，與臺灣實不相關，明代以後的記載才進入比較可靠的階段，臺灣才在文獻中明確地被記述。前人引證《漢書》、《後漢書》、《三國志》等的記載，希望能找到中國與臺灣歷史悠久的關係，但所引的資料都不能找出確證，上溯於兩漢、隋唐的討論，其實本質上是一種「文化納編」與「政治納編」交互的工作，期望建立中國人在臺灣的正當性。本文多方引據、考定，確定臺灣進入可靠的「中國記述」的時期，在這方面有突破性的論證。臺灣住民在傳統中國的書寫裏，籠統的有「蠻」、「夷」、「東番」等泛稱，明初以後「東番」之名才確定指的就是臺灣。東番除了是地名，指的也是生活在這座島上的族群名。鄭氏來臺前後，東番之名逐漸不被人使用。滿清領臺後，對此地的原住民有各種「番」的稱呼，亦即所謂「生番」、「熟番」、「野番」、「散番」、「平埔番」、「高山番」等，非常多樣，然而各類載籍的詞語定義並不精確，沒有統一的規範，在意義上顯得混淆難明。本文溯其源，理其流，定其詞，對相關文獻進行辨析與分類，將「臺灣」以及「原住臺灣的人」，做一整體性的辨

正，相信在這方面的釐正研究，是非常完整而深入的。

二、改造同化與好異尙奇

　　臺灣是清朝國家力量的擴張，也是眞正比較有意的經營這孤懸於大海之中的政治力量。其後，移民大量的進入，對臺灣的拓墾逐步展開，傳統中國的政治模式也隨之移入此地。而原居此地的住民，便在優勢力量下受到制約與支配，成爲受支配的種族（subject races）。來臺的官員受命於朝廷，治臺的政策決定於朝廷，對「夷狄蠻番」的觀念則源自傳統歷史文化，他們的記述許多源自於傳統經典及筆記小說的轉化，所寫的並非實際情況，往往是以舊有的閱讀經驗去「摹寫與再製」。臺灣處在帝國力量的邊陲，一切發展都受到中央政策的指揮，而負責執行的官員，則努力將此地中國化，使之成爲國家的一部分。這種支配力量明顯表現在政治、文化、經濟、教育等各方面，原住者僅有接受一途，縱然曾有反抗與衝突的表現，但隨即因力量不足而妥協或消亡。自古以來在「中國人」的觀念中所謂「臺灣人」就是非我族類，代表的是一種野蠻的、尙待教化的人群，這些人們需要經過改造，需要禮教，讓他們逐漸變成「像我們一樣」的人群，教化成功之後才算是眞正的「人」。在此之前，僅屬於與禽獸同類的階級。有清一代大量采風錄俗，議政論事，紀錄語音的作品，其目的即呈現了「改造同化」的意涵。

　　當嘗試探討清領時期臺灣原住民的種種時，很弔詭的是必須依賴「統治者」的敘述與詮釋，而這些記述，無疑的仍是充滿主觀的意志。原住民一直到清領末期才有一些基本的漢語撰述能力，就算有此能力，也僅能在漢人建立的論述模式中依樣重述，無法發出自己的聲音，表達意念。然而這些漢語文獻，其實有相當大的再詮釋空間，只有「統治者」的發言自然不可能公正客觀。有清一代的書寫觀念與敘述，畢竟屬於一種源遠流長，非常固定的模式，試圖重新詮釋與架構這些文獻，其間的縫隙、誤讀、錯置可能是難以避免的現象。

　　由郁永河的《裨海紀遊》、朱仕玠《小琉球漫誌》、董天工《臺海見聞錄》到唐贊袞的《臺陽見聞錄》這些個人著作，都免不了好異尙奇的書寫。臺灣本非中國領土，島上民族一直異於大陸，此地原住民的奇風異俗，對來臺的人來說是一種嶄新的體驗，記述其「文化差異」與「海島經歷」往往才是寫作的重心。由於清廷消極的態度，直到清領末期，臺灣東部及中央山脈地區，

仍有許多「化外」之民，這些原住者仍保有自己的領域，保有傳統習俗。二百餘年來原住民的風俗、禮儀、傳統文化種種，對漢人來說仍是神祕難測的，仍是缺乏了解的。由於不能充分了解，以致造成很大的想像空間。這個想像空間往往被異國情調式的、訛言的、編造式的想像所填充，因而有了很多的傳奇的、匪夷所思的說法。而這類「訛誤」式的、誇誕的說法，是許多來到荒僻之境的書寫者，十分喜愛的題材，這種好異尙奇的心態，甚或將之妖魔化的記述，充分的表現在臺灣原住民的書寫之中，兩百餘年之間時有所見，是有必要加以闡明、辨析的。

三、多樣的記述模式

　　有清一代的記述者依其出生背景、涉臺經歷，有移入、流動、地著等的不同，因經歷及意識有所歧異，其書寫的心靈視角也有差距。移入者如：沈光文、黃清泰、吳子光等會有他鄉、故鄉的牢結，過去與當下的經驗相互糾纏，無法既來之則安之，亦難以擺脫客居的心態。流動者通常爲遊宦之士或旅行者，如：郁永河、藍鼎元、黃叔璥、姚瑩等人，他們對此地通常帶有審視的眼光，將所聞所見作印象式的鋪寫，往往只有「觀看」、「介入」而非「參與」的距離感。臺灣畢竟只是他們生命中的一個驛站，記述的僅爲遊歷過程的觀感，一個時段的對應而已。因爲原住民的種種是治理臺灣問題的一大重心，所以成爲流動者必須涉及的題目，有清一代，這樣的記述者比率最高，所留下的文獻也最多。地著者如：陳輝、陳文達、卓肇昌、王克捷、李欽文、陳肇興、鄭用錫、林占梅等人，是移民入臺後出生的文士；與流動者不同之處，在於與地方關係的關聯性，此地的種種變動實際上與他們休戚與共。原住民雖「非我族類」與他們「階級」不同，在描述時的基本心態仍是強勢者對弱勢者，但因與其生活及經濟利益相關，所以作品中較有「我」的成分。

　　就作品客觀呈現的角度方面來說，有以全島作爲範圍，有以地區爲範圍，以全島性爲視角的作品，如：高拱乾〈臺灣八景〉、夏之芳〈臺灣雜詠〉、謝金鑾〈臺灣竹枝詞〉、林謙光〈臺灣賦〉、王克捷〈臺灣賦〉等作品。他們所旅涉之地僅爲南臺灣一帶，對北臺灣及東臺灣皆缺乏認識，作品冠以「臺灣」實際上有其不足之處。王凱泰的〈臺灣雜詠〉、何澂〈臺陽雜詠〉、馬清樞〈臺陽雜興〉之作，雖以全島爲範圍，但了解不夠深入，所論人云亦云之處甚多。以全島視角爲範圍的作品，一般說來較爲空泛，且有以偏概全、取樣拼湊之

弊。比較起來地區性的作品如：黃清泰〈觀岸裏社番踏歌〉、陳肇興〈土牛〉、〈番社過年歌〉等，因爲對地方了解較深，與原住民頗有接觸，較具有針對性、準確性，價值較高。

對原住民的關懷或歧視則是另一番視野，視其人爲「番奴」；認爲他們與禽獸無異，譏諷其風俗野蠻，這樣的書寫所在多有；孫元衡、藍鼎元、朱仕玠、丁紹儀都不能免其病；抱持同情悲憫之心，爲其艱困處境代言的作品，在郁永何、夏之芳、柯培元、吳性誠、陳肇興的詩歌裏顯現，此種爲弱勢者發言，批判政治、社會病徵之作，具有可貴的反省精神。

四、用典實錄與重述增補

有清一代考據之風最爲興盛，不論是學術或文學創作上都可看到這種現象。梁啓超說：「清儒嗜古成癖，一切學問，皆傾向於考古。」[註 1] 在大量記述、吟詠臺灣原住民的竹枝詞、雜詠、古詩、律詩等，都附註了冗長的註腳。郁永河、黃叔璥、朱仕玠、范咸、吳子光、劉家謀、王凱泰、陳衍等作品都有這樣特點。詩爲精練的文字，且必須合乎字數及平仄、押韻的要求，在記事、敘事上常無法達到言盡其意的要求，是以加以說明註解，才能完全表達作者的作意。而這些附註常會說明詩中典故的由來，或對所述之事進行考證。這種詩作風格，翁方綱提出「肌里說」來詮釋這個現象，認爲寫作者要精於「經史考訂」，然後詩作才可「大醇」。他標舉了杜甫、韓愈、蘇軾、黃庭堅等人的詩作爲典範，這些詩人的風格的一大特點即是「以文入詩」、「化典入詩」。翁方綱的理論爲這樣的風格，提出了理論上的敘述與支撐。不過我們可以看到這些詩作，往往有不堪負荷之病，因爲作者在附註中長篇累牘的文字，往往淹沒了詩性情的一面。太多的說明造成韻味全失。作者刻意以不適用的工具來記載，一方面是時代考證學風所影響，一方面也是作者有意馳騁文才，以示學識淵博之故。以功能性來說，這些說明文字確實對了解當時原住民的生活有所幫助，如果沒有這些註解，是無法從那些敘事簡略的、意念跳脫的詩句中，看出原住民特有的風俗習性。

有清一代有關原住民記述還有一項特色，便是重述與增補。寫作者依前人的作品加以重新編寫、改述，或增加內容補充說明；綜合他人的書寫進行

[註 1] 梁啓超：《中國近三百年學術史》〈清代學者整理舊學之總成績（三）〉，（台北市：華正出版社，1979 年），頁 351。

「再書寫」，這樣的寫作模式其實也是中國傳統的著述方法。「再書寫」的做法具有積累、修補的功能，能使被記載的對象在文獻資料不斷累積之下，變得更清楚、更完備。但其中也有割裂、雜抄、變造的「訛奪式」的纂修現象。這「訛奪式」的書寫造成許多不必要的錯誤和混淆，誤導了真實現象，此類粗疏的撰述，在這個範疇內可謂彼彼皆是。所以辨明書寫脈絡，何者為源生史料，何者為衍生史料，何者為增補史料，何者為改造、雜抄史料是相當重要的。重述與增補的寫作情形，不僅出現在史傳、方志、個人雜記之中，許多詩歌之作也有這樣的情形，如吳廷華〈社寮雜詩〉、范咸〈臺江雜詠〉、盧觀源〈臺陽山川風物迥異中土因就遊覽所及誌之以詩〉、孫爾準〈臺陽雜詠〉、王凱泰〈臺灣雜詠〉等作，都可以看到前人作品的影子。這些作品出現的「經典化」（canonize）現象，套用或鑲嵌「刻板用語」；下筆粗疏的「臺灣化臺灣」、「番人化番人」的情形，可以說是屢見不鮮的現象了。

　　本論文針對用典實錄、文學紀錄化紀錄文學化、重述增補這幾個書寫模式，進行分析討論，彰顯其寫作特色，指出其缺失。

五、原漢接觸史的勾沉再現

　　在二百餘年來的書寫記述裡，我們可以看到原住民經歷了三個階段：「入侵與宰制」、「衝突與改變」、「萎縮與同化」，到清領末期大部分的原住民都喪失了原有的文化、歷史，成為臺灣被遺忘的、被忽略的部分。本文嘗試將相關的文獻資料加以排比、論述，希望喚回這一段鮮少人注意的部分，事實上在〈清代文獻中漢字擬音的運用〉、〈漢字原住民歌謠考釋〉兩部分，本文企圖達到部分「還原再現」其族群文化的用心。當然這種「還原」或「重寫」基本上是具有「重劃疆界」（Redrawn Frontiers）、「重定議題」（Redefined Issues）的意識在內，〔註2〕傳統的記述，並未給予臺灣原住民公平的描述，「番人化番人」式的書寫，是必須加以注意及釐清的。有關「原住民語漢字擬音」的討論，為研究的新領域，其中可以發展的議題甚多，本論文提出的比較研究及分析，具有開創性的意義與價值，足以修正許多既有的論述。日據五十一年，甚或中華民國的八十年代，在這方面也極其缺乏，事實上這種建構，是帶有顛覆性與批判的意識存在的。而「過去」的「還原再現」是往往充滿想

〔註2〕薩伊德著，王志弘等譯：《東方主義》修訂版〈重劃疆界、重定議題，世俗化的宗教〉，頁175。

像的，然而這樣的呈現，「議題」的設定，或許正是在臺灣歷史的縫隙，在其偏頗性裡，做一種理應如此的「填補」。雖然，「還原再現」基本上一個不可能的任務，必然出現選擇性的邏輯（alternative logic），〔註3〕也可能只不過是殘肢缺體的變形或重組，〔註4〕不過，這仍然是種「嘗試驅近」的過程與努力。

〈文獻記述中原漢衝突〉一段中擇錄的詩文，是臺灣歷史中最無人願意面對的紀錄，是埋藏在幽暗角裡無聲的哭泣。以原住民的角度而言，這一段歷程卻是不可抹滅的族群傷心史，也是探討清代原住民處境重要的一頁。在探討相關文獻時，有必要以誠實的態度，反省這段充滿血腥氣味的時代悲劇。在「移入的臺灣人」取代「原臺灣人」的過程裡，當然可以看到許多歧視性的記述，但也有許多具有文學良知的詩文作品，對弱勢者的關懷與發言，這類詩文雖率多用語質樸，平鋪直敘，然而其價值遠高過吟風弄月，雕琢技巧的作品。討論這種大清帝國治下「次等人」歷程的「再現」，不論如何都是代表一種顛覆與反撥，都是被迫瘖啞者的再度發聲。

一個健全的國家社會，必然是個彼此尊重、多元發聲的社會。一個勇於面對歷史，具有反省精神的文化力量，才是化解矛盾，奠立堅實國家的堅實基礎。有清一代的漢文原住民書寫，所包含的不僅是文學的意義而已，涵蓋了外族入侵，社會變動，文化消長等種種訊息。

本論文在〈原住民名稱釋義〉的討論上可說是目前最為完整的論述，釐清了文獻中混淆不清的各種「番名」。〈清代文獻中漢字擬音的運用〉、〈漢字原住民歌謠考釋〉的闡釋與對論，開創了新的研究途徑，相信可以引發學者後續性的多樣發展。在中國對異民族、異文化傳統記述方面，做了探源索流的，大範圍的，多方位的考證，判定了元代以前所有文獻所載的資料，皆無述及臺灣者，中國文獻所載可確定為臺灣者，應遲至元代中期以後，其中並有許多新見，如《漢書》所提及之「東鯷人」，實即捕食迴游於日本至臺灣沿海一帶的人群，而「鯷魚」即臺灣常食之「勿仔魚」。在〈文學作品中的原住

〔註3〕 約翰・雷克斯著，顧駿譯，顧曉鳴校閱：《種族與族類》〈種族主義、制度化的及其他〉，頁132。

〔註4〕 薩伊德著，王志弘等譯：《東方主義》修訂版〈現代英、法東方主義的極盛時期〉，薩伊德認為「所有再現都是有目的的」並引用羅蘭・巴特說法：「或者就像羅蘭・巴特談到所有語言運作時所說的，再現是肢解變形。」頁397。這樣的看法僅能說是種對傳統書寫的批判與提示，並不能解決歷史書寫的盲點與侷限，這樣的論述價值在於批判與提示。

民〉一章則整理韻文、非韻文兩類文學作品，劃分其時期，辨別其體類。針對「異域他方」式的創作，形式上「系列與重複」的特色，作家的辨正、作品的訛誤，做詳細的討論，解決了許多存在許久的疑點；提出「竹枝詞」，的「竹枝」為擬聲定字的新體詩，與「竹枝」實物無關的論證。清代移民大量湧入臺灣後，與原居此地的族群產生各類的矛盾，這種強勢族群與弱勢族群的爭鬥，為人類歷史上常見的現象，但由歷史的詮釋權掌握在執政者上，被征服者的聲音往往遭到掩蓋。不過有相當多的詩文作品，以不同心態記載了各階段的衝突過程，這段歷史的討論一直是在臺灣研究中缺席的。〈文獻記述中原漢衝突〉一章就以「逆寫（Writes Back）」，「反殖民（Anti-Colonial）」的寫作意識，列序其文本，以原住民為主體，使用多重視角探討這些詩文。

總之，清代的原住民基本上是無文字書寫能力的，本文企圖了解他們的在清代的種種，尋找所謂「原臺灣人」的身影，必須經由移入者的記述，才能見到他們的面貌。所謂「漢語文獻記述」基本上是累積有三千多年的傳統模式，有關臺灣的書寫，都是「有本有源」，不論是策、議、論、辯或詩、詞、歌、賦深受傳統影響，找得到寫作的源頭。在愛德華・薩伊德（Edward Said）、博埃默（Elleke Boehmer）、比爾・阿希克洛夫特，嘉雷斯・格里菲斯，凱倫・蒂芬（Bill ashcorft，Gareth Griffith，&Helen Tiffin）等文化理論學者，他們對帝國主義及殖民地所建構的反省理論中，可以找到相應的情境，足以讓論述置身於世界性的視野中，使其更有廣度。然而就這些文獻資料，果真能真切的看到清領時期的臺灣原住民嗎？或許能做到的仍僅是漢人眼中的「番人」而已，或許僅能在這些文獻資料中做些風土民俗、思想觀念、寫作技巧、人文關懷的分析罷了。

本文為民國九十四學年度中興大學中國文學研究所博士論文，起稿於九十二年十月，九十四年八月修訂完成。一百零二年十二月再次修訂。

參考書目

壹、專書與論文集

　　※爲便於檢索，本類中書目、篇名之排次，一律以作者姓氏筆畫繁簡爲序。

一、專　書

（一）二　畫

1. 丁紹儀：《東瀛識略》，（台北市：臺灣銀行經濟研究室編印，臺灣文獻叢刊第 2 種，1957 年 9 月）。

2. 丁謙：《蓬萊軒地理學叢書》，（浙江圖書館校刊出版，民國四年（1915 年））。

3. 丁日健：《治臺必告錄》，（台北市：臺灣銀行經濟研究室編印，臺灣文獻叢刊第 17 種，1959 年 7 月）。

（二）四　畫

1. 元稹：《元氏長慶集》，（台北市：世界書局，1975 年 3 月再版 ）。

2. 王實甫：《西廂記》，（台北市：里仁書局，1980 年 9 月）。

3. 王士禎：《池北偶談》，（台北市：廣文書局，1991 年 12 月）。

4. 王念孫：《廣雅疏證》，《四部備要・經部》，（台北市：中華書局據明刻版校刊）。

5. 王元穉：《甲戌公牘抄存》，（台北市：臺灣銀行經濟研究室編印，臺灣文獻叢刊第 39 種，1959 年 6 月）。

6. 王春風編：《蓬山文史專輯》，（苗栗市：苗栗縣文化局出版，2001 年 6 月。）

7. 六十七：《番社采風圖考》，（台北市：臺灣銀行經濟研究室出版編印，臺

灣文獻叢刊第 90 種，1961 年 1 月）。

8. 巴兆祥：《方志學新論》，（上海：學林出版社，2004 年 6 月）。

（三）五　畫

1. 司馬遷：《史記》，（台北市：鼎文書局，1979 年 2 月）。

2. 甘為霖：《廈門音新字典》，（台南臺灣教會公報社，1978 年再版）。

3. 田哲益：《臺灣原住民的社會與文化》，（台北市：武陵出版社，2001 年 4 月）。

4. 田哲益：《臺灣原住民歌謠與舞蹈》，（台北市：武陵出版社，2002 年 4 月）。

5. 白川靜：《詩經研究》，杜正勝譯，（台北市：幼獅月刊叢書 A7，1974 年）。

6. 比爾‧阿希克洛夫特，嘉雷斯‧格里菲斯，凱倫‧蒂芬（Bill ashcorft，Gareth Griffith，&Helen Tiffin）著，劉自荃譯：《逆寫帝國－後殖民文學的理論與實踐》，（台北市：駱駝出版社，1998 年 6 月）。

（四）六　畫

1. 朱熹：《詩集傳》〈魯頌‧閟宮〉，（台北市：華正書局，1977 年 5 月初版）。

2. 朱熹集注，蔣伯潛廣解：《論語》，（台北市：啟明書局）。（無出版年月）

3. 朱熹集注，蔣伯潛廣解：《孟子》，（台北市：啟明書局）。（無出版年月）

4. 朱夢震：《西南夷風土記》，（台北市：藝文印書館，原刻景印，百部叢書集成，學海類編）。

5. 朱仕玠：《小琉球漫志》，（台北市：臺灣銀行經濟研究室編印，臺灣文獻叢刊第 3 種，1957 年 12 月）。

6. 朱景英：《海東箚記》，（台北市：臺灣銀行經濟研究室編印，臺灣文獻叢刊第 19 種，1958 年 8 月）。

7. 江寶釵：《臺灣古典詩面面觀》，（台北市：巨流出版社，1999 年 12 月）。

8. 全臺詩編輯小組編撰：《全臺詩》，（台南市：國家文學館出版，2004 年 2 月）。

9. 伊能嘉矩著，楊南郡譯註《臺灣踏查日記》（上、下），（台北市：遠流出版社，1996 年 11 月）。

10. 米歇‧傅柯（Michel Foucault）著，王德威翻譯、導讀：《知識的考掘》，（台北市：麥田出版社，2001 年 1 月）。

（五）七　畫

1. 何休：《春秋公羊傳何氏解詁》，（台北市：臺灣中華書局，1966 年）。

2. 杜佑：《通典》，（台北市：臺灣商務書局，1987 年 12 月臺一版）。

3. 李昉：《宋蜀本太平御覽》，（台北市：臺灣商務書局，1986 年 1 月臺二版）。

4. 李賢等撰：《大明一統志》，（台北市：三秦出版社，1990 年）。

5. 李元春：《臺灣志略》，（台北市：臺灣銀行經濟研究室編印，臺灣文獻叢刊第 18 種，1958 年）。

6. 李熙齡：《廣南府誌》，（台北市：成文出版社，中國方志叢書第二十七號）。

7. 李亦園：《臺灣土著民族的社會與文化》，（台北市：聯經出版社，1995 年4 月）。

8. 李壬癸：《臺灣平埔族的歷史與互動》，（台北市：常民文化出版，1997 年3 月）。

9. 汪大淵：《島夷志略》，（台北市：臺灣銀行經濟研究室編印，臺灣文獻叢刊第 119 種，1961 年 9 月）。

10. 余文儀：《續修臺灣府志》，（台北市：臺灣銀行經濟研究室編印，臺灣文獻叢刊第 121 種，1962 年 4 月）。

11. 余英時：《歷史與思想》，（台北市：聯經出版社，1976 年 2 月第六次印行）。

12. 余國雄專輯：《天籟之音》，（財團法人臺北愛樂文教基金會出版，2001 年11 月）。

13. 沈葆禎：《福建臺灣奏摺》，（台北市：臺灣銀行經濟研究室編印，臺灣文獻叢刊第 29 種，1959 年 2 月）。

14. 吳幅員編：《臺灣詩鈔》，（台北市：臺灣銀行經濟研究室編印，臺灣文獻叢刊第 280 種，1970 年 3 月）。

15. 吳子光：〈一肚皮集〉，（台北市：龍文出版社，2001 年 6 月）。

16. 吳德功：《瑞桃齋詩文稿》，（南投市：臺灣省文獻會印行，1992 年 5 月）。

17. 吳福助：《臺灣漢語傳統文學書目》，（台北市：文津出版社，1999 年 1 月）。

18. 何文匯：《雜體詩釋例》，（香港：香港中文大學出版社，1986 年）。

19. 辛士成、吳綿吉、蔣炳釗等編著：《百越民族文化》，（上海：學林出版社，1988 年 1 月）。

20. 李禮讓（C・W・Le Gendre）：《臺灣番事物產與商務》，（台北市：臺灣銀行經濟研究室編印，臺灣文獻叢刊第 46 種，1960 年 8 月）。

（六）八 畫

1. 胡傳：《臺東州採訪冊》，（台北市：臺灣銀行經濟研究室編印，臺灣文獻叢刊第 81 種，1961 年 5 月）。

2. 胡建偉：《澎湖紀略》，（台北市：臺灣文獻叢刊第 109 種，臺灣銀行經濟研究室編印，1961 年 7 月）。

3. 周鍾瑄：《諸羅縣志》，（台北市：臺灣銀行經濟研究室編印，臺灣文獻叢刊第 141 種，1962 年 12 月）。

4. 周璽：《彰化縣志》，（台北市：臺灣銀行經濟研究室編印，臺灣文獻叢刊第 156 種，1962 年 11 月）。

5. 林豪：《澎湖廳志》，（台北市：臺灣銀行經濟研究室編印，臺灣文獻叢刊第 164 種，1963 年 3 月）。

6. 林占梅：《潛園琴餘草》，《林占梅資料彙編（一）》徐慧鈺等校記。（新竹市：新竹市立文化中心出版，1994 年 6 月）。

7. 林河：《九歌與沅湘民俗》，（上海：上海三聯書店，1990 年 7 月）。

8. 林惠祥編著：《文化人類學》，（台北市：臺灣商務印書館，1993 年 4 月，第八 版）。

9. 林文龍編：《臺灣詩錄拾遺》，（南投市：臺灣省文獻會印行，1996 年 7 月再版）。

10. 林修澈：《臺灣原住民史賽夏族史篇》，（南投市：臺灣省文獻委員會出版，2000 年 5 月）。

11. 屈萬里：《尚書釋義》，（台北市：華岡出版社，1956 年 8 月初版）。

12. 屈萬里：《書傭論學集》，（台北市：臺灣開明書店，1980 年 2 月再版）。

13. 明誼、張岳松：《瓊州府志》，中國方志叢書第 47 號，（台北市：成文出版社）。

14. 《岸裡社大文書》（三），（國立臺灣大學，1998 年）。

（七）九　畫

1. 范曄：《後漢書》，（台北市：鼎文書局，1979 年 11 月）。

2. 范咸：《重修臺灣府志》，（台北市：臺灣銀行經濟研究室編印，臺灣文獻叢刊第 105 種，1961 年 11 月）。

3. 姚思廉：《梁書》，（台北市：鼎文書局，1980 年 1 月）。

4. 段成式：《酉陽雜俎》，（台北市：源流出版社，1982 年 12 月）。

5. 段玉裁：《說文解字注》，（台北市：黎明文化事業出版社，1974 年 9 月）。

6. 沈有容編：《閩海贈言》，（台北市：臺灣銀行經濟研究室編印，臺灣文獻叢刊第 56 種，1972 年）。

7. 施琅：《靖海紀事》，（台北市：臺灣銀行經濟研究室編印，臺灣文獻叢刊第 13 種，1958 年 2 月）。

8. 施鴻保：《閩雜記》，（台北市：閩粵書局，1968 年 6 月）。

9. 郁永河：《裨海紀遊》，（台北市：臺灣銀行經濟研究室編印，臺灣文獻史料叢刊第 44 種，1959 年 4 月）。

10. 洪敏麟編著：《臺灣舊地名之沿革》，（南投市：台灣省文獻委員會編印，1984 年 6 月再版）。

11. 胡家瑜主編：《道卡斯新港社古文書》，（台北市：國立台灣大學人類學系，1999 年 9 月）。

12. 約翰・雷克斯著，顧駿譯，顧曉鳴校閱：《種族與族類》，（台北市：桂冠圖書公司，1991 年 11 月）。

（八）十　畫

1. 班固：《漢書》，（台北市：鼎文書局，1979 年 2 月）。

2. 徐陵編：《玉臺新詠》，《四部備要・集部》，（台北市：中華書局據長洲程氏刪補本校刊）。

3. 徐珂：《清稗類鈔選錄》，（台北市：臺灣銀行經濟研究室編印，臺灣文獻叢刊第 214 種，1965 年 9 月）。

4. 徐懷祖：《臺灣隨筆》，（台北市：臺灣銀行經濟研究室編印，臺灣文獻叢刊第 216 種，1965 年）。

5. 徐季子：《中國古代文學》，（上海：華東師範大學出版社，1990 年）。

6. 馬端臨：《文獻通考》，（台北市：臺灣商務書局，1987 年 12 月臺一版）。

7. 馬其昶校注：《韓昌黎文及校注》，（台北市：漢京文化事業公司，1983 年 11 月）。

8. 孫元衡：《赤嵌集》，（台北市：臺灣銀行經濟研究室編印，臺灣文獻叢刊第 10 種，1958 年 1 月）。

9. 唐贊袞：《臺陽見聞錄》，（台北市：臺灣銀行經濟研究室編印，臺灣文獻叢刊第 30 種，1959 年）。

10. 《流求與雞籠山》，（台北市：臺灣銀行經濟研究室編印，臺灣歷史文獻叢刊 196 種，1964 年 4 月）。

11. 翁方綱：《石洲詩話》，（台北市：廣文書局，1971 年 9 月）。

12. 袁枚：《小倉山房詩文集》、《隨園詩話》，（海口：海南國際新聞出版中心，誠成文化出版社，1995 年）。

13. 浦忠成：《敘事性口傳文學的表述》，（台北市：里仁書局，2001 年初版二刷）。

（九）十一畫

1. 郭璞：《爾雅注疏》，《四部備要・經部》，（台北市：中華書局據明刻版校刊）。

2. 陳壽：《三國志》，（台北市：鼎文書局，1979 年 11 月）。

3. 陳倫炯：《海國見聞錄》，（台北市：臺灣銀行經濟研究室編印，臺灣文獻叢刊第 26 種，1958 年）。

4. 陳肇興：《陶村詩稿》，（台北市：臺灣銀行經濟研究室編印，臺灣文獻叢

刊第 144 種，1962 年 8 月）。

5. 陳淑均：《噶瑪蘭廳志》，（台北市：臺灣銀行經濟研究室編印，臺灣文獻叢刊第 160 種，1963 年 5 月）。

6. 陳培桂：《淡水廳志》，（台北市：臺灣銀行經濟研究室編印臺灣文獻叢刊第 172 種，1963 年 8 月）。

7. 陳朝龍：《合校足本新竹縣采訪冊》，（南投市：臺灣省文獻會，1999 年 1月）。

8. 陳鐘凡：《中國韻文通論》，（台北市：河洛出版社，1979 年 5 月）。

9. 張蔭麟《中國史綱—秦漢之部》，（台北市：大學用書出版社，1979 年 6月）。

10. 張廷玉：《明史》，（台北市：鼎文出版社，1980 年 1 月）。

11. 張致遠編：《斗葛族人道卡斯族研究導論》，（苗栗市：苗栗縣文化局出版，1998 年 6 月）。

12. 張致遠編：《苗栗縣賽夏文化史》，（苗栗市：張致遠文工作室出版，2002年 6 月）。

13. 張應昌編：《清詩鐸》，（北京：中華書局，1980 年 4 月）。

14. 張燮著，謝方校注：《東西洋考》，（北京：中華書局，2000 年 4 月）。

15. 屠繼善：《恆春縣志》，（台北市：臺灣銀行經濟研究室編印，臺灣文獻叢刊第 75 種，1960 年 5 月）。

16. 連橫：《臺灣通史》，（台北市：眾文圖書公司，1978 年 2 月）。

17. 連橫：《臺灣詩乘》，（台北市：臺灣銀行經濟研究室編印，臺灣文獻叢刊第 64 種，1960 年）。

18. 章學誠：《文史通義》，《四部備要・史部》，（台北市：中華書局據原刻本校刊）。

19. 黃叔琳：《文心雕龍注》，（台北市：臺灣開明書局，1958 年 4 月臺一版）。

20. 黃叔璥：《臺海使槎錄》，（台北市：臺灣銀行經濟研究室編印，臺灣文獻叢刊第 4 種，1957 年 11 月）。

21. 黃逢昶：《臺灣生熟番紀事》，（台北市：臺灣銀行經濟研究室編印，臺灣文獻叢刊第 51 種，1960 年）。

22. 黃本驥：《歷代職官表》，（台北市：洪氏出版社 1983 年 10 月）。

23. 黃省曾著，謝方校注：《西洋朝貢典錄》，（北京：中華書局，2000 年 4 月）。

24. 黃秀政、張勝彥、吳文星：《臺灣史》，（台北市：五南圖書出版社，2002年 2 月初版）。

25. 黃美金：《卑南語參考語法》，（台北市：遠流出版社，2000 年 2 月初版）。

26. 梁啓超：《中國近三百年學術史》，（台北市：華正出版社，1979 年 5 月）。

27. 梁志輝、鍾幼蘭：《臺灣原住民史－平埔族史篇》，（南投市：臺灣省文獻委員會，2001 年 3 月）。

28. 梁志輝、鍾幼蘭：《平埔族史》（中），（南投市：臺灣省文獻會出版，2001 年）。

29. 曹永和：《臺灣早期歷史研究》，（台北市：聯經出版社，1985 年 9 月第三版）。

30. 曹永和：《臺灣早期歷史研究續集》，（台北市：聯經出版社，2000 年 8 月）。

31. 曹明綱：《賦學概論》，（上海：上海古籍出版社，1998 年 11 月）。

32. 許雪姬：《清代臺灣的綠營》，（台北市：中央研究院近代史研究所專刊（54），中央研究院近代史研究所出版，1987 年 5 月）。

33. 黃保真、成復旺、蔡鍾翔著：《中國文學理論史－明清鴉片戰爭前時期》，（台北市：洪葉出版社，1994 年 6 月）。

34. 《清一統志臺灣府》，（台北市：臺灣銀行經濟研究室編印，臺灣文獻叢刊第 68 種，1960 年 2 月）。

35. 《欽定平定臺灣紀略》，（台北市：臺灣銀行經濟研究室，臺灣文獻叢刊第 102 種，1961 年）。

36. 《清代琉球紀錄集輯》，（台北市：臺灣銀行經濟研究室編印，臺灣文獻叢刊第 292 種，1971 年 5 月）。

37. 康培德：《殖民接觸與帝國邊陲 花蓮地區原住民十七至十九世紀的歷史變遷》，（台北縣：稻香出版社，1999 年 12 月）。

（十）十二畫

1. 傅錫壬：《新譯楚辭讀本》，（台北市：三民書局，1976 年 7 月）。

2. 朝鮮民主主義人民共合國科學院歷史研究所著，吉林省延吉邊朝鮮族自治州《朝鮮通史》翻譯組譯：《朝鮮通史》，（吉林：吉林人民出版社，無出版年月）。

3. 博埃默（Elleke Boehmer）著，盛寧譯：《殖民與後殖民文學》（*Colonial and Postcolonial Literature*），（香港：牛津大學出版社，1998 年 6 月）。

（十一）十三畫

1. 靖道謨：《貴州通志》，中國省志彙編之八，（台北市：臺灣華文書局印行）。

2. 楊英：《從征實錄》，（台北市：臺灣銀行經濟研究室編印，臺灣文獻叢刊第 32 種，1958 年）。

3. 楊德遠編著：《苗栗縣鯉魚潭開拓史》，（苗栗市：苗栗縣文化中心出版，1996 年 6 月）。

4. 楊渭濱、回景芳等編：《中國少數民族概觀》，（天津：天津古籍出版社，1988 年）。

5. 張岱：《夜航船》，續修四庫全書，子部，雜家類，（上海：上海古籍出版社，1995 年）。

6. 詹素娟、張素玢：《臺灣原住民史－平埔族史篇（北）》，（南投市：臺灣省文獻會出版，2001 年）。

7. 葉振輝：《臺灣開發史》，（台北市：協和臺灣叢刊，臺原出版社，1995 年 5 月）。

8. 陳香編著：《臺灣竹枝詞選集》，（台北市：臺灣商務印書館發行，1983 年 4 月）。

9. 陳漢光編：《臺灣詩錄》，（南投市：臺灣省文獻會印行。1984 年 6 月再版）。

10. 陳弱水：《臺灣史英文資料類目》（A Bibliography of English—Language Sources for Taiwan History），（台北市：林本源中華文化教育基金會，1995 年）。

11. 陳全之：《蓬窗日錄》，續修四庫全書，子部，雜家類，（上海：上海古籍出版社，1995 年）。

12. 陳捷先：《清代臺灣方志研究》，（台北市：學生書局，1996 年 8 月）。

13. 陳柔森編：《重塑臺灣平埔族圖像　日本時代平埔族資料彙編（1）》，（台北市：原民文化出版社，1999 年 1 月）。

14. 陳俊傑：《巴布薩族馬芝遴社平埔族人》，（彰化市：彰化縣文化局出版，2000 年）。

15. 陳支平：《福建六大民系》，（福州：福建人民出版社，2001 年 6 月）。

16. 溫吉編譯：《臺灣番政志》，（台北市：臺灣省文獻會，1957 年 12 月）。

17. 《萬曆實錄閩海關係史料》，（台北市：臺灣銀行經濟研究室編印，臺灣文獻叢刊第 296 種，1971 年）。

18. 賈德・戴蒙著（Jared Diamond），王道還譯：《第三種猩猩－人類的身世與未來》，（台北市：時報出版，2000 年 4 月）。

（十二）十四畫

1. 趙汝适：《諸蕃志》，（台北市：臺灣銀行經濟研究室編印，臺灣文獻叢刊第 119 種，1961 年 9 月）。

2. 翟灝：《臺陽筆記》，（台北市：臺灣銀行經濟研究室編印，臺灣文獻叢刊第 20 種，1958 年 12 月）。

3. 《臺灣雜詠合刻》，（台北市：臺灣銀行經濟研究室編印，臺灣文獻叢刊第 28 種，1958 年 10 月）。

4. 《臺案彙錄辛集》，（台北市：臺灣銀行經濟研究室編印，臺灣文獻叢刊第 205 種，1964 年 11 月）。

5. 《臺灣先賢詩文集匯刊》二十種，（台北市：龍文出版社，1992 年出版）。

6. 聞一多：《聞一多全集》，（台北市：里仁書局，1990 年 4 月）。

（十三）十五畫

1. 劉向：《說苑》，《四部備要·集部》，（台北市：中華書局據明刻版校刊）。

2. 劉煦：《舊唐書》，（台北市：鼎文書局，1981 年 6 月）。

3. 劉麟生：《中國駢文史》，（台北市：臺灣商務印書館發行，初版印於 1936 年，1990 年臺 6 版）。

4. 劉璈：《巡臺退思錄》，（台北市：臺灣銀行經濟研究室編印，臺灣文獻叢刊第 21 種，1957 年 8 月）。

5. 劉良璧：《重修福建臺灣府志》，（台北市：臺灣銀行經濟研究室編印，臺灣文獻叢刊第 74 種，1961 年 3 月）。

6. 劉保元、袁廣達等編著：《瑤族文學史》，（廣西人民出版社，1982 年）。

7. 劉家謀：〈觀海集〉，（南投市：臺灣省文獻會，1997 年 6 月。

8. 劉克襄編著：《探險家在臺灣》，（台北市：自立晚報社文化出版部，1988 年。

9. 劉克襄編著：《橫越福爾摩沙》，（台北市：自立晚報社文化出版部，1989 年 10 月）。

10. 劉克襄編著：《後山探險 —— 十九世紀外國人在臺灣東海岸的旅行》，（台北市：自立晚報社文化出版部，1992 年）。

11. 劉澤民編：《平埔百社古文書》，（南投市：國史館臺灣文獻館出版，2002 年 3 月）。

12. 歐陽修：《新五代史》，（台北市：鼎文書局，1980 年 11 月）。

13. 蔣師轍：《臺遊日記》，（台北市：臺灣銀行經濟研究室編印，臺灣文獻叢刊第 6 種，1957 年 12 月）。

14. 鄭用錫：《北郭園詩鈔》，（台北市：臺灣銀行經濟研究室編印，臺灣文獻叢刊第 41 種，1959 年 5 月）。

15. 鄧傳安：《蠡測彙鈔》，（台北市：臺灣銀行經濟研究室編印，臺灣文獻叢刊第 9 種，1958 年 1 月）。

16. 鄧傳安：《蠡測彙鈔》，（北京：書目文獻出版社，1983 年 12 月）。

17. 橫田惟孝：《戰國策正解》，（台北市：河洛出版社，1976 年 3 月）。

18. 潘大和：《平埔巴宰族滄桑史》，（台北市：南天出版社，1998 年 4 月）。

19. 潘繼道：《清代臺灣後山平埔族移民之研究》，（台北縣：稻鄉出版社，2001 年 4 月）。

（十四）十六畫

1. 賴子清：《臺海詩珠》，（自刊本，1982 年 6 月）。

2. 霍有明：《清代詩歌發展史》，（台北市：文津出版社，1994 年 11 月）。

（十五）十七畫

1. 應劭：《風俗通義》，（台北市：藝文印書館，百部叢書集成）。

2. 謝金鑾：《續修台灣縣志》，（台北市：臺灣銀行經濟研究室編印，臺灣文獻叢刊第 140 種，1962 年 6 月）。

3. 薛俊：《日本考略》，（台北市：新文豐出版社，叢書集成新編第 98，1986 年 1 月）。

4. 蕭崇業、謝杰編：《使琉球錄三種》，（台北市：臺灣銀行經濟研究室編印，臺灣文獻叢刊第 287 種，1970 年，12 月）。

5. 鍾露昇：《國語語音學》，（台北市：語文出版社，1975 年 9 月 9 版）。

（十六）十八畫

1. 魏徵：《隋書》，（台北市：鼎文書局，1980 年 1 月）。

2. 藍鼎元：《平臺紀略》，（台北市：臺灣銀行經濟研究室編印，臺灣文獻叢刊第 14 種，1951 年 4 月）。

3. 藍立蓂：《關漢卿戲曲詞典》，（重慶：四川人民出版社，1993 年）。

4. 簡宗梧：《賦與駢文》，（台北市：臺灣書店，1998 年 10 月）。

5. 薩依德（Edward Said），王志弘等譯：《東方主義》（Orientalism），（台北縣新店市：立續出版社，2002 年 1-2 月二版）。

（十七）十九畫

1. 羅香林：《百越源流與文化》，（台北市：國立編譯館，1987 年 2 月）。

（十八）二十一畫

1. 顧炎武：《日知錄》，（台北市：明倫出版社，1970 年 9 月）。

2. 顧炎武：《天下郡國利病書》，（台北市：宏業書局，1972 年 10 月）。

3. 顧祖禹：《讀史方輿紀要》，《續修四庫全書》〈史部 地理類〉，（上海：上海古籍出版社，1985 年）。

4. Mike Crang 原著，譯者：王志弘、余佳玲、方淑惠：《文化地理學》，（台北市：巨流圖書公司，2003 年 3 月）。

二、論文集

1. 凌純聲：〈古代閩越人與臺灣土著族〉，（台北市：《臺灣文化論集》（一），1954 年）。

2. 孫大川主編：《臺灣原住民族漢語文學選集》〈評論卷〉（上、下），（台北市：印刻出版社，2003 年 4 月）。

3. 梁嘉彬：〈隋書琉球國逐句考證初稿〉，《中國史學論文選集第一輯》，（台

北市：幼獅文化　出版，1976 年，11 月）。

4. 康健、王冶新等編著：《彝族詩文論》，（貴陽：貴州人民出版社，1988 年）。

5. 張奕善：〈明帝國與南海政略〉「中國史學論文選集第一輯」，（台北市：幼獅文化出版社，1976 年，11 月）。

6. 陳子艾：〈粵風續九與粵風研究三題〉，苑利主編：《二十世紀中國民族學經典》〈史詩歌謠卷〉，（北京：社會科學文獻出版社，2002 年 3 月）。

7. 黃富三、曹永和主編：《臺灣史論叢》第一輯，（台北市：眾文圖書公司，1980 年 4 月）。

8. 劉志堅：〈天問與壯族創世神話〉，《嶺南文化與百越民風─廣西民間文學論文 選》，（桂林：廣西教育出版社，1992 年）。

9. 劉益昌：〈古老的竹南人──話說山佳遺址〉，《八十六年全國文藝季 戀戀中港活動成果專輯》，（苗栗市：苗栗縣文化中心出版，1997 年 8 月）。

10. 衛惠林：〈臺灣土著族的源流與分類〉，《臺灣文化論集一》，（台北市：中華文化出版社，1954 年）。

貳、期刊論文

1. 張耀錡：〈平埔族社名對照表〉，《文獻專刊》第二卷一、二期另冊，（臺灣省文獻會，1951 年 5 月）。

2. 梁嘉彬：〈宋代「毗舍耶國」確在臺灣非在菲律賓考〉，《臺灣文獻》第二卷第三、四期，（臺灣省文獻會，1951 年 11 月）。

3. 宋文薰、劉枝萬：〈貓霧捒社番曲〉《文獻專刊》第三卷第一期，（臺灣省文獻會，1952 年 5 月）。

4. 廖漢臣：〈岸裡大社調查報告書〉，《臺灣文獻》第八卷第二期，（臺灣省文獻會，1957 年 6 月）。

5. 莊金德：〈巡臺御史的設立與廢止〉，《臺灣文獻》第十六卷第一期，（臺灣省文獻會，1965 年 3 月）。

6. 顏文雄：〈臺灣山胞民謠與平地歌謠之比較〉，《臺灣文獻》第十七卷第四期，（臺灣省文獻會，1966 年 12 月）。

7. 盛清沂：〈宋元兩代本省開闢資料之探討〉，《臺灣文獻》第二十二卷第四期，（臺灣省文獻會 1971 年 12 月）。

8. 李獻章輯校：〈清代福姥話歌謠〉，（《臺灣文藝》革新號第二十五、二十六期合刊， 1982 年 12 月）。

9. 臺灣省立臺中圖書館編藏：〈臺灣中部地方文獻資料〉，《臺灣文獻》第三十四卷第三期，（臺灣省文獻會，1983 年 3 月）。

10. 連照美：〈臺灣史前時代拔齒習俗之研究〉，（《文史哲學報》第三十五期，

1987 年 12 月）。

11. 王幼華：〈河海不擇細流故能就其深－臺灣文學史撰述商榷〉，（1994 年 5 月 22、23 日《中時晚報》副刊）。

12. 翁聖峰：〈劉家謀的觀海集〉，《臺灣文獻》第四十五卷四期，（臺灣省文獻會，1996 年 12 月）。

13. 賴福順：〈流中航線研究〉，《臺灣文獻》第五十四卷第一期，（臺灣省文獻會，2003 年 3 月）。

14. 王幼華：〈劉禹錫竹枝詞辨析〉，《育達人文社會學報》創刊號，（苗栗縣：2004 年 7 月）。

參、學位論文

1. 王文顏：《臺灣詩社之研究》，國立政治大學中文研究所碩士論文，1980 年。

2. 周滿枝：《清代流寓詩人及其詩之研究》，國立政治大學中文研究所碩士論文，1981 年。

3. 蔡光慧：〈排灣原住民部落社會的建立與族群關係〉，國立臺灣師範大學歷史研究所碩士論文，1998 年。

4. 翁聖峰：《清代臺灣竹枝詞之研究》，淡江大學中國文學研究所碩士論文，1992 年。

5. 謝志賜：《道咸同時期淡水廳文人及其詩文研究：以鄭用錫、陳維英、林占梅為對象》，國立臺灣師範大學國文研究所碩士論文，1995 年。

6. 林煜真：《沈光文及其文學研究》，國立中山大學中文研究所碩士論文，1997 年。

7. 黃美娥：《清代臺灣竹塹地區傳統文學研究》，輔仁大學中文研究所博士論文，1999 年。

8. 林淑慧：《黃叔璥及其《臺海使槎錄》研究》，國立臺灣師範大學研究所碩士論文，1999 年。

9. 劉麗卿：《清代臺灣八景與八景詩》，國立中興大學中文研究所碩士論文，2000 年。

10. 黃淑華：《劉家謀宦臺詩歌研究》，東吳大學中文研究所碩士論文，2000 年。

11. 蔡寶琴：《海音詩俗語典故之分析》，國立政治大學中文研究所碩士論文，2000 年。

四、網路資料

1. www.qzwb.com/gb/content/2000-09/23/content_28644.htm - 11k，2002 年 10 月。

2. 沖繩言語研究所：ryukyu-lang@lib.u- ryukyu.ac.ip，2003 年 6 月。

3. 行政院原住民生活資訊網：原住民族大事記：
   http://www.apc.gov.tw/indigene/mater/mater06.aspx。2005 年 4 月 29 日。

清代臺灣漢語文獻
原住民記述作家簡表

凡　例

1. 下列作家皆有作品述及原住民，遊宦來臺之士依其入臺前後順序排列，難以考證入臺時間者，以推估方式排列。本島作家不知生卒年者，以文獻記載的活動時間爲編排序列。

2. 作家字號甚多者，擇其要者錄之。

3. 有※號的爲出身於本島的作家。

4. 作家相關著作及生平大要，亦略加記述，以備檢索。

編號	活動時代	作家	籍貫	生卒	著　作	紀　要
1	康熙 23 年（1684）入臺	蔣毓英 字（集公）	奉天 錦洲		《臺灣府誌》	康熙 24 年始編臺灣府誌，約 5 個月完成。28 年升任江西按察使司
2	康熙 23 年（1684）入臺	季麒光 字（昭聖） 號（蓉州）	江蘇 無錫		《臺灣郡志稿》、《臺灣雜記》、《蓉州文稿》等	首任諸羅縣令，在任年餘，與沈光文等共創「東吟社」，詩稿名《福臺新詠》
3	康熙 26 年（1687）入臺	林謙光 字（芝嵋） 號（道收）	福建 長樂		《臺灣記略》	任臺灣府儒學教授，30 年升浙江桐鄉縣知縣
4	康熙 27 年（1688）入臺	王兆陞	江蘇 通州		〈郊行即事詩〉	臺灣知縣，30 年升兵部職方司主事

5	康熙 27 年（1688）入臺	※王喜	臺灣縣		《臺灣志稿》	生平不詳
6	康熙 29 年（1670）入臺	王善宗	山東諸城		〈臺灣八景詩〉	臺灣水師協左營守備，34 年調陝西興安白土關守備
7	康熙 30 年（1691）入臺	齊體物號（誠菴）	遼東漢軍正黃旗		〈臺灣雜詠〉	臺灣海防捕盜同知
8	康熙 31 年（1692）入臺	高拱乾號（九臨）	陝西榆林		《臺灣府志》	臺灣兵備道兼理學政，34 年升任浙江等處提刑案察使司案察使
9	康熙 34 年（1695）	王璋字（伯昂）	臺灣縣		康熙 34 年協修《臺灣府志》	舉於鄉，為邑士登賢之始，後任雲南宜良縣令，累官至監察御史
10	康熙 34 年（1695）入臺	張僩客	鳳山縣		康熙 34 年協修《臺灣府志》，〈彌陀室避暑〉（限韻調木蘭花慢）	臺灣詞作之始，府治作鳳山縣人，就其詞作內容看來，應非本島人士
11	康熙 36 年（1697）入臺	郁永河字（滄浪）	浙江仁和		《裨海記遊》、〈番境補遺〉、〈海上記略〉	來臺時年約 50 餘歲，居臺 8 個月
12	康熙 41 年（1704）入臺	陳璸字（文煥）號（眉川）謚（清端）	廣東海康	1656～1718	《陳清端公文集》	41 年任臺灣知縣，43 年離臺，有清廉第一的稱譽。49 年回任臺廈道，53 年升任湖廣偏沅巡撫
13	康熙 42 年（1703）入臺	孫元衡字（湘南）	安徽桐城		《赤嵌集》	臺灣海防同知，47 年升山東東昌知府離臺
14	康熙 43 年（1704）入臺	宋永清字（澄庵）	山東萊陽		《溪翁詩草》（佚）	鳳山知縣，51 年離臺
15	康熙 43 年（1704）	江日昇字（敬夫）號（東旭）	福建珠浦		《臺灣外記》	康熙 43 年完成《臺灣外記》，康熙 52 年解元
16	康熙 44 年（1705）入臺	婁廣	京師衛		〈臺灣偶作〉、〈臺灣八詠〉	武進士，任分巡臺廈道標守備
17	康熙、雍正年間	※陳文達	臺灣縣		參與纂修《臺灣府志》、《臺灣縣志》、《鳳山縣志》	康熙 46 年歲貢
18	康熙 53 年（1714）入臺	周鍾瑄字（宣子）	貴州貴筑		《諸羅縣志》	康熙 53 年至 55 年任諸羅知縣，任內吏治有「海疆之冠」讚譽

19	康熙 54 年 （1715）入臺	阮蔡文 字（子章） 號（鶴石）	福建 漳浦	1666 ～ 1715	〈淡水紀行詩〉等	康熙 29 年舉人，曾任臺 灣北路營參將，福州首 營副將
20	康熙 55 年 （1716）入臺	陳夢林 字（少林）	福建 漳浦	1670 ～ 1745	主修《諸羅縣志》 ，另有《臺灣遊草》 、《臺灣後遊草》	康熙 55 年受聘來臺修 志，61 年朱一貴亂，隨 藍鼎元來臺同參戎幕， 雍正 3 年三度來臺
21	康熙 56 年 （1717）入臺	李丕煜	直隸 灤州		有〈傀儡番〉等作 品	由南平知縣調鳳山知縣
22	康熙、雍正、 乾隆年間	※鄭大樞又 （天樞）	臺灣 縣		〈風物吟〉	康熙 60 年例貢
23	康熙 60 年 （1721）入臺	藍鼎元 字（玉霖） 號（鹿洲）	福建 漳浦	1680 ～ 1733	《藍鹿洲集》、《東 征集》、《平臺記 略》等	隨族人南澳總兵藍廷玉 來臺平朱一貴之亂
24	康熙年間	黃學明	廣東 淳德		《臺灣吟》	生平不詳
25	康熙、雍正 年間	※李欽文	臺灣 府治 東安 坊		分訂《重修臺灣府 志》，分修《諸羅 縣志》、《臺灣縣 志》、《鳳山縣志》	康熙 60 年歲貢生，曾任 福建南靖訓導
26	康熙 61 年 （1722）入臺	黃叔璥 字（玉圃） 號（篤齋）	順天 大興	1666 ～ 1742	《臺海使槎錄》	第一任御史巡臺，留任 1 年
27		黃吳祚	福建 惠安		〈詠水沙連圖〉2 首、〈詠澹水八社〉 2 首	康熙間庶吉士
28		呂謙恒 字（天益）	河南 新安		〈題同年黃玉圃 番社圖〉	康熙 48 年進士，官光祿 寺卿。著有《青要集》
29		陸榮柜	江蘇 華亭		〈題黃侍御番社 圖〉	康熙間太學生
30	雍正 3 年 （1725）入臺	吳廷華 字（中林） 號（東壁）	浙江 錢塘	1681 ～ 1755	《三禮疑義》、《曲 臺小錄》、《東壁書 莊集》	福建海防同知，崇文書 院講席
31	雍正 6 年 （1728）入臺	夏之芳 字（筠莊） 號（荔園）	江蘇 高郵		編有《海天玉尺初 編》、續編。著有 臺灣雜詠百韻。	巡臺御史，負責學政， 主歲、科兩試
32	乾隆年間	陳輝 字（旭初） 號（明之）	臺灣 縣		分修《重修福建臺 灣府志》、《重修臺 灣縣志》	乾隆 3 年舉人
33	乾隆 4 年 （1739）入臺	楊二酉 字（學山）	山西 太原		《柳南詩草》	御史巡臺，建海東書院 以造士

34	乾隆 5 年（1740）入臺	劉良璧字（省齋）	湖南衡陽	卒年 80 餘	《重修福建臺灣府志》	乾隆 2 年任臺灣知府，5 年陞分巡臺灣道，在臺 11 年
35	乾隆 5 年（1740）入臺	郝霅	直隸霸州		〈海口即事〉	雍正 2 年（1724 年）進士。乾隆 5 年（1740 年）任臺灣海防同知，7 年（1742 年）任淡水年撫民同知。9 年陞任福寧知府
36	乾隆 6 年（1741）入臺	張湄字（鷺州）號（柳漁）	浙江錢塘		編有《珊枝集》，著有《瀛壖百詠》、《柳漁詩鈔》	巡臺御史，兼理學政，任職 2 年餘
37	乾隆 6 年（1741）入臺	莊年字（榕亭）	江蘇長洲		協纂《重修臺灣府志》、著有《澄臺集》（佚）	任淡水同知，7 年升福建建寧知府
38	乾隆 9 年（1744）入臺	六十七號（居魯）	滿洲鑲紅旗		與范咸同纂《重修臺灣府志》，編著有《臺灣采風圖》、《番社采風圖》、《海東選蒐圖》、《使署閒情》	巡臺御史，在臺 2 年
39	乾隆 10 年（1745）入臺	范咸字（貞吉）號（九池）	浙江仁和		與六十七同纂《重修臺灣府志》，另有《婆娑洋集》2卷、《浣浦詩鈔》等	巡臺御史，在臺 2 年
40	乾隆 11 年（1746）入臺	董天工	福建崇安		《臺海見聞錄》為答朋友詢問臺灣之事，編輯成書	任彰化縣教諭，15 年秩滿
41	乾隆 14 年（1749）入臺	周芬斗	安徽桐城		〈題諸羅番社詩〉	諸羅知縣，在臺 2 年。
42	乾隆 16 年（1751）入臺	錢琦字（相人）號（嶼沙）	浙江仁和		《澄碧齋詩鈔》	巡臺御史，32 年復任福建布政使
43	乾隆年間	※王克捷字（必昌）	諸羅縣		〈臺灣賦、澎湖賦〉	乾隆 22 年舉進士
44	乾隆 25 年（1760）入臺	湯世昌字（對松）號（其武）	浙江仁和		《嘉澡堂集》	在臺 3 個多月
45	乾隆 2? 年（176?）入臺	孫霖字（武水）號（羨門居士）	浙江吳興		〈赤嵌竹枝詞〉等	生平不詳

46	乾隆 26 年（1761）入臺	盧觀源	福建永安		〈臺陽山川風物迥異中土因就遊覽所及誌之以詩〉	諸羅縣教諭
47	乾隆 27 年（1762）入臺	余文儀字（實岡）	浙江諸暨	?～1782	《續修臺灣府志》	臺灣知府，29 年升臺灣道
48	乾隆 28 年（1763）入臺	朱仕玠字（璧峰）號（筠園）	福建建寧		《溪音》、《小琉球漫錄》《筠園詩稿》等	鳳山縣儒學教諭
49	乾隆 29 年（1764）入臺	譚垣字（牧亭）號（桂嶠）	江西龍南		〈巡社記事〉等	乾隆 13 年進士，後任鳳山知縣
50	乾隆年間	※卓肇昌字（思克）號（猂夫）	鳳山縣		協修《鳳山縣志》，《栖碧堂全集》	乾隆 15 年舉人
51	乾隆 34（1769）年入臺	朱景英字（幼芝）號（研北）	湖南武陵		《畬經堂詩集》、《海東札記》	臺灣海防同知，北路理番同知
52	乾隆年間	鄭霄			〈番俗〉等	生平不詳
53	乾隆、嘉慶年間	※黃清泰字（淡川）	鳳山縣		〈大甲溪〉、〈觀岸里社番踏歌〉、〈貓霧捒戍田家〉等詩	彰化都司、艋舺營參將，子黃驤雲，道光 9 年進士
54	乾隆、嘉慶年間	※潘振甲	臺灣縣		曾分纂《臺灣縣志》，與拔貢張青峰等結「引心文社」，頗有唱和	乾隆 51 年武舉人，嘉慶 11 年蔡牽亂時，以協助守城有功，軍功加六品銜
55	乾隆 52 年（1787）入臺	楊廷理字（清和）號（雙梧）	廣西柳州馬平	?～1813 年	《東遊草》、《東瀛紀事》〈議開臺灣後噶瑪蘭節略〉等	乾隆 52、嘉慶 12 年、嘉慶 14 年，三度來臺以臺灣郡守之職，辦開蘭設治事宜，官至臺彭兵備道兼提督學政
56	乾隆 57（1792）年入臺	翟灝字（笠山）	山東淄川		《臺陽筆記》	南投縣丞 10 餘年
57	嘉慶年間	蕭竹字（友竹）	福建龍溪		《甲子蘭記》	遊於噶瑪蘭，吳沙聘為上客
58	嘉慶年間	※王士俊	竹塹樹林頭莊		《易解》（佚）	在家設塾，鄭用錫為其門生
59	嘉慶 3 年（1798）入臺	柯輅字（莪瞻）號（淳庵）	福建晉江		《淳庵詩文集》、《東瀛筆談四卷	嘉義縣教諭，6 年調彰化。著書甚多，凡 47 種，860 餘卷

60	乾隆嘉慶年間	章甫 字（申友） 號（半崧）	臺灣縣	1755〜183？	《半崧集》六卷	嘉慶4年嘉義縣學歲貢生，於里中設教
61	嘉慶8年（1803）入臺	黃對揚 號（虙堂）	福建龍溪		〈巡課新港番童〉等	臺灣縣學訓導，嘉慶12年以軍功升廣西來賓知縣
62	嘉慶8年（1803）入臺	施鈺 字（霄上） 號（石房居士）	福建晉江	1788〜1850	《石房樵唱》、《臺灣別錄》	出生於乾隆53年，道光年間增貢生，爲章甫弟子，在臺設教多年，道光22年西渡返大陸
63	嘉慶9年（1804）入臺	鄭兼才 字（文化） 號（六亭）	福建德化	1758〜1822	與謝金鑾應臺灣縣薛志亮之聘纂《續修臺灣縣志》，另有《六亭文集》三編等書	嘉慶3年中舉，當年鄉試第一，嘉慶9年任臺灣縣教諭。歷任安溪，建寧教諭，道光元年（1821）再至臺，任臺灣縣教諭
64	嘉慶9年（1804）入臺	謝金鑾 字（退谷）	福建侯官	1757〜1820	與鄭兼才應臺灣縣薛志亮之聘《續修臺灣縣志》，另有《蛤仔難記略》等	嘉義縣教諭，與鄭兼才同官福建安溪，交情甚篤
65	嘉慶、道光、咸豐年間	陳震曜	臺灣嘉義	1779〜1852	《小滄桑外史》、《風鶴餘錄》等皆佚	少與張青峰，陳廷瑜等於臺南成立「引心文社」。嘉慶15年以優行供太學，曾任建安、甌清等縣教諭，道光5年助修《福建通志》道光12年返臺，曾參與編修《彰化縣志》。道光13年任陝西寧羌州州同，道光30年因病返鄉
66	嘉慶15年（1810）入臺	楊桂森 字（蓉初）	雲南石屏		《樂耕樓記事詩》	嘉慶15年（1810年）任彰化知縣，曾築彰化城，修舉義倉書院，禮樂之器。後任北路理番同知
67	嘉慶17年（1812）入臺	吳性誠 字（樸庵）	湖北黃安		〈入山歌〉、〈九日登高〉等詩	17年任澎湖通判，20年任鳳山縣丞，21年署彰化縣事，後升淡水同知
68		薛約	江蘇江陰		〈臺灣竹枝詞〉	嘉慶年間人，爲臺灣縣令薛志亮弟，未曾至臺灣

69	嘉慶、道光年間	※韓必昌	臺灣縣		〈海會寺懷古〉，用東坡赤壁詞韻調寄念奴嬌、〈春日謁五妃墓〉，用李易安調聲聲慢第四體等	嘉慶 24 年歲貢，因率義軍保衛鄉里，平亂有功，賞軍功加六品銜
70	嘉慶 24 年（1819）入臺	姚瑩 字（石甫） 號（明叔）	安徽桐城	1758～1853	《東槎記略》、《東溟奏稿》、《中復堂選集》等	嘉慶 24 年任臺灣知縣，道光元年轉署噶瑪蘭通判，18 年升任臺灣道
71	道光元年（1821）入臺	胡承珙 字（景孟） 號（墨莊）	安徽涇縣	1776～1832	《毛詩後箋》、《儀禮古今文疏義》，《求是堂詩集》。有關臺灣之作為卷 17，《東瀛集》	道光元年任臺灣兵備道，道光 4 年離職
72	道光元年（1821）入臺	鄧傳安 字（萩原）	江西饒州		《蠡測彙鈔》	鹿港海防同知，4 年升任臺灣知府
73	道光年間	※鄭用錫 字（在中） 號（祉亭）	竹塹	1788～1858	《北郭園全集》	道光 3 年中進士，官禮部鑄印局員外郎。17 年歸鄉，築北郭園
74	道光 4 年（1823）入臺	孫爾準 字（平叔） 諡（文靖）	江蘇金匱		《泰雲堂集》其中〈婆娑洋集〉、〈臺陽籌筆集〉為專詠臺灣	道光 3 年任福建巡撫，道光 4 年巡臺，5 年任閩浙總督，6 年來臺平亂
75	道光 4 年（1823）入臺	林樹梅 字（瘦雲）	福建金門		《嘯雲詩鈔》、《嘯雲山人詩鈔》、《嘯雲文鈔》等	任臺灣水師副總兵，平許尚、楊良彬之亂。道光 6 年隨父駐西螺堡，16 年任鳳山縣曹瑾幕僚
76	道光 10 年（1830）入臺	陳淑均 字（友松）	福建晉江		《噶瑪蘭縣志》	道光 10 年任噶瑪蘭仰山書院院長。14 年離臺。18 年再入臺，任鹿港文開書院院長
77	道光 13 年（1833）入臺	陳盛韶 字（澧西）	湖南安福	1768～1838年之後	《問俗錄》	任北路理番同知兼鹿港，道光 18 年（1838）年 70 退職
78	道光年間	※黃驤雲 字（雨生） 號（龍光）	鳳山縣	1801～1841	〈彰化八景詩〉	道光 9 年中進士，官工部員外郎
79	道光年間	※李望洋 字（子觀）	噶瑪蘭頭圍	1829～1901	《西行吟草》	咸豐 9 年與陳肇興，陳維英同榜中舉。同治 10 年中進士，任甘肅試用

		號（靜齋）			知縣，光緒 2 年升任蘭州府河州知州，光緒 22 年（明治 29 年）任宜蘭支廳參事
80	道光年間	陳學聖			〈水沙連〉、〈番社〉	生平不詳
81	道光、咸豐年間	※施龍文後改名（瓊芳）字（見田）	臺南安平	1815～1868	《春秋節要》,《石蘭山館遺稿》	道光 25 年進士，補江蘇知縣，未就職。後任海東書院山長
82	道光 13 年（1833）入臺	周凱字（仲禮）號（芸皋）	浙江富陽		《廈門志》、《金門志》、《內自訟齋詩鈔》、《澎湖記行》等	道光 13 年任臺灣兵備道，16 年再至臺，17 年卒於官
83	道光 15 年（1835）入臺	柯培元號（易堂）	山東歷城		《噶瑪蘭志略》	噶瑪蘭通判
84	道光 1？年	※黃文儀	鳳山縣		〈許逆滋事〉等	附貢生
85	道光 17 年（1837）入臺	李若琳字（淇筼）	貴州開州		〈防番〉等	臺灣府撫民理番海防糧捕通判，噶瑪蘭廳員，18 年任澎湖通判
86	道光、咸豐年間	※林占梅字（雪邨）	竹塹	1821～1868	《潛園琴餘草》	同治 3 年因平定地方亂事有功，蒙恩加布政使銜
87	道光年間來臺	石福作號（岱州）	福建安溪	？～1848	〈議開水沙連番界雜作〉	曾任澎湖文石書院山長
88	道光 17 年（1837）第一次入臺	※吳子光字（芸閣）	廣東嘉應州		《一肚皮集》、《小草拾遺》一卷、《三長贅筆》十六卷、《芸閣山人集》十卷,《經餘雜錄》十二卷	吳子光入臺多年後，定居於苗栗縣銅鑼雙峰山
89	道光 27 年（1847）入臺	丁紹儀字（杏舲）又字（原汾）	江蘇無錫	181？～187？	《東瀛識略》、《聽秋聲館詞話》，編有《國朝詞宗補·楊羅裳詞稿》	丁紹儀之妹嫁至臺灣，隨之同行，後任臺灣知府全卜年幕僚 8 個月，同治 7 年其子丁承禧任噶瑪蘭通判，編著《東瀛識略》供其參考
90	道光 27 年（1847）入臺	丁日健字（述安）號（述菴）	安徽懷寧		編有《治臺必告錄》	署鳳山知縣，北路理番同知、同治 2 年任臺灣道，5 年因病離臺
91	道光 28 年（1848）入臺	徐宗幹字（樹人）	江蘇通州	179？～1866	編《虹玉樓試帖選》,《治臺必告錄》，著有《斯未信齋文集》	臺灣道，咸豐 4 年升福建按察使，同治元年擢福建巡撫

92	道光、咸豐年間	※彭廷選字（雅夫）	淡水糠榔莊		《傍榕小築詩文稿》（未刊）	
93	道光 29 年（1849）入臺	董正官字（鈞伯）	雲南太和	18？？～1853	任中令邑中生員李祺生續編《噶瑪蘭廳志》，並於咸豐 2 年（1852 年）出版	咸豐 3 年（1852）當地民眾起事，為亂民圍困，自殺而死
94	咸豐、同治、光緒年間	※查元鼎字（少白）	浙江海寧	1804～1886？	《草草草堂吟草》4 卷	游幕來臺，後居竹塹潛園
95	道光年間	※李華	臺灣府		作品有〈草地人〉、〈鳥煙鬼〉等見於《臺灣詩乘》	諸生
96	道光年間	※許廷崙	臺灣府		作品有〈羅漢腳〉等見於《臺灣詩乘》	諸生
97	道光 29 年（1849）入臺	劉家謀字（芑川）	福建侯官	1814～1853	《觀海集》、《開天宮詞》、《東洋紀程》等，咸豐 2 年作〈海音詩〉。《觀海集》，寫於道光 29 年至咸豐 2 年	臺灣府訓導，在臺 4 年，病卒
98	咸豐 3 年（1853）入臺	唐壎	江蘇秀水		存〈王邑侯廷幹死難記〉、〈鄭元杰、夏汝賢克復鳳山縣論〉等文	佐有司平林恭之亂，後再度來臺，任書院山長
99	咸豐、同治年間	※陳肇興字（伯康）	彰化縣	1831～？	《陶村詩稿》8 卷	鄉試中舉，設教於鄉，約卒於光緒初年
100	咸豐、同治年間	※陳維英號（迂谷）	淡水大隆同莊	1811～1869	《太古巢聯集》、《偷閒集》	閩縣教諭，後掌宜蘭仰山、艋舺學海書院
101	同治元年（1862）入臺	林豪字（卓人）號（次逋）	福建金門	1831～1918	參修《廈門志》、始纂《金門志》、纂修《澎湖廳志》、《淡水廳志》。另有《東瀛紀事》。民國 6 年出版《誦清堂詩集》，共 12 卷。	咸豐 9 年於福建中舉，同治 3 年居林占梅潛園，6 年修淡水廳志，7 年至澎湖主講文石書院，光緒 4 年、18 年兩度纂修澎湖廳志

102	同治 8 年（1869）入臺	楊浚 字（雪滄）號（建公）	福建 侯官	1830 ～ 1890	應淡水同知陳培桂聘，纂修《淡水廳志》，著有《冠悔堂詩鈔》10 卷	咸豐 2 年中舉，同治 8 年任內閣中書及國史、方略館校對。晚年曾主漳州丹霞、金門浯江書院。
103	光緒初年入臺	梁成柟 字（子嘉）號（鈍庵）	廣東 三水		《鈍庵詩稿》（未刊）	為林朝棟掌書記，後開墾大湖一帶山林，割臺後遷居香港以終
104	光緒元年（1875）入臺	王凱泰 字（幼軒）號（補帆）	江蘇 寶應		〈臺灣雜詠〉32 首、續詠 12 首	同治 9 年任福建巡撫，光緒元年來臺任臺灣道，居 5 月，染瘴癘，內渡不久卒於官
105	光緒元年（1875）入臺	馬清樞 字（子翊）	福建 侯官		〈臺灣雜興〉30 首	臺灣府教諭
106	光緒 2 年（1876）入臺	何澂 字（竟山）	浙江 山陰		〈臺陽雜詠〉20 首	為臺灣道王凱泰掌書記
107	光緒 9 年（1883）入臺	張景祁 字（孝威）（蘩甫）號（韻梅）	浙江 錢塘	1827 ～ 1897 後	《㪅雅堂詩文集》、《新蘅詞》6 卷，外集 1 卷	清同治 13 年賜進士出身，誥授奉政大夫翰林院庶吉士，國史館協修。曾任福建武平縣知縣、連江縣知縣等職，來臺後任淡水理番同知等
108	光緒 10 年（1884）入臺	劉銘傳 字（省三）	安徽 合肥	1836 ～ 1896	《大潛山房詩鈔》	光緒 10 年入臺，以巡撫銜督辦在臺軍務，14 年任臺灣首任巡撫，在臺 6 年
109	光緒 10 年（1884）入臺	黃家鼎 字（駿孫）	浙江 鄞縣		曾參與《鳳山採訪冊》的撰寫，著有《補不足齋詩鈔》	光緒 10 代理鳳山知縣，17 年再任
110	光緒 11 年（1885）入臺	唐景崧 字（薇卿）	廣西 灌陽	? ～ 1902	設牡丹詩社，撰有請纓日記，編有《詩畸》，敕纂《臺灣通誌》（未成）	臺灣道，17 年升布政使，割臺時稱臺灣民主國總統
111	光緒 12 年（1886）入臺	陳衍 字（叔伊）號（石遺）	福建 侯官		《石遺詩集》、《臺灣通紀》。有《游臺詩》1 卷	應臺灣巡撫劉銘傳之招，東渡參贊戎幕，在臺年餘
112	光緒 12 年（1886）來臺	李振唐	江西 南城		〈臺灣竹枝詞〉	曾宰江南苦邑，為劉銘傳上客。著有《宜秋館詩詞》
113	光緒 13 年（1887）前入臺	李鴻儀 字（奎生）號（濱漁）	江蘇 常熟		〈詠臺北內山香社雜詩〉20 首等	曾任福建候補道

114	光緒 17 年（1891）入臺	唐贊袞 字（韡之）	江蘇 善化		輯有《澄懷閣唱和集》、《臺陽見聞錄》	署臺澎道，旋補臺南知府，乙未時西渡
115	光緒 18 年（1892）入臺	余悌 字（勤夫）			〈臺灣雜詠〉	光緒 18 年任余石泉幕僚
116	光緒 19 年（1893）入臺	胡傳 字（鐵花）號（鈍夫）	安徽 績溪	1841～1895	《臺灣紀錄》兩種、《臺東州探訪冊》	臺東直隸州知洲
117	光緒 19 年（1893）入臺	屠繼善	浙江 會稽		《恆春縣志》、〈恆春竹枝詞〉、〈游瑯嶠賦〉	受委任編纂《恆春縣志》
118		康作銘 字（子驥）	廣東 南澳		〈游恆春竹枝詞〉、〈瑯嶠民番風俗賦〉	任教於恆春
119		胡徵 字（如澄）	廣西 桂林		〈恆春竹枝詞〉	任教於恆春
120		史香九 名（齡）	江西 德化		〈臺南竹枝詞〉	光緒年間游幕臺灣。
121	同治、光緒年間	※吳德功 字（汝能）號（立軒）	彰化	1850～1924	〈戴案紀略〉、〈施案紀略〉、〈讓臺記〉、《瑞桃齋詩稿》、《瑞桃齋文稿》、《瑞桃齋詩話》	歲貢生，光緒年間輯有《彰化縣採訪冊》，日據後設教里中
122	光緒、日據年間	王松 字（有竹）號（寄生）	新竹	1866～1930	《滄海遺民賸稿》、《臺陽詩話》	原籍福建晉江，為入臺第二代，乙未曾內渡，亂定後返臺，以著述為務，有狂生之名
123	光緒、日據年間	※丘逢甲 字（仙根）號（蟄仙）晚號（滄海君）	苗栗縣	1864～1912	《嶺雲海日樓詩鈔》	26 歲成進士。返臺後主講於臺南崇文、嘉義羅山，臺中宏文等書院。乙未時主倡臺灣民主國，事敗後返大陸

附錄一　猫裏字義考釋

一、前　言

　　苗栗一詞源自於原住民語「猫裏」，光緒十五年（1889 年）時因首度設縣，縣治即位於猫裏社舊址，故將「猫裏」雅化爲「苗栗」。然而「猫裏」之意爲何？論者咸以「平原」來做解釋，且幾已成爲定論。這個說法源自伊能嘉矩的說法：

　　　　貓裏は，此方面に於けろ平埔番（族稱タオカス）の社名ヴアリイ

　　　　に，宛てたろ音譯ごし，同番語にて「平原」の義なに。〔註1〕

其後安倍明義《臺灣地名研究》一書，承襲此書，也將貓裏之意解釋爲平原。此兩書對臺灣學術界影響甚大，引用其說法以爲論證的甚多。然而筆者檢讀清代文獻對原住民語言的「漢字擬音」，發現「猫裏」爲平原的說法有值得商榷之處。所謂「猫裏」在道卡斯族或其他族類中並無平原的意思。故將所蒐集到的資料，做一排比、論述，爲此字做出新的解釋。

二、文獻中的猫裏

　　「猫裏」或寫做「貓裏」、「猫里」，「猫」爲「貓」的或體字，最早見於周

〔註 1〕伊能嘉矩：《臺灣文化志》（下卷）第十四篇〈拓殖沿革〉第一章〈制限拓殖
　　　　の一期〉，（臺北：南天書局，1994 年 9 月），頁 339。

鍾瑄、陳夢林等所編纂的《諸羅縣志》，在卷一〈封域志・疆界〉記有「猫裏山」一條。卷二〈規制志・社〉則記有猫裏社，〈番俗圖〉則寫做猫里山。山以「猫裏（里）」命名，山附近的番社則寫做「猫裏」，此地其後文獻中陸續有所記載，擇要表列如下：

出　　處	用　　　　語
康熙五十六年（1717 年）《諸羅縣志》	卷一〈封域志・山川〉：猫裏山。〔註 2〕 卷二〈規制志・社〉：猫裏社。〔註 3〕 另〈番俗圖〉：猫里山。〔註 4〕
乾隆十二年（1747 年）《重修臺灣府志》	卷一〈封域・山川〉：猫裏山。〔註 5〕 卷二〈規制・番社〉：猫裏社。〔註 6〕 另〈臺灣府總圖〉：猫里山。〈淡水廳全圖〉：猫裡山。〔註 7〕
乾隆三十八年（1773 年）《海東札記》	卷四〈記社屬〉：貓裏社。〔註 8〕
同治十年（1871 年）《淡水廳志》	卷一〈封域志・山川〉：貓里山、貓裏街。〔註 9〕 卷三志二〈建置志・倉廒〉：猫裏社。〔註 10〕 卷三志二〈建置志・番社〉：猫裏社。〔註 11〕 另〈淡水廳全圖〉：猫里。〔註 12〕
光緒二十年（1894 年）《苗栗縣志》	卷二〈封域志・沿革〉：猫裏社。〔註 13〕 卷二〈封域志・山川〉：猫裏山（在貓裏街西二里）。

〔註 2〕 周鍾瑄：《諸羅縣志》卷一〈封域志・山川〉，（臺北市：臺灣銀行經濟研究室編印，臺灣文獻叢刊第 141 種，1962 年 12 月），頁 10。
〔註 3〕 周鍾瑄：《諸羅縣志》卷一〈封域志・山川〉，頁 31。
〔註 4〕 周鍾瑄：《諸羅縣志》〈番俗圖〉，頁 14。
〔註 5〕 六十七、范咸：《重修臺灣府志》卷一〈封域・山川〉，（臺北市：臺灣銀行經濟研究室編印，臺灣文獻叢刊第 105 種，1961 年 11 月），頁 27。
〔註 6〕 六十七、范咸：《重修臺灣府志》卷二〈規制・番社〉，頁 72。
〔註 7〕 同上註，頁 12。
〔註 8〕 朱景英：《海東札記》，（臺北市：臺灣銀行經濟研究室編印，臺灣文獻叢刊第 19 種，1958 年），頁 57。
〔註 9〕 陳培桂：《淡水廳志》卷一〈封域志・山川〉，（臺北市：臺灣銀行經濟研究室編印，臺灣文獻叢刊第 172 種，1963 年 8 月），頁 30。
〔註 10〕 陳培桂：《淡水廳志》卷三志二〈建置志・倉廒〉，頁 55。
〔註 11〕 陳培桂：《淡水廳志》卷三志二〈建置志・番社〉，頁 81。
〔註 12〕 陳培桂：《淡水廳志》〈淡水廳全圖〉，頁 3。
〔註 13〕 沈茂陰：《苗栗縣志》卷二〈封域志・沿革〉，（臺北市：臺灣銀行經濟研究室編印，臺灣文獻叢刊第 172 種，1962 年 12 月），頁 17。

	〔註14〕 卷三〈建置志・街市〉：貓裏街。〔註15〕 另〈苗栗一堡圖〉：貓裡街。〔註16〕
光緒二十四年（1898年） 《新竹縣志初稿》	卷一〈建置志・番社〉：貓裏社。〔註17〕

　　由上表可知康熙年間「貓裏」即已爲官方「命名定位」，其所在地即今日的苗栗市，社址位於勝利里一帶。貓裏社是原住民道卡斯族居住的地方，此社就在「貓裏山」附近。「貓裏山」日據時期因爲征臺的近衛師團長北白川宮能久曾登臨此山，故改名爲「將軍山」。光復後爲紀念抗日志士羅福星改名爲「福星山」，民國八十六年，又改名爲「貓貍山」，此座小山標高約一百二十公尺。〔註18〕這個番社《海東札記》寫做「貓裏社」，《淡水廳志》則寫做「貓裏社」或「貓裏街」，《苗栗縣志》名稱有「貓裏社」、「貓裏街」、「貓裡街」三個不同的用詞。「貓裏山」與「貓裏社」的距離約一、二公里，符合文獻的記載。由以上的記載可以看出用語混亂的情形，同樣指的是一個地方，用字卻有「貓」、「貓」、「裏」、「裡」、「里」、「貍」的不同，且「貓」字並不唸成國語「ㄇㄠ」，而應唸成當時以漢字擬音者用閩南語擬的音「ㄇㄚˊ」（蔴），這個唸法可以由貓霧揀族的羅馬拼音 Babuza〔註19〕，貓羅社荷蘭時期稱爲 Kakar Barrorck。〔註20〕大貓釐〔註21〕、大貓貍〔註22〕，光復後唸成「太蔴里」等，讀音可以看出。至此，「貓裏山」一詞可以初步判斷，既以「貓裏」做爲山名，就不可

〔註14〕　沈茂陰：《苗栗縣志》卷二〈封域志・山川〉，頁 26。
〔註15〕　沈茂陰：《苗栗縣志》卷三〈建置志・街市〉，頁 36。
〔註16〕　沈茂陰：《苗栗縣志》〈苗栗一堡圖〉，頁 4、5。
〔註17〕　鄭鵬雲等：《新竹縣志初稿》卷一〈建置志〉，（臺北市：臺灣銀行經濟研究室編印，臺灣文獻叢刊第 61 種，1959 年），頁 42。
〔註18〕　「貓貍山」之名源自於光緒九年奉敕褒揚的「賴氏貞節孝坊」，此牌坊刻有「臺北府新竹縣貓貍街儒士劉金錫之妻賴氏節孝坊。光緒九年。」因此以「貓貍山」命名。《苗栗市誌》，（苗栗市公所出版，1998 年 2 月），頁 112、122。
〔註19〕　李壬癸：《臺灣平埔族的歷史與互動》，（臺北市：常民文化出版社，1997 年3 月），頁 40。
〔註20〕　劉澤民：《平埔百社古文書》，（南投市：國史館臺灣文獻館，2002 年 3 月），頁 320。
〔註21〕　沈葆禎：《福建臺灣奏摺》〈請獎剿番開山出力人員摺〉，（臺北市：臺灣銀行經濟研究室編印，臺灣文獻叢刊第 29 種，1959 年），頁 78。
〔註22〕　夏獻綸：《臺灣輿圖》，（臺北市：灣銀行經濟研究室編印，臺灣文獻叢刊第 45 種，1959 年），頁 78。

能有「平原」之意。

　　日人據臺之後，對本地的人文歷史、風俗地理做了不少調查。伊能嘉矩是較早做這方面工作的。他在〈巡臺日乘〉一八九七年六月二十九日（明治三十年）上記載說：

> 苗栗街原是貓裏社蕃人世居之地，後來在乾隆十二、十三年的時候，漢人分別從西方的白沙墩沿岸及新竹南方到這裡拓墾。〔註23〕

七月三日的紀錄上引用貓閣社頭目潘和泉的說法說：

> 貓閣社原來叫做貓裏社（Miyori），在康熙年間歸附清廷後，漸漸採用清俗。在嘉慶年間，位於現在苗栗街東北二華里處的 KasikÖk 社（嘉志閣社）因爲人口減少，社蕃全部遷到貓裏社合併爲一社，取兩社頭尾各一個字，稱爲貓閣社。〔註24〕

有關於「貓裏社」與「貓裏街」的問題，來自漢人移民的陸續移入，移入之後便產生依附與混居的情形，混居之後便逐步產生了取代現像。移民入臺的第一步，大多是進入番社尋求生活資源，此即所謂「依附」，在逐步站穩腳步後，取得耕地，人口增加，形成新的勢力，成爲此地的新主人，此即「取代」。同治十年（1871 年）《淡水廳志》已有「貓裏街」、「貓裏社」的分別，然而所記有錯誤，卷三志二〈建置志‧街里〉把貓裏社歸爲苑裡堡十五莊（距城八十四里），同卷三志二則有「貓裏街」（距城五十里）、「嘉志閣」莊（距城四十九里）〔註25〕，顯有張冠李戴之處。《苗栗縣志》卷三〈建置志‧街市〉貓裏街（在縣治南門外一里）〔註26〕，同卷〈建置志番社〉則有「貓閣社」（距縣南六里）〔註27〕，從以上兩則記載可以看出，同治年間大陸移民的人口已經超出原住者的數目，且形成一個街市。《苗栗縣志》的記載有貓裏街與番社貓閣社，在這個階段，康熙年間即已存在的貓裏社已變成貓裏街，而原有的位於附近的嘉志閣社，則與貓裏社的番眾合併，稱爲貓閣社。伊能嘉矩的引錄當地耆老的說法還算正確。有關「貓裏」之意爲何？安倍明義擴大及補充了伊能嘉矩的解釋，他在《臺灣地名研究》上說：

> 乾隆十三年（皇紀二四零八年）頃粤人によつて開かれ貓里庄と稱

〔註23〕伊能嘉矩：《臺灣踏查日記》（上），（臺北市：遠流出版社，1996 年），頁 115。
〔註24〕伊能嘉矩：《臺灣踏查日記》（上），頁 117。
〔註25〕陳培桂：《淡水廳志》卷三志二，頁 63。
〔註26〕苗栗縣治所在地位於貓里社北端的「夢花莊」。
〔註27〕陳培桂：《淡水廳志》卷三志二，頁 36、49。

した。これ蕃社名ヴアリイに宛てた近音譯字でヴアリイとは平原の
であゐ。……當初蕃社名を貓裏と書き民庄名を貓里と書いて區別
したやうであゐが。後に二者を混用して之を併用した。光緒十二
年（皇紀二五四六年）この地に置縣の際近音の佳字苗栗に改めた。
〔註28〕

爲閱讀檢讀方便，另將武陵出版社的翻譯附之於下：

乾隆十三年左右，粵人開拓此地時稱爲「貓里（裏）庄」。這是蕃社
「麻里」的諧音。「麻里」是平原的意思。據臺灣府志的記載，當初
把蕃社名寫成「貓裏」（貓裏），民庄寫成「貓里」（貓里），以茲區
別，可是到了後來卻把兩者併用了。光緒十二年此地置縣之際，改
爲「苗栗」。〔註29〕

由上列的日文原稿與中文譯文比對來看，中譯本顯然疏漏之處不少，（ ）的字
爲原文誤抄，現加以補充改正。安倍明義原文稱據《臺灣府志》的記載，蕃
人所居之地稱爲「貓裏」，漢人移民所成的聚落則稱爲「貓里」，這樣的說法當
然很不可靠，他並未說明所據的《臺灣府志》爲那一本。《臺灣府志》最早在
康熙二十四年（1685 年）由蔣毓英、楊芳聲、季麒光等編輯，但未及刊印。
康熙三十三至三十四年（1694 年、1695 年）高拱乾纂修的《臺灣府志》則在
三十五年出刊。乾隆七年（1742 年）劉良璧等人《重修福建臺灣府志》，乾隆
十二年（1747 年）六十七、范咸《重修臺灣府志》，乾隆三十年（1765 年），
余文儀等人《續修臺灣府志》，這些志書中都未提及這樣的說法。他看到的可
能是《淡水廳志》或《苗栗縣志》的記載，《淡水廳志》已將貓裏社和貓裏街
做了區分，後者所述則更清楚。安倍明義說曾親到苗栗來做實查，他解釋「貓
裏」應讀作「麻里」，是平原的意思，據其文意應該是出自詢問當地人的結果。
這段文字中將「貓」讀成「麻」這是正確的讀法。在清代許多以漢字擬音翻譯
原住民語的「貓」字，如前所言其實都應讀成「麻」。安倍明義之後許多後繼
的研究者，便承續他的說法，如洪敏麟編著：《臺灣舊地名之沿革》：

〔註28〕 安倍明義：《臺灣地名研究》，（臺北市：蕃語研究會發行，昭和十三年（1938
年）一月一日），頁 162。

〔註29〕 安倍明義：《臺灣地名研究》，（臺北市：武陵出版社，2003 年），頁 140。本
書未列翻譯者姓名，僅以「編者」列名，翻譯較爲粗率。此書另一個較大的
錯誤是苗栗首度設縣的問題，苗栗首次設縣的時間應該是光緒十五年，非十
二年。

苗栗原作貓裏或貓裡，係道卡斯平埔族（Taokas）社名之譯音。……
道卡斯平埔族語 Miyori 意平原。〔註30〕

黃鼎松：《苗栗的開拓與史蹟》：

苗栗昔爲平埔族「巴麗社」（一稱麻裡社）的散居地，「巴麗」爲平
原之意。粵東客家人初墾此地時，稱爲「貓裡」，是由巴麗轉譯而來。
清光緒十五年（西元一八八九年）設縣時，始改近音之「苗栗」，沿
用迄今。〔註31〕

洪敏麟的解說也有參考伊能嘉矩的標音「Miyori」，內容還是以安倍明義之說
爲主。黃鼎松則增加了兩個名稱「巴麗社」、「麻裡社」，另外在其纂修的《苗
栗市誌》第四章〈勝蹟〉，又增加了「巴里（pali）」一個名稱〔註32〕。這三個
名稱未見於其他文獻。不過在解釋其意上，仍採取安倍明義的說法，認爲是
「平原」。以上兩種說法是光復後，比較代表性的著作，其他大部分記述也都
沿用這個解釋。

三、貓裏原意考釋

漢字擬音是中國翻譯「非我族類」語言的傳統做法，做法上是用漢字中
接近的語音去模擬對方的聲音，清政府領有臺灣後，因統治的需要，便對這
片陌生的土地，進行命名定位的工作。他們派出許多人，去調查原住民、記
載山川、風俗、物產，因爲臺灣本來所居住的是二三十種南島語系的族類，
他們對所居之地，自有其命名，所以政府派去的人們，就其詢問所及，以漢
字加以模擬其音，然後寫下來。「貓裏」這兩字便是這樣出現的。不過因爲調
查的人對音的判斷，選用的字都沒有規範，所以相當粗率，同樣的東西，所
擬的字各不相同。如：黃叔璥《臺海使槎錄》〈番俗六考〉中收錄的平埔族歌
謠三十四首：「鹿」或「捕鹿」，在新港社別婦歌（臺南市）、二林、馬芝遴、
貓兒干、大突納餉歌（彰化北斗）、南社會飲歌（雲林崙背）都寫爲：「文蘭」，

〔註30〕洪敏麟編著：《臺灣舊地名之沿革》第二冊（上）（南投市：臺灣省文獻會編
印，1983年），頁242。

〔註31〕黃鼎松：《苗栗的開拓與史蹟》，（臺北市：常民文化，1998年），頁35。

〔註32〕黃鼎松：《苗栗市誌》，（苗栗市，苗栗市公所出版，1998年2月），頁121。
「巴里（pali）」應來自於湯慧敏1996年對後龍新港社進行實查的工作，社中
耆老劉火吉先生稱苗栗爲pali。

半線社聚飲歌（彰化市）裏卻寫作「文南」〔註33〕，《諸羅縣志》則稱鹿爲「門闌」。〔註34〕位於臺北的番社「毛少翁社」，又寫作「麻少翁社」，「雷裏社」又寫做「雷里社」、「雷裡社」等等〔註35〕，例子不勝枚舉。

「猫（麻）裏」這兩字的意思爲何，前已言及，既稱之爲「山」，就不太可能是平原的意思。那麼它究竟是什麼意思呢？與「猫（麻）裏」音近的擬音漢字，在清代的文獻中可以找出的是「風」這個意思。「風」這個字，我們發現許多族群都使用相類的發音，時空跨越度甚大，令人驚訝，舉例如下：

出　　處	用　　語	族　　群
《諸羅縣志》	風（麻例）	西拉雅族〔註36〕
《小琉球漫誌》	風（麻哩）	西拉雅族〔註37〕
《臺東州采訪冊》南路埤南各社番語	風（嗎哩）	卑南族〔註38〕
《新竹縣采訪冊》	風（貓哩）	道卡斯族〔註39〕
《恆春縣志》	風（瓜笠）	排灣族〔註40〕

《諸羅縣志》成書最早，刊刻於康熙五十六年（1717 年），《新竹縣采訪冊》成書於光緒二十年（1892 年）左右，前後差距約一百七十五年。《諸羅縣

〔註33〕黃叔璥，康熙 61 年（1722）年入臺。《臺海使槎錄》〈番俗六考〉八卷，（臺北市：臺灣銀行經濟研究室編印，臺灣文獻叢刊第 4 種，1957 年），頁 96～160。
〔註34〕周鍾瑄：《諸羅縣志》卷八〈風俗志〉，頁 178。
〔註35〕劉澤民：《平埔百社古文書》，頁 24、31。
〔註36〕周鍾瑄：《諸羅縣志》卷八〈風俗志〉，頁 175。
〔註37〕朱仕玠：《小琉球漫錄》卷八〈海東賸語〉（下）（臺北市：臺灣銀行經濟研究室編印，臺灣文獻叢刊第 3 種，1957 年），頁 87。
〔註38〕胡傳：《臺東州採訪冊》，〈風俗附番語〉，（臺北市：臺灣銀行經濟研究室，臺灣文獻叢刊第 81 種，）1961 年，頁 54。
〔註39〕《新竹縣采訪冊》約完成於光緒二十年（1894 年），因乙未割臺未及刊行。次年，撰稿者陳朝龍攜稿本，內渡中國大陸，光緒二十九年（1903 年）陳氏卒於福州。新竹紳士鄭如蘭以重金蒐購其遺稿，藏之於家。明治四十年（1907 年），日本新竹廳長里見義正向鄭如蘭借抄，分爲四冊。光復後臺灣銀行經濟研究室依藏於臺灣分館僅存的抄本，將之標點、刊印，但是仍缺書院、祠廟、坊區、風俗及列傳等項。直到近年，臺灣省文獻委員會才發現新竹廳之抄本，乃將之與臺銀刊本以及陳培桂《淡水廳志》合校，輯爲乙冊，1999 年付梓，出版時爲與臺銀本區別，其書名增改爲《合校足本新竹縣采訪冊》。
〔註40〕屠繼善：《恆春縣志》卷八〈風俗〉，（臺北市：臺灣銀行經濟研究室編印，臺灣文獻叢刊 75，1960 年），頁 135。

志》、《小琉球漫誌》所記為南臺灣西拉雅族群的語言,《臺東州采訪冊》為東南部卑南族的語言,《新竹縣采訪冊》為道卡斯族的語言,《恆春縣志》為排灣族的語言,記載的時代不同,族群不同,地域不同,而使用的聲音非常類似:「麻例」、「麻哩」、「嗎哩」、「貓哩」、「瓜笠」等漢字擬音,都指的是「風」。尤其是《新竹縣采訪冊》風的擬音為「貓哩」,新竹地區的「熟番」與苗栗地區的原住民同屬道卡斯族,在語音上雖略有差異,但基本上的一些字詞,是很相類的。除此之外居住於苗栗縣三義鄉鯉魚潭的巴宰族長老潘德彰、潘大和於民國六十三年(1974年)編有一篇專門紀錄巴宰族語言的〈潘氏語言集〉,書中收錄了三四百個單字及一百句左右的日常對話,其中「風」這個字讀作「bali」,如用漢字擬音的方式記音,也接近「巴麗」或「麻例」。〔註41〕李壬癸在〈來到福爾摩沙－臺灣平埔族的種類及其相互關係〉一文中,引用了淺井惠倫與波越重之對宜蘭凱達格蘭族亞系哆羅美遠、里腦以及北臺灣巴賽地區的語言做過比對,他們所記的「風」讀作 baci 或 vaci,李壬癸在其後註記說:在古代的西、北南島語言裏,「風」讀作 bali。〔註42〕由這個紀錄可見凱達格蘭族「風」字的讀音也非常相類。

　　日人據臺後,許多人類學者對原住民語言也展開了調查,他們記音的工具是羅馬拼音,對道卡斯語做了很多紀錄,湯慧敏《再見道卡斯》一書,在〈附錄一〉將他們的記述做了整理,小川尚義、淺井惠倫、Policeman、馬淵東一這些學者的標音中,道卡斯語中的「風」,與「貓(麻)裏」一音非常近似,排列如下:

道卡斯語單字田野紀錄比較一覽表

日北社(埔里)1905.3	yabali	小川尚義 Ogawa
日北社(埔里)1909.7	bali	小川尚義 Ogawa
房裡社 1936.8	bari	淺井惠倫 Asai
新港社 1917.5	maari	Policeman
新港社 1931.1	boli 〔註43〕	馬淵東一 Miyamoto

小川尚義在日北社所記的是道光三年(1823年)至咸豐十一年(1861年),

〔註41〕 楊德遠編著:《鯉魚潭開拓史》〈陸、保存古老的語言企圖找尋生命的源頭〉,(苗栗市:苗栗文化中心,1996年),無頁碼。
〔註42〕 李壬癸《臺灣平埔族的歷史與互動》,頁44。
〔註43〕 湯慧敏:《再見道卡斯》,(苗栗市:苗栗縣政府,1998年7月),頁138。

陸續由大甲、苑裡一帶遷到埔里日北社的道卡斯族群，由他所記錄的語音可以看出「風」這個字的讀音「yabali」、「bali」、「bari」、「maari」、「boli」，確實接近「貓（麻）裏」。另一位學者宮本延人，1931 年曾至後龍新港社調查，事後曾發表一篇報告，報告中也紀錄一些單字，而「風」這個字便唸爲：bali 〔註44〕，與小川尚義所記相同。

　　湯慧敏在民國八十五年對後龍新港社進行實查的工作，在語言方面他訪問了劉火吉先生，劉火吉先生將苗栗這個地方的語音爲：pali 〔註45〕。民國八十八年胡家瑜主編的：《道卡斯新港社文書》表一、道卡斯主要聚落社名對照表，將貓裏社標注爲 Miyori（Marri）〔註46〕，這是兼用了伊能嘉矩和 Policeman 的記音。

四、結　論

　　根據以上的討論，「貓（麻）裏」一詞最早出現在《諸羅縣志》卷一〈封域志山川〉：貓裏山，卷二〈規制社〉：貓裏社，〈番俗圖〉：貓里山。對「貓（麻）裏」沒有做解釋。提出此詞意思爲「平原」，是日據時期的伊能嘉矩和安倍明義，不過他們的解釋基本上是孤證，其後並沒有任何人再去做實查的工作，後起的研究也無法證明他們說的是正確的。本文在清代文獻中找出的漢字擬音，以及日人的羅馬拼音，發現「貓（麻）裏」應該是「風」的意思可能性較大，臺灣許多原住民族群對「風」的唸法，有相似之處。其後的日人研究者針對道卡斯族訪談的記音，更可看出「風」這個詞與「貓（麻）裏」非常接近。光復後李仁癸、湯慧敏等人所整理、調查的資料都可以直接、間接證明此詞應該是「風」的意思。《諸羅縣志》中的貓裏山或許原意是「多風的山」、「經常刮著風的山」，而在這座山下的番社，可以說是「多風的番社」或「經常刮著風的番社」吧。

　　本文發表於 2005 年 8 月國立聯合大學主辦《第一屆苗栗學研討會》，2012 年 11 月，第二次修訂。

〔註44〕胡家瑜主編：《道卡斯新港社文書》，引宮本延人原著，宋文薰譯，（臺北市：國立臺灣大學人類系出版，1999 年 9 月），頁 216。
〔註45〕湯慧敏：《再見道卡斯》，頁 13。
〔註46〕胡家瑜主編：《道卡斯新港社文書》，頁 20。

附錄二　臺灣原住民命名的疑與辨
—— 合番或者合歡的例子[註1]

　　「合番」一詞在清代到日據時期臺灣載籍裡，經常與「合歡」混淆不清，根據相關文獻的記載，這兩詞既是番社名、山名、地名，也是族類名、人名，這兩個詞彼此間有何關係，所代表的意義究竟爲何？是很值得探討的。此外「合番」究竟屬於「生番」還是「熟番」？是哪個族類，還是泛稱？也是個還待釐清的問題。本文嘗試循其名定其義，作出初步的結論。然而清代文獻在原住民記述上常有「音義不符」、「詞語混淆」、「雜鈔改述」的現象，繪圖上亦有「空間錯置」、「承襲舊作」等的毛病，是以求證十分困難，許多疑點仍難解決，往往僅能做到「羅列證據，或可圓說」的地步，這是必須說明的。以下先將文獻中的使用分類排列如下：

一、名稱分類

（一）番社名

　　清代臺灣文獻中有「合番社」與「合歡社」兩個番社不同的用詞。康熙三十五年（1696）高拱乾編修的《臺灣府志》的〈臺灣府總圖〉上有「合坎社」，然而這是「合歡社」的筆誤。在其〈封域志・山川・諸羅縣〉有說明：「合歡山(在南日山西，此山出灘流入淡水港)。」[註2] 劉良璧乾隆七年（1742）

〔註 1〕 本文於 2012 年 11 月第三次修訂。
〔註 2〕 高拱乾：《臺灣府志》卷一〈封域志・山川・諸羅縣山〉，（臺北市：臺銀本，

主持編纂的《重修福建臺灣府志》卷五〈城池〉說：

　　……微也難懶社、猴猴社（以上爲蛤仔難三十六社，皆山後生番）、

　　三朝社、哆囉滿社、合歡社、攸吾乃社（以上四社，乾隆二年歸化

　　生番）。〔註3〕

上文的合歡社位置在竹塹社東方，現在的新竹縣、苗栗縣山區，原來屬於生番，乾隆二年（1737）時歸化，成爲向政府納稅、臣服的社群。三朝社或寫成「山朝社」、「三貂社」位置在現在的臺北市縣雙溪、貢寮一帶。哆囉滿社或寫成「哆羅滿社」，則在花蓮縣。攸吾乃社亦有「祐武乃」、「佑武乃」、「攸武奶」、「右武乃」等漢字擬音的寫法，〔註4〕「祐武乃」、「佑武乃」爲山名，出現在《諸羅縣志》上〔註5〕，「攸武奶」見於《臺灣民番界址圖》〔註6〕；「右武乃」則爲人名。這個番社推測位置應在苗栗縣、臺中縣交交界處的山區。〔註7〕《臺灣府賦役冊》〈淡防廳・附徵雜項餉稅項下〉：

　　乾隆二年合番社生番認輸鹿皮、□皮各一張，每張徵銀二錢四分，

　　臺灣文獻叢刊65），頁15。

〔註3〕劉良璧：《重修福建臺灣府志》卷五〈城池・附番社〉，（臺北市：臺銀本，臺灣文獻叢刊74），頁80。

〔註4〕另有音近的「攸武乃社」，此社位在現在的宜蘭縣，乾隆31年，曾遭余文儀清剿，擒殺三百餘人。見《臺灣通紀》卷15〈高宗乾隆31年〉，（臺北市：臺銀本，臺灣文獻叢刊102），頁128。

〔註5〕周鍾瑄：《諸羅縣志》卷一〈封域志・山川・山〉，（臺北市：臺銀本，臺灣文獻叢刊141），頁10。陳培桂：《淡水廳志》卷二〈志一・封域志・山川・山〉，（臺北市：臺銀本，臺灣文獻叢刊172），頁26。

〔註6〕《臺灣民番界址圖》爲清乾隆二十五年（1760）彩繪紙本，（臺北市市，中央研究院歷史語言研究所與南天書局共同出版，2003）。

〔註7〕閩浙總督那蘇圖乾隆八年十二月十六日奏：〈爲顧車輛之資無虞兵丁番黎恭謝天恩事〉：「據淡防廳所轄德化社土目自徵右武乃…」這裡的德化社是原來的大甲西社，雍正九年（1731）與沙轆社、牛罵社共同起事，反抗官府，被敉平後，改稱德化社。土目名爲自徵右武乃，與其山的位置所在應有關係。見臺灣史料集成編輯委員會編：（臺北市市：遠流出版社，明清臺灣史料彙編第二輯，第十八冊，2006年8月），頁362。乾隆年間所繪的《皇清職貢圖》，有淡水右武乃等社「生番及番婦」的圖樣，其模樣爲生番，與大甲西社、吞霄、中港社熟番不同，推測此圖應有錯誤。見（臺北市：臺灣銀行經濟研究室編印，臺灣文獻叢刊180），頁58~60。《臺灣私法債權篇》第一款〈業主權之沿革〉有白番右武乃、右武乃、右武乃子等人名，（臺北市：臺銀本，臺灣文獻叢刊150），頁368。《清代大租調查書》第三章〈番大租〉第五節〈番業戶〉裡有右武乃・胡哥的名字。（臺北市：臺銀本，臺灣文獻叢刊152），頁610。

　　共徵銀四錢八分。〔註8〕

這裡指出「合番社」在乾隆二年（1737）時，隸屬於淡水廳（當時廳治位於彰化），已經開始向政府繳稅。《欽定平定臺灣記略》卷五十三記載了「合歡社」的地名，卷五十三主要是記述林爽文事件的過程，不過這本書所記的內容大部分準確度欠佳。

　　官兵等遂至打鐵寮追捕，由蝦骨社、合歡社、直至炭窯地方，又搜

　　獲零星賊匪百餘名。查炭窯與南港仔山口相通，出山不遠，即係海

　　岸；惟恐林爽文被山內官兵追急，潛行出山向海口逃逸，復派各營

　　官兵由後壟至中港；又自竹塹至桃仔園，沿山密佈。〔註9〕

文中的打鐵寮位於現在桃園縣的復興鄉，打鐵寮古道是當時泰雅族原住民出入的主要道路。南港仔山即現在臺北市市南港地區，然而根據平定林爽文事件之後所繪的「大清一統輿圖」桃仔園街有個「南坑港」〔註10〕，這裡是可以直接出海的。此外中港街與後壟街之間，也有一個「南港仔」，「南港仔」為中港溪的支流，鄰近現後龍鎮外埔庄，乾隆年間水流尚大，足以行駛小船。此地距離海岸很近，要由此出海亦有可能，但因記載不清，未知文中所言究竟是哪個港口。〔註11〕依其敘述蝦骨社、合歡社的位置來判斷，應在桃園縣一帶可能性較大。然「蝦骨社」僅出現在這一相關敘述中，除此之外未見於其他記述，推測是筆誤或杜撰之名。

　　乾隆年間閩浙總督楊廷璋任內所繪的《臺灣民番界址圖》，在現苗栗縣及新竹縣的東方山區，繪出攸武奶、蛤仔市埔、合歡社三個很明確的位置圖，圖上繪出攸武奶為後龍溪的源頭，地圖未明確標出是山還是社名。合歡社則隱隱出現在中港溪與後龍溪的源頭叢山間。

　　另《澎湖臺灣記略》一書載：

　　自朱羅山至水里社，皆地之東境。至此，乃折而西行三百里，至大

　　甲社。又西一百四十里，至房裏社。又西一百三十里，至吞韶社。

〔註8〕　《臺灣府賦役冊》〈淡防廳・附徵雜項鈔稅項下〉，（臺北市：臺銀本，臺灣文
　　　　　獻叢刊 139），頁 81。

〔註9〕　《欽定平定臺灣記略》卷五十三〈二月初一至二月四日〉，（臺北市：臺銀本，
　　　　　臺灣文獻叢刊 102），頁 847。

〔註10〕　夏黎明總論，王存立、胡文青編著：《明清時期臺灣的古地圖》，（臺北市：遠
　　　　　足文化出版，2002 年 10 月），頁 164。

〔註11〕　陳培桂：《淡水廳志》卷一〈圖〉，（臺北市：臺銀本，臺灣文獻叢刊 172），頁
　　　　　15。

其水之西出者，曰大甲溪(其旁有雙寮社、崩山社、苑里社、茅干社)。
自吞韶社折而西北一百三十里，至後籠社。又二十里，至新港仔。
水之西出者，曰後籠港(其旁有茄世閣、合歡社)。自新港仔北行四
十里，至中港社；中港出焉。又北一百里，至竹塹社；竹塹港出焉。
〔註12〕

《澎湖臺灣記略》一書的內容訛誤之處甚多，異體字彼彼皆是，如「朱羅山」
應寫爲「諸羅山」，「吞韶社」應做「吞霄社」，「後籠社」、「後籠港」應寫做
「後壟」，「茄世閣」應寫做「嘉志閣」或「加志閣」，至於「合歡社」則不詳
其所指，因爲「吞霄社」、「後籠社」、「茄世閣」等皆可查知其所在位置，唯
獨「合歡社」難以確定。若此社在「茄世閣」旁，則應隸屬於苗栗縣。由以
上資料可知「合番」、「合歡」兩字混淆的情形，這是清代文獻經常出現「詞
語混淆」的典型現象。然仔細檢讀所載，應爲同一番社。日據之後此詞仍被
沿用，然而書寫者對「合番」之意掌握並不清楚。

　　日人據臺後，明治二十九年（1896）總統府檔案資料〈五指山撫墾署事
務成績報告〉七月份的報告中，記有「尖筆山合蕃社」〔註13〕之社名，總頭
目名「由淮」，男女人數共約九十四人，〔註14〕此社蕃人與本地人合作，從
事製腦工作。十一月〈大湖撫墾署事務成績報告〉提到「轄內合蕃」有：馬
月社、大窩社、竹圍坑、崩山下，這裡的番人在歸類上，屬於賽夏族南群，
〔註15〕這些人分布在苗栗縣地區。十二月份的報告中有一份雇員福山登的
「覆命報告」，文件標題就叫〈合蕃〉。福山登對所謂「合蕃」做了一些考證，
不過他態度保守，認爲自己僅算是觀察而已，不敢貽笑大方。他指出男子的
容貌與服飾無異於生番（泰雅族），明顯不同處在下身穿有短褲，女子外表
除了刺青、鑿齒以外與漢人女子相差不大。「合蕃」與生番語言很不相同，
但彼此能對話，了解彼此的話語。福山登並做了一些簡單的語言調查紀錄。
〔註16〕明治三十一年（1898）五月，囑託丸田寫了一份〈大湖撫墾署事務成

〔註12〕 諸家：《澎湖臺灣記略》，（臺北市：臺銀本，臺灣文獻叢刊 104），頁 1。
〔註13〕 中文使用「番」字，日文漢字爲「蕃」。
〔註14〕 王學新編譯：《日據時期竹苗地區原住民史料彙編與研究》（上）總督府檔案
　　　　專題翻譯（十九）原住民系列之三，（南投市：國史館臺灣文獻館印行，2003
　　　　年 12 月），頁 74。日人對原住民用「蕃」字，中國傳統用「番」字。本文原
　　　　則使用「番」字，若引用日人著作則使用「蕃」字。
〔註15〕 同上註，頁 454。
〔註16〕 同上註，頁 473。

績報告〉，題目名爲〈合蕃與熟蕃〉。他說：「合蕃係由當地人所命名者。合有一半的意思。」，意即這裏的番人只算是「半個番人」。他舉了南庄賽夏族的日阿拐爲例。他說日阿拐南庄漢人稱之爲「熟蕃」，「但目前不能算是熟蕃。」而所謂熟蕃，丸田舉後壟新港社爲例，新港社的番人幾乎都已漢化了，因爲如此，才稱做「熟蕃」。明治三十年（1897）〈新竹縣轄各撫墾署事務成績報告〉有〈尖筆山合蕃社〉的調查報告，文中敘述其種族本爲「化蕃」，因爲他們與生番、「支那人」通婚，與「土民」（漢移民）關係良好。其首領精通「廣東話」（客家話），他說這位首領「性狡猾佞柔，有貪慾，最愛財貨，其可謂是受到支那民族感化而成的標本」〔註17〕，敘述裏帶著習見的歧視性。這族類的人員居住在燥樹排山及大湖山一帶，因不堪「土民」的侵略而移居至此。文中所謂的「尖筆山合蕃社」位置在現在新竹縣橫山鄉南境尖筆窩一帶，與北埔鄉的上坪，五峰鄉的五峰都非常接近。燥樹排山及大湖山則在竹東鎮軟轎及北埔鄉東境，寶山鄉東南境一帶。〔註18〕伊能嘉矩的《臺灣文化志》（下卷）第十五篇〈番政沿革〉說，居住在苗栗縣南庄鄉東河一帶的賽夏族自稱「合蕃」：「現在北部の中港溪支源なる大東河上流山地に分布する蕃群自稱サイシエット即ち合蕃。」〔註19〕這是他的調查所得，並稱合歡與合番兩字音義相通：「合歡は與合蕃の通音とす」〔註20〕，所以「合歡」即「合蕃」。伊能嘉矩的報告大約作於 1900 年到 1904 年之間，他認爲賽夏族屬於道卡斯族的一枝，這樣的看法缺乏語音、姓名的比較與綜合分析，因此作出的結論並不周全。〔註21〕經由日據初期這些人的調查及定名之後，此後

〔註17〕 王學新編譯：《日據時期竹苗地區原住民史料彙編與研究》（中）總督府檔案專題翻譯（十九）原住民系列之三，頁 690。

〔註18〕 苗栗縣竹南鎮北方，亦有名爲尖筆山者，標高 102.45 公尺，有二等三角點，（竹南：竹南鎮公所，1994 年元月），頁 6。光緒二十一年（1895）八月八、九兩日，曾發生地方義軍抗日的「尖筆山戰役」。

〔註19〕 伊能嘉矩：《臺灣文化志》（下卷）第十五篇〈番政沿革〉第六章〈征番事略〉，（臺北市：南天書局，1994 年 9 月），頁 822。

〔註20〕 伊能嘉矩：《臺灣文化志》（下卷）第十五篇〈番政沿革〉第五章〈防番機關〉，頁 789。

〔註21〕 除了伊能嘉矩的調查研究之外，其他日籍人類學者如：鳥居龍藏於 1897、森丑之助於 1912 的著作中未提及賽夏族，鈴木作太郎於 1916 把賽夏族歸爲「化蕃」，藤崎濟之助於 1932 歸爲生番，移川子之藏於 1935 歸爲高砂族生番，鹿野忠雄於 1939 歸爲高砂族生番。可見賽夏族一直是比較缺乏完整研究的族群，對其知解也不算全面。引見林修澈：《臺灣原住民史賽夏族史篇》第五章，

幾乎都以「合蕃」一詞來稱呼南北賽夏族類。這點由大正年間的戶口居地可以看出，當時住在苗栗縣獅潭鄉馬陵、圳頭及崩山下山社的住戶，就被命名為「大湖郡合蕃○○蕃戶」。〔註22〕此外，大正十二年（1923）佐山融吉與大西吉壽所編撰的《生蕃傳說集》採錄有一則〈合歡蕃〉族類來源的口碑，故事甚長，內容亦頗為曲折，然所指的族類應為南投縣合歡山地區的泰雅族類，〔註23〕與前述的「合蕃」，是有區隔的。

就以上番社社名的記述來看，其大概位置都在現在的桃園縣、新竹縣、苗栗縣山區一帶。尤其是竹、苗兩縣的最多，可以推知所指的「合番」、「合歡」或者「合蕃」番社，就是散居在這兩縣的社群。

（二）山名

清代文獻中記載有「合歡山」，無「合番山」一詞，合歡山的位置在現在的苗栗縣、新竹縣東方山區，與現在人們習知的南投縣的合歡山不同。合歡山在清領初期即已出現在官方的志書上，其後的記述略有出入，然大致位置相差不多。

高拱乾《臺灣府志》卷一〈封域志〉：

> 南日山（在崩山社界小龜崙山西・中港在此山北發源）、合歡山（在南日山西，此山出灘流入淡水港）。又北而雞籠鼻頭山（在山朝山西北，山形見「府山分界志」內）、奇獨龜崙山（在雞籠鼻頭山西、淡水城東，山後磺山、圭州山）、干豆門山（干豆門山有二，一在淡水港西，二山夾港如門柱然，故名）〔註24〕……一曰中港潮至中港社分派，從社南東過合歡山，受南日山、武勞澳二流，西歸於海。〔註25〕

同卷〈臺灣府水道・諸羅縣水道〉：

（南投市：臺灣省文獻會編印，2000 年 5 月），頁 6。

〔註22〕苗栗新故鄉協會：〈賽夏氏族的山林經營〉，《苗栗文獻》第二十一期，2002年 10 月，頁 14。

〔註23〕佐山融吉、大西吉壽編撰：《生番傳說集》，（臺北市：1923 初版，1996 南天出版社二版發行），頁 40～46。

〔註24〕高拱乾：《臺灣府志》卷一〈封域志・形勝〉，（臺北市：臺銀本，臺灣文獻叢刊 65），頁 14。

〔註25〕高拱乾：《臺灣府志》卷一〈封域志・山川（附海道）〉，頁 24。

> 一曰淡水港從西北大潮過淡水城，入干豆門，轉而東南，受合歡山
> 灘流；又東過外八投，南受里末社一水；又東過麻里則孝社，東南
> 受龜崙山灘、東北受雞籠頭山灘，從西北會歸於海。

另周元文《重修臺灣府志》卷一〈封域志‧山川‧諸羅縣水道〉記述與此相
同。

《諸羅縣志》卷一〈封域‧山〉：

> ……交眉山（在佑武乃山之東）。蹲舉峻嶒，飄緲乎煙霞者，爲眩眩
> 山（下爲竹塹埔，漢人耕種其中）。眩眩之北爲小龜崙山（內社三：
> 山下爲龜崙、西爲坑仔、南霄裏）。又東而巃□盤礴，並障乎南日諸
> 山之後者，爲祐武乃山（在小鳳山、交眉山之東，極高大）、合歡大
> 山‧遙接乎干豆門諸社者，爲查內山（山麓有查內社）。自干豆門穿
> 港以西，雄偉傑出於淡水港之東南者，曰八里坌山。〔註26〕

此文中「佑武乃山」與「祐武乃山」是同一座山，合歡山寫作「合歡大山」。
其卷首的地圖，將合歡山畫在竹塹社上方，位置尚稱正確。〔註27〕范咸的《重
修臺灣府志》卷一〈封域志‧山川‧淡水廳〉說：「合歡山：在廳治東南六十
里，生番所居。」〔註28〕比照其位置與距離，范咸所述是較爲正確的位置，
然而卷首〈福建臺灣全圖‧淡水廳圖〉所畫的三臺山、祐武乃山應該在合歡
山南側，錯誤則非常明顯。〔註29〕《清一統臺灣府志》〈山川〉：

> 山：在彰化縣北竹塹社之南。通志：相近爲小鳳山，與眩眩山形勢
> 相屬，下爲竹塹埔，漢人耕種其中。東爲祐武乃山，極高大，與合
> 歡大山障蔽南日諸山之後，遙接干豆門諸社及查內山。〔註30〕

這段文字可見是由《諸羅縣志》卷一〈封域‧山〉「重述改寫」而來的。另一
「重述改寫」或名之爲「雜鈔改述」的方志是劉良壁《重修福建府臺灣府志》
卷三〈山川‧彰化縣〉：

> 祐武乃山：在小鳳山、交眉山東。山極高大，並合歡山障南日諸山

〔註26〕 周鍾瑄：《諸羅縣志》卷一〈封域‧山〉，（臺北市：臺銀本，臺灣文獻叢刊141），
　　　　頁10。
〔註27〕 周鍾瑄：《諸羅縣志》卷首〈山川總圖之四〉，（臺北市：臺銀本，臺灣文獻叢
　　　　刊141），頁5。
〔註28〕 范咸：《重修臺灣府志》卷一〈封域志‧山川‧淡水廳〉，（臺北市：臺銀本，
　　　　臺灣文獻叢刊105），頁27。
〔註29〕 同上註，頁12。
〔註30〕 《清一統臺灣府志》〈山川〉，臺灣文獻叢刊68，頁7。

之後。龍嶸盤□，遙接關杜門諸社及查內山。

合歡山：在祐武乃山北。〔註31〕

《重修福建府臺灣府志》的〈福建臺灣全圖‧淡水圖〉合歡山在淡防廳的左上方，攸武乃山則在其正東方，這個位置不正確。〔註32〕

有關這座山的位置，藏於臺灣故宮博物院雍正中葉(1723~1735)所繪的《臺灣輿圖》，非常清楚的畫出了「合歡山」的樣貌，在山下則標有「合歡路頭」之名。所謂路頭，指的是往此前去，便是番人所居之處了。〔註33〕製作於乾隆二十四年（1759）的《乾隆臺灣輿圖》在竹塹社、後壠社的東方也繪有「合歡山」。〔註34〕纂修於同治十年（1871）的《淡水廳志》，對其轄區內的山川記述，已相當正確。各山川的位置都沒有太大的誤差。卷二志一〈封域志‧山川〉：

……貓裏山、大坪山、牛屎崎、嘉志閣西山、彌嵌山、烏眉崎、銅鑼灣山、打那叭山、白沙墩山、吞霄內湖山、火炎山、蓬山、苑裏山、石壁山、錢（鐵？）砧山、南日山、貓盂山、交眉山、合歡山（俱詳下）。〔註35〕

自火炎山過角口溪十餘里，曰石壁山。西十餘里曰鐵砧山，一名銀錠山。自大甲視之不高，然欲泊船大安，既見鐵砧，半日方到。又為治東南之鎮山，蹜溪屬彰化縣界。又「府志」云：距治東南九十四里曰南日山，九十里曰貓盂山，七十里曰交眉山，六十里曰合歡山。交眉、合歡多生番所居。〔註36〕

中港溪，在香山口，南距城三十里。其源出合歡山，歷五指山下，自大埔南流，直至三灣，折而西，經斗換坪，受土牛莊上埔之水，至鰻魚屈頭，復折而南，受南港仔之水。再迤而西，受馬龍潭之水，

〔註31〕劉良壁：《重修福建府臺灣府志》卷三〈山川‧彰化縣〉，（臺北市：臺銀本，臺灣文獻叢刊 74），頁 61。

〔註32〕同上註，頁 12。

〔註33〕雍正《臺灣輿圖》見張炎憲編著：《竹塹古文書》〈古地圖〉，（新竹市：新竹市文化局，1998 年 7 月）。

〔註34〕洪英聖編著：《乾隆臺灣輿圖》，圖版 11-6，（南投市：行政院文建會中部辦公室，臺灣區域發展研究院，鄉土文化研究所，1999 年 8 月）。

〔註35〕陳培桂：《淡水廳志》卷二志一〈封域志‧山川〉，頁 27。

〔註36〕同上註，頁 30。

北受後莊山寮莊、中港街之水，四十餘里匯西入海。〔註37〕

書中多次提到「合歡山」。與《淡水廳志》纂修時間差不多的《重纂福建通志》在卷十五〈山川‧淡水廳〉有如下的紀錄：

> 中港在廳治南三十里，源出東南合歡山，歷五指山，自大埔南流至三灣山，折而西，經對換坪山，受土牛上坪水（未詳），至鰻魚窟頭折而南，受南港子山水（源出南港山），迤而西，受馬龍潭山水，而莊山寮水（未詳）、中港社水自北來匯，西入於海。〔註38〕

根據以上的文獻排比，可以確定「合歡山」是在現在苗栗縣、新竹縣東方的山區。另外在乾隆十二年（1747）范咸《重修臺灣府志》的〈臺灣府總圖〉，乾隆五十三年的〈大清一統輿圖〉，乾隆末年的〈七省沿海圖〉，都明確的標明「合歡山」在「淡防廳」的東方，其北為三臺山，南為貓里山，後則為交眉山。〔註39〕除了以上的圖文資料，一張藏於中央研究院歷史語言研究所乾隆年間的《臺番圖說‧東社采風圖題解》，將合歡山畫在日南社、大甲東社、大甲西社的上方，並清楚的畫出大甲溪原出於合歡山。〔註40〕這是少見的與眾多圖畫不同的圖示，這張圖畫合歡山的位置與現在南投縣合歡山的位置接近。然而大甲東社、大甲西社位在大安溪與大甲溪之間，蓬山的位置與大甲東、西社的位置也有錯誤，這是清領中期以前許多圖示常見的「空間錯置」現象。〔註41〕

　　清代在對番社定名時，通常會將山的名字、番社名或人名結合在一起，

〔註37〕同上註，頁38。

〔註38〕《福建通志》卷十五〈山川‧淡水廳〉，（臺北市：臺銀本，臺灣文獻叢刊84），頁85。

〔註39〕夏黎明總論，王存立、胡文青編著：《明清時期臺灣的古地圖》，頁30、164、170。

〔註40〕引見《苑裡鎮志》第二篇〈開拓史〉，（苑裡鎮：苑裡鎮公所印行，2002年11月），頁172。在圖畫的說明上指出這幅出自六十七《番社采風圖考》一書。

〔註41〕洪敏麟認為大甲西社在現在大甲鎮的義和里，大甲東社在鄰近外埔鄉的大東村，潘英海、陳水木則認為在外埔鄉中山村中山路，這兩個番社都在水尾溪附近，兩社距離大安溪、大甲溪都很近。如由臺灣南部北上的觀點來看，渡過大甲溪後一段距離後就來到這兩個番社，如由南下的觀點來看，則是渡過大安溪之後先到日南社，接著就是大甲東、西社。劉澤民則認為大甲東、西社位置經過多次遷移與分化，不可一概而論，洪敏麟、潘英海、陳水木的說法不夠周全。雖如此，這兩社及其分化的小社位置，有大安鄉、大甲鎮、外埔鄉等，距離相差亦不太遠。見劉澤民編著：《大甲東西社古文書》（上冊），（南投市：國史館臺灣文獻印行，2003年5月），頁479～86。

如：

山　　名	社　　名	人　　名
猫里山	猫里社	猫老尉
猫盂山	猫盂社	盂蘭馨
宛里山	宛里社	宛興財
右武乃山	右武乃社	自徵右武乃、白番右武乃、右武乃胡哥
吞霄社		吞碧海
	大甲東社	東福生、東啓明、東援英、東合和
	日南社	南日昌
	大武壠頭社	大扉、大甲劉、大雅離、大邦

等等〔註 42〕。所以上節出現的「合番社」，有可能即爲「合歡社」；亦即「合番社」是在合歡山附近的番社。而以「合歡」爲名的熟番「道卡斯族人」非常多，如劉合歡、潘合歡、廖合歡、林合歡、「合番・蓋末」、「合番・佛抵」、「合番・巴納」等等（詳見五、姓名一節）。

（三）地　名

在地名方面「合番」與「合歡」兩詞又出現混淆的現象，就以下引述的文獻資料可以看出，所指的地方大概在新竹、苗栗一帶。《臺海使槎錄》卷八〈番俗雜記・番界〉中寫道，爲防止漢人入侵番人的領域，也爲了保護番人，康熙六十一年（1722）在臺灣西部各地立界石，做爲彼此之間的界線。其中苗栗縣的立在南日山腳、吞霄、後壠、貓裏山下，新竹縣的其中一塊界石，立在「合歡路頭」：

> 貓霧抹之張鎮莊、崩山之南日山腳、吞霄、後壠、貓裏各山下及合歡路頭、竹塹之斗罩山腳、澹水之大山頂、山前並石頭溪、峰仔嶼社口，亦俱立石爲界。〔註43〕

「合歡路頭」的名稱與「番人」有關，這是非常清楚的，「合歡路頭」所在地指的是現在的新竹縣寶山鄉（竹北一堡寶斗仁庄）一帶。根據《臺海使槎錄》卷

〔註42〕整理自劉澤民編著：《平埔百社古文書》，（南投市：國史館臺灣文獻印行，2002年3月）。

〔註43〕黃叔璥：《臺海使槎錄》卷八〈番俗雜記〉，（臺北市：臺銀本，臺灣文獻叢刊4），頁167。

六〈番俗六考・北路諸羅番九〉引〈海上記略〉說，康熙壬戌（1682）鄭克塽守雞籠的軍隊，因北風強大，船隻不能運貨，便強迫番人老少搬運軍需，如有不從或「偷懶」就加以鞭撻，番人不堪勞役集體反抗，相率作亂。竹塹社、新港社的番眾附和，鄭克塽派協理陳絳前往圍剿，番人不敵紛紛逃竄。〔註44〕竹塹社人一部分即逃往寶山鄉寶斗仁，未逃離的就遷移到新竹市舊社里（湳雅庄）。〔註45〕新港社的人則往三灣、南庄、公館、大湖、獅潭等山區避難。兩社之人遷徙之地皆爲賽夏族的居地，這些原本已漢化很深的「熟番」道卡斯族人，被迫遷移至此處，便與原住者（生番）混居。這裏的記述出現了很值得注意的地方，因爲陳絳軍隊的壓迫，竹塹社、新港社的社眾逃入山中，造成熟番、生番兩個族類混合的現象，而這些混居的原住民，可能在五十餘年後，乾隆二年（1737）以「合歡社」之名，成爲新的歸化清廷的番民。

　　以「合番」爲地名的，在後龍溪上游有幾筆記載，《淡水廳志》卷三志二〈水利〉說：

　　　蛤仔市圳，在後壠堡，距廳北六十里。乾隆五十二年，眾佃派丁冒險在河頭攔築大陂，分開水路。其水發源於合番坪，灌溉田六百零二甲。道光元年，眾佃議設陂長專管。每甲年納水租四斗。

　　　貓裏莊圳，在後壠堡，距廳南五十二里，乾隆三十四年，眾佃按甲科派所置。其水發源於合番坪，在龜山頭築石壆以瀦之。由林秀俊分開圳道，灌溉田四百四十八甲。每甲年納陂長水租穀一斗爲工資。

　　　嘉志閣圳，在後壠堡，距廳南五十二里。乾隆三十二年，眾佃派丁攔築。其水發源於合番坪，灌溉田一百四十甲。每甲年納陂長水租穀一斗五升爲工資。〔註46〕

這三筆記載所述的都在現在的苗栗市、公館鄉轄內，前兩個「合番坪」指的

〔註44〕黃叔璥：《臺海使槎錄》卷八〈番俗雜記〉，頁129。康熙壬戌即二十一年（1682），清廷攻臺的徵兆已十分明顯，在臺鄭軍爲加強戰備，對番人進行更多勞役的驅使。

〔註45〕洪敏麟：《臺灣舊地名之沿革》第二冊〈第五節竹北鄉〉，（南投：臺灣省文獻委員會，1999年3版），頁167、168。這個說法參考了伊能嘉矩：《臺灣文化志》（下卷）第十五篇〈番政沿革〉相關敘述。

〔註46〕陳培桂：《淡水廳志》卷三志二〈水利〉，臺灣文獻叢刊172，頁78。伊能嘉矩：《臺灣文化志》（下卷）第十五篇第一章〈理番施設〉引了一篇〈苗栗縣平埔番貓閣社文書〉其中有「合歡坪」的文字，頁484。此「合歡坪」應爲「合番坪」，其地點在公館鄉河頭、上坪、下坪、番仔埔一帶。

應該是公館鄉河頭、上坪、下坪、番仔埔一帶。這裡原來爲道卡斯族貓里社、加志閣社的勢力範圍，這兩社與新港社屬同一族類，社址在後龍溪兩岸，相距亦不不過三、四公里。漢人向道卡斯族瞨地入墾後，泰雅族在此地展開土地的保衛戰。嘉慶二十二年（1817）廣東梅縣人吳琳芳爲墾首，率領八十一股，由銅鑼地區入墾，逐步拓展範圍，築「石圍牆」保障成果，泰雅族無法阻擋，勢力衰微，退入內山。乾隆三十二年（1767）所築的「嘉志閣圳」應爲頭屋鄉曲洞村二崗坪的「合番坪」。此地緊鄰後龍溪，自以來即屬於加志閣社的領地。〔註47〕乾隆三十五年（1770）貓裏社人將原居地讓售給漢人移民，與加志閣社合併，稱爲「貓閣社」。這三筆記錄的地點相差有四、五公里遠，然皆稱爲「合番」，應該是個籠統的泛稱，指的是道卡斯人的領域。另苗栗縣後壟社海邊捕魚的幾個石滬之一名爲「合番」，爲當地道卡斯族頭人的產業，且傳承數百年之久。〔註48〕由種種名稱看來新港社、後壟社、貓里社、加志閣社等都與「合番」兩字的關係密切。

（四）族類名

「合番子」一詞出現在陳朝龍等編纂的《新竹縣採訪冊》卷七〈番話〉：「合番子者，在縣東南一路竹塹堡油羅一帶各社，延及竹南堡獅禮興一帶各社。」〔註49〕指的是新竹五峰鄉到苗栗南庄、獅潭一帶的原住民，「番共有十餘姓，曰錢，曰豆，曰朱，曰夏，曰高，曰禪，曰洪，曰絲，曰蛇，曰樟等姓，皆同一種類，俗皆統名謂之合番子，話皆相同。」這些記述中所謂「合番子」指的是賽夏族，「子」爲語尾詞。這些姓也是賽夏族特有的姓氏。另《新竹縣採訪冊》對「合番子」有這樣的描述：

> 尖筆山在縣東五十餘里，其山在五指山之東北，於新甲壢山窩中特地聳起，高五十餘丈，奇麗莫匹，秀比毫尖；爲縣治右肩，與竹南堡之獅頭山遙遙相對。……山窩名尖筆窩，墾佃與合番子雜處，各

〔註47〕黃勝德、黃瑞全等重修《黃氏族譜》，（自刊本，苗栗：1991年9月），頁62。「十四世祖公諱祿興姚楊氏，……卒於乾隆庚子年（1740）十月初四未時，葬於竹塹后壟加志閣下合番坪大橫崗背。」

〔註48〕《後龍鎮志》第二章〈漁業〉第四節〈石滬〉，（後龍鎮：後龍鎮公所，2002年2月），頁274。

〔註49〕《合校足本新竹縣采訪冊》卷七〈番話〉，（臺北市：臺銀本，臺灣文獻叢刊145），頁26。

有數戶。〔註50〕

文中指出尖筆山在五指山的東北方，新甲壢山窩處這個地方，是墾民與「合番子」雜處之地。「尖筆窩」也稱「尖筆大窩」，現屬新竹縣橫山鄉，此處鄰近北埔鄉的上坪與五峰鄉的比來，在清中葉以後，是所謂北賽夏族聚居之處。其實賽夏族原先的居處應該包括還竹東鎮、寶山鄉、北埔鄉、峨眉鄉。《新竹縣採訪冊》對「合番子」的遷移有一些概括性的記述：

> 又查竹塹堡番之未歸化者，皆散入內山。其初歸化之時，番性未馴，有番丁潛入竹北堡之新埔山設伏殺人，因名其地為殺人窩（後改名為太平窩）。漢人知之，群問土目理較；該番等亡入五指山，復為生番。今竹塹堡五指山一帶及竹南堡獅裏興一帶之番，俗稱合番子者；蓋皆其種類云。……竹塹社番被化已久，散居竹塹、竹北兩堡各莊，其飲食、衣服、嫁娶、喪葬，皆與齊民無別；謹據實登載。此外，如五指山前之合番子各社，山後之西壠、十八兒石、嘉祿、巴喇包等社，油羅溪南之大油羅、小油羅，溪北之木樹仁等社，名目甚多，皆在竹塹堡界內。〔註51〕

所謂竹塹社番其中包含有道卡斯族和賽夏族，只是當時的人並不很清楚兩族的差別，這兩族混居許久彼此關係很密切；而賽夏族人有部分與泰雅族也很接近，互有影響。上文云光緒年間竹塹社番已大部分漢化，與一般人沒有差別，然而有些族類卻仍然固守本性，逃入深山，變成生番。這裡所謂逃入深山，指的應該是賽夏族並非道卡斯族。不過如前所述，可能也有一些道卡斯族人，不服漢人的壓迫，遷徙入深山與賽夏族人混居，再度成為「生番」。五指山前的「合番子」各社，就是現在仍聚居此處的北賽夏族類。然而「合番」這兩個字如何產生的？這附近的番人為何被稱為「合番」？《新竹縣採訪冊》的撰述者是不太清楚，所以有混淆的情形。依前節〈地名〉所述，應該是與竹塹社道卡斯族較有關係。這裡須加補充的是賽夏族原來分佈的範圍很廣，在道光十四年（1834）「金廣福」墾拓集團成立後，成立隘墾總部，向賽夏族及泰雅族的部落逐步進攻，「與蕃血戰數十陣，隘丁戰歿無數，費資億萬，股內傾囊」〔註52〕，使得賽

〔註50〕 《新竹縣採訪冊》卷一〈山川〉，（臺北市：臺銀本，臺灣文獻叢刊 145），頁 26。
〔註51〕 《新竹縣採訪冊》卷一〈莊社〉，頁 99。
〔註52〕 《樹杞林志》〈志餘‧記地〉，（臺北市：臺銀本，臺灣文獻叢刊 63），頁 126。當時竹塹社人應皆已漢化，甚至已成為具有墾拓能力的「番頭家」，不再是與漢移民武裝對抗的族類。

夏族不斷撤退，番社減少很多，居住地也萎縮了很多。然而在這個衝突過程中，有許多賽夏族與墾民；尤其是客家墾民，也產生了許多包括婚姻在內的互動，很多接受了客家移民的影響，說起了客語，甚至同化於客家人族類之中，參與了墾民的事務。這與在苗栗縣南庄鄉、獅潭鄉南賽夏群的情形類似。〔註53〕因為如此「合番子」容易和客家人產生聯繫，以致於有賽夏族是客家化的番人這樣的看法。但其族類中仍有比較堅強的抵抗者，持續保存其原有特質，是以在清末日據初年，仍具有「生番」的樣貌。

（五）己　名

　　「合歡」、「合番」被用做名字的情形，主要集中在苗栗縣與新竹縣。先看以「合歡」命名者如：《臺灣私法債權篇》第二篇〈債權各論〉有甲首名為「劉合歡」：「四至界址，面踏分明，原帶大坡圳水分汴通流共同灌溉。當日三面言定，眾夥（劉）合歡，面踏出埔地一塊，以補辛勞之資。」〔註54〕《臺灣私法物權篇》第一項〈田園之業主權・第一一七鬮約字〉：「公立鬮約字中港社副通事南茅、甲首劉合歡，同眾番胡得生、番桂生、劉雅、夏哲生、林天福、劉九仔、林誰仔等。竊番向化以來，叨蒙皇仁憲德，格外優施，將各社界管埔業，例免稅賦，歸番口糧。是社番奉公服役或賴口糧度資；而口糧租數正當，分給得宜。」〔註55〕《臺灣私法物權篇》第一款〈業主權之沿革〉有後壠五社通事名為「合歡」：「立佃批後壠等五社通事合歡，土目假已、貓大尉、馬力、虎豹釐、愛女、雜班、右貳乃、加□或、瓦釐等，緣歡有埔地一所，……一概淹壓無存，各佃以墾本無歸，不肯再行墾耕。」〔註56〕另外中港社也有名為「合歡」者：《清代臺灣大租調查書》第五章〈地基租〉第一節〈給地基字〉：「立給賣地基字人中港社合歡、瓚生等，有同管曠地一所，

〔註53〕吳學明：〈「金廣福」墾隘與新竹東南山區的開發（1834～1895）〉臺灣師大碩士論文，頁152～155。其中附錄光緒十二年（1886）金廣福隘丁清冊，此清冊中的番隘丁有不少屬於賽夏族。這些番隘丁與墾民合作，一起防堵「生番」的出草。這裏的生番指的主要是泰雅族。

〔註54〕《臺灣私法債權篇》第二篇〈債權各論〉，（臺北市：臺銀本，臺灣文獻叢刊79），頁79。

〔註55〕《臺灣私法物權篇》第一項〈田園之業主權・第一一七鬮約字〉，臺灣文獻叢刊150，頁340。

〔註56〕《臺灣私法物權篇》第一款〈業主權之沿革〉第一項〈田園之業主權・第一一二佃批〉，頁348。

坐在中港海口莊頂面，東、西、北接連林胡生墻頭踏出三尺二寸石釘爲界，下面東至西石釘二丈一尺接連林二大圳爲界。」〔註 57〕伊能嘉矩《臺灣文化志》下卷第十五篇〈番政沿革〉提到，乾隆年間中港社乾隆土目名爲林合歡，非常熱心社學教育。〔註 58〕《新竹鄭利源號典藏古文書》〈嘉慶十六年中港社合歡九骨立杜賣盡根園契〉〔註 59〕，寫明中港社人合歡‧九骨，將土地賣給漢人。伊能嘉矩所著《臺灣踏查日記》（上）一書，記載明治三十年（1897）七月一日，他到苗栗街訪問貓閣社頭目潘合泉，採訪到歸附清朝的祖先名爲「潘合歡」。〔註 60〕新竹竹塹社乾隆五十九年的通事名爲：「廖‧合歡‧加禮」〔註 61〕。另大甲西社道光年間亦有名爲「四老合歡」者〔註 62〕，但目前所見僅此一例。

　　以「合番」爲名者如：閩浙總督那蘇圖乾隆八年十二月十六日奏〈爲顧車輛之資無虞兵丁番黎恭謝天恩事〉：「據淡防廳所轄德化社土目自徵右武乃、蓬山社土目弟其屢六觀、後壠社土目烏牌歐臘加己打老曰合番……」〔註 63〕，《臺灣私法物權篇》第一款〈業主權之沿革〉第一項〈田園之業主權‧第一三四佃批〉：「乾隆十二年八月　日……合番‧蓋末、大人老尉、雜班、武葛‧獅鼻、加□喊。」〔註 64〕《清代臺灣大租調查書》第三章〈番大租〉第二節〈番社給墾字〉：「立給杜賣契新港社土目貓老尉，甲頭歹均、什班、

〔註 57〕　《清代臺灣大租調查書》第五章〈地基租〉第一節〈給地基字〉，頁 831。此契約定於嘉慶十六年（1811）十二月。

〔註 58〕　伊能嘉矩：《臺灣文化志》下卷第十五篇〈番政沿革〉曾記載乾隆二十三年（1758）中港社番土目名爲林合歡，林合歡因配合政府易俗諭令，且致力社學，曾獲臺灣道蔣允焄頒「國學鍾英」匾額，頁 611。

〔註 59〕　鄭華生口述，鄭炯輝整理：《新竹鄭利源號典藏古文書》〈道光二年竹塹社錢榮選等立給永遠墾耕字〉，（南投市：國史館臺灣文獻館，2005 年 9 月），頁 121。

〔註 60〕　伊能嘉矩：《臺灣踏查日記》（上）（臺北市：遠流出版社，1996 年），頁 115。

〔註 61〕　《平埔百社古文書》三〈道卡斯族〉，（南投市：國史館臺灣文獻館，2002 年），頁 137。

〔註 62〕　見劉澤民編著：《大甲東西社古文書》（上冊），頁 119。

〔註 63〕　閩浙總督那蘇圖乾隆八年十二月十六日奏：〈爲顧車輛之資無虞兵丁番黎恭謝天恩事〉，頁 362。「自徵」兩字應與番社自行徵收稅收，而非經過社商有關，德化社通事叫自徵的還有乾隆 23 年的巧自徵。見劉澤民編著：《大甲東西社古文書》（上冊），頁 88。巧爲漢姓，出現於乾隆 19 年之後，「自徵」兩字表示這個社是由番社土目或通事自行收稅的，通事也常常是番社中人擔任。

〔註 64〕　《臺灣私法物權篇》第一款〈業主權之沿革〉第一項〈田園之業主權‧第一二二佃批〉，頁 367。

武葛，合番‧佛抵等，今有新港社屬下埔山一帶，東至西山莊背山腳爲界，西至打那叭後壟番埔山分水爲界……」﹝註65﹞同書：(六九)嘉慶二十一年五月□日，「合番巴納」﹝註66﹞，第三章〈番大租〉第十一節〈其他契約〉：「再批明：田內合番及妹水共三分，社番得一分，妹官同自己得二分，內照田額均。」﹝註67﹞《新竹鄭利源號典藏古文書》〈道光二年竹塹社錢榮選等立給永遠墾耕字〉有「柒房三‧合番‧乃」的名字，﹝註68﹞《後壟社群的古文書與印戳》第四節〈鬮分合約‧道光五年後壟社通事等仝立合約字〉在場人有：「大合番、合番」兩人﹝註69﹞，第二節〈典租賃借契‧道光十一年新港東社番管事癸生等立借銀字〉有「合番、合番‧連妹」﹝註70﹞《臺灣平埔族文獻選—竹塹社》(上)〈嘉慶十年閏六月荳仔埔竹塹社白番三虎豹厘比抵立杜賣盡絕根契字〉有在場人名爲「三‧合番‧比抵」﹝註71﹞。出現最多的是〈嘉慶十六年新港東西兩社眾番立收領口糧租粟字〉，共有合番‧毛毛、合番‧蓋末、合番‧阿包、合番‧勝姨等﹝註72﹞。鄭喜夫曾統計蓬山社（八社）、後壟社（五社）、竹塹社群名爲合番者共有三十三名，後壟社最多，蓬山社僅有一人。﹝註73﹞

　　由以上的資料可以看出「合歡」、「合番」也被用做名字，這樣的情形頗爲特殊。將漢人指稱的族類名，加在姓名中，自稱爲「合番」，是非常少見的現象。必須指出的是，這個泛稱爲道卡斯的族類，其社中的人名在康熙二十

﹝註65﹞《清代臺灣大租調查書》第三章〈番大租〉第二節〈番社給墾字〉，（臺北市：臺銀本，臺灣文獻叢刊152），頁831。

﹝註66﹞《清代臺灣大租調查書》第三章〈番大租〉第二節〈番社給墾字〉，頁407。

﹝註67﹞《清代臺灣大租調查書》第三章〈番大租〉十一節〈其他契約〉，頁187。

﹝註68﹞鄭華生口述，鄭炯輝整理：《新竹鄭利源號典藏古文書》〈道光二年竹塹社錢榮選等立給永遠墾耕字〉，（南投市：國史館臺灣文獻館，2004年）頁137。

﹝註69﹞陳水木、潘英海：《道卡斯後壟社群古文書輯》第四節〈鬮分合約‧道光五年後壟社通事等仝立合約字〉，（苗栗市：苗栗縣文化局編印，2002年4月），頁313

﹝註70﹞陳水木、潘英海：《道卡斯後壟社群古文書輯》第二節〈典租賃借契‧道光十一年新港東社番管事癸生等立借銀字〉，頁135。

﹝註71﹞張炎憲、王世慶、李季樺主編：《臺灣平埔族文獻選——竹塹社》，（臺北市：中央研究院臺灣史田野研究室史料叢刊系列之一，1993年3月），頁168。

﹝註72﹞胡家瑜主編：《道卡斯新港社古文書》，（臺北市市：國立臺灣大學類學系，1999年9月），頁195。

﹝註73﹞參見鄭喜夫：〈清代道卡斯族姓名初探〉《臺灣文獻》五十一卷第四期，（南投市：臺灣省文獻會，2000年12月），頁69。

八年(1689)以後才出現漢字擬音的名字，當時僅有名還無姓，加上漢姓是到乾隆十二年(1747 年)之後〔註74〕。「合歡」、「合番」這兩個詞在使用上，可以看出有幾個規律。其一是領導階級很多都用「合歡」一詞，如：「劉合歡」、「潘合歡」、「廖・合歡・加禮」、「林合歡」。其二竹塹社命名的方式爲「漢姓」、「己名」、「親族識別名」〔註75〕，如「三・合番・比抵」、「廖・合歡・加禮」，苗栗縣一帶的「烏牌歐臟加己打老日合番」、「合番・蓋末」、「合番・佛抵」、「合番・巴納」，則未加漢姓。「合番」是日常簡稱自己的名字，正式稱呼時則後面連接一親屬名〔註76〕。至於「大合番、合番」則應爲同時在場的兩人，依年紀大小或體型大小加以區辨，「合番・連妹」應該是位女性，「妹」則是客家婦女常有的命名方式。這位「合番・連妹」或是原漢通婚後的結果，也可能是學習到客家人對女子命名的方式。〔註77〕必須強調的是，「合歡」或「合番」是道卡斯族專有的名字，賽夏族則否。其實賽夏族的姓名來自何處，雖前賢有所論述，然皆不能很清楚的證明，因爲他們始終掩蓋在人數較多，較早漢化的道卡斯族之中，不被知曉。〔註78〕清領中期以前時，他們還處於漢名與原族類名的混用情況；賽夏族的漢姓、漢名，應該在光緒年間才比較明確出現，如知名的日阿拐、絲大尾、絲有眉等。同時期我們看到「馬祿頭、鞋底、踏尾、色溫、貓食、蛙哨、加禮」〔註79〕、「由淮、雪茅泥、盧目、鞋

〔註74〕 同上註，頁 101。鄭喜夫：〈清代道卡斯族姓名初探〉一文中說道卡斯族最早命名方式應是只有漢字擬音，第二階段爲混合式漢字擬音，即漢姓加番名的漢字擬音，鄭喜夫認爲這是嘉慶到道光末年竹塹社命名方式。到了第三階段則是完全以漢人方式命名。

〔註75〕 同上註。

〔註76〕 胡家瑜主編：《道卡斯新港社古文書》，頁 32。

〔註77〕 「妹」字是客家婦女常用的名字，然而亦有男性使用「妹」字做爲名字的最後一個字。如竹塹社的衛煥和先生的父親即名爲衛阿妹。見陳俊光〈尋訪竹塹社——紀麻咾吻・直雷〉，《采田福地竹塹社文史專輯》，(竹北市：新竹縣立文化中心，1996 年)，頁 140。廖志軒 2011 年中央大學碩士論文《熟番客家化之研究：以竹塹社錢皆至派下爲中心》，記錄錢氏家族中有錢元妹，頁 23。墾拓竹塹社的客家人鍾石妹等，頁 40。

〔註78〕 林修澈：《臺灣原住民史賽夏族史篇》第三章〈氏族運作下的民族〉，(南投市：臺灣省文獻會編印，2000 年 5 月)，頁 63～65。書中所引用的資料如溫吉編譯的《臺灣番政志》、菅野秀雄《新竹縣志》等文獻，不能很明確的指出清代賽夏族的姓名。

〔註79〕 陳運棟：〈十九世紀苗栗內山的族群關係〉，《苗栗文獻》第二十三期，2005 年 9 月，頁 27。

底、薯元」〔註80〕等賽夏族的漢字擬音姓名，而曰阿拐、絲大尾實際是被收養的漢人後裔。這個族類的漢字姓名，到了日據時期才出現比較確定的形式。由目前文獻所見的名字中，是沒有看到「合歡」或「合番」字眼的。雖然賽夏族的居處被日人福山登、丸田、伊能嘉矩等稱為「合蕃」，然而並不合乎實情。

二、循名定義

綜合以上的資料排列，以下將循其名定其義，進一步探討「合歡」與「合番」相關記述之間的關係。

（一）山名、地名與社名

「合歡山」此詞出現甚早，康熙年間即有「合歡山」標示，這座山位置就在現在新竹縣、苗栗縣的東方。這座山由最早出現於康熙三十五(1696)高拱乾的《臺灣府志》，其後有康熙五十一年(1712)周元文《重修臺灣府志》、康熙五十六年(1717)周鍾瑄的《諸羅縣志》、乾隆七年(1742)劉良璧《重修福建臺灣府志》、乾隆十二年(1747)范咸的《重修臺灣府志》，以及雍正中葉所繪的《臺灣輿圖》、乾隆二十三年（1758）《臺灣民番界址圖》、乾隆二十四年（1759）《乾隆臺灣輿圖》、乾隆五十三年（1788）的〈大清一統輿圖〉、乾隆末年的〈七省沿海圖〉到同治年間的《淡水廳志》都有標示。據《淡水廳志》引《府志》：「距治東南九十四里曰南日山，九十里曰貓盂山，七十里曰交眉山，六十里曰合歡山。交眉、合歡多生番所居。」《淡水廳志》對「合歡山」的位置不能說清楚，引的是范咸的說法，另說：「中港溪，在香山口，南距城三十里·其源出合歡山，歷五指山下，自大埔南流，直至三灣，折而西。」指的是中港溪北方的水源來自新竹縣五指山之後的「合歡山」。光緒十五年（1889）出版的《苗栗縣志》則完全未提到合歡山。《臺番圖說·東社采風圖題解》圖上將合歡山畫在日南社、大甲東社、大甲西社的上方，並清楚的畫出大甲溪源出於合歡山。夏獻綸光緒六年（1880）編的《臺灣輿圖》則明確的將合歡山，標示在離新竹縣、苗栗縣很遠的中央山脈區，即今日歸屬南投縣的山系，此

〔註80〕王學新編譯：《日據時期竹苗地區原住民史料彙編與研究》（上）總督府檔案
　　　　專題翻譯（十九）原住民系列之三，頁74。

合歡山即今日人們熟知的合歡山位置。然而此山與新竹縣、苗栗縣的人文及地理並無關係。如頭前溪水源、中港溪水源、後龍溪水源均與其無關。〔註81〕

綜合以上資料可知，由清初到同治年間所謂的「合歡山」，指的應該是位在現在新竹縣寶山鄉附近的山區，這點雍正中葉所繪的《臺灣輿圖》是最重要的證據。而目前為人所知的「合歡山」，則在同治年間到光緒初年才被「命名定位」，如前所述只有乾隆年間《臺番圖說・東社采風圖題解》是唯一的例外。新竹縣寶山鄉是道卡斯族領域的東北境，並在此與賽夏族、泰雅族做個分界。所以將「合歡山」定位於此，應該是合理的推測。那麼中港溪、後龍溪、頭前溪等溪流的發源山脈，究竟是哪些山呢，根據現在資料，應該是雪山山脈的鹿場大山、加里山等山系。與「合歡山」相近的山，文獻中可以查知的應該是：「三臺山」。據《苗栗縣志》說：「三臺山俗名嘉璃山。距城東五、六十里。」〔註82〕「嘉璃」原意應為「傀儡」，是當地人對「生番」的稱呼。「傀儡山」清領初期指是屏東縣北大武山一帶，而居住在彼處的番人就被稱為「傀儡番」〔註83〕。「三臺山」應即為現在的加里山山系(加里山、樂山)，所居的番人為泰雅族及賽夏族，命名方式是以俗名加以雅化。至於為何南臺灣的稱呼，會被移置到此處，推測是這個區域的民眾稱其為生番所居之處，亦以「傀儡」來稱呼，久而久之也被稱為「傀儡山」。然而必須注意的是，在范咸的《重修臺灣府志》〈淡水廳圖〉上三臺山是和合歡山並列的，這也是三臺山第一次出現在圖籍上，而光緒二十年(約1894)《苗栗縣志》上合歡山則消失了，不在縣內的山脈中。

交眉山也頗多變動，或即《苗栗縣志》所云位於大甲三堡的「月眉山」〔註84〕，月眉山位在臺中縣后里鄉。日南山，或即現在大甲鎮的日南，日南位於大安溪旁，《苗栗縣志》說日南山距苗栗縣城四十八里，在火焰山之南，鐵砧山之北，位置相差不多。〔註85〕貓盂山應該位在苗栗縣苑裡鎮中正里，此處為道卡斯貓盂社舊址。苑裡鎮中正里沒有山，鎮的東邊有印斗山，南方有枕頭山。兩

〔註81〕夏獻綸編：《臺灣輿圖》，《重修臺灣省通志》卷三〈住民志・地名沿革篇〉，(南投縣：臺灣省文獻會編印，1995年8月)，頁69、70。

〔註82〕沈茂蔭：《苗栗縣志》卷二〈封域志〉，(臺北市：臺銀本，臺灣文獻叢刊159)，頁22。

〔註83〕黃叔璥：《臺海使槎錄》卷七〈南路鳳山傀儡二〉，頁150～155。

〔註84〕「月眉山：在三堡，距城南五十里。」沈茂蔭：《苗栗縣志》卷二〈封域志〉，頁25。

〔註85〕沈茂蔭：《苗栗縣志》卷二〈封域志〉，頁24。

座山皆不高。〔註86〕另一待解決的山名是「祐武乃山」,此山依《諸羅縣志》位在後龍溪的上方,流經加志閣山,合歡山在其北方。〔註87〕《臺番圖說・東社采風圖題解》把它標示在合歡山的東北方,與《諸羅縣志》所畫位置接近,范咸《重修臺灣府志》的〈臺灣府總圖〉三臺山在合歡山的東北,祐武乃山又在三臺山的東北,鄰近小龜崙山。〔註88〕《淡水廳志》則把它歸為「北路山」,位置在桃園縣一帶,與小龜崙山鄰近。〔註89〕根據以上資料很難判斷其確定位置,不過依「山名」、「番社名」、「人名」往往相關的規律來看,閩浙總督那蘇圖乾隆八年十二月十六日奏:〈為顧車輛之資無虞兵丁番黎恭謝天恩事〉:「據淡防廳所轄德化社土目自徵右武乃…」這裡的德化社是原來的大甲西社,雍正九年(1731)與沙轆社、牛罵社共同起事,反抗官府,被剿平後,改稱德化社。土目名為自徵右武乃,與其山的位置所在應有關係。乾隆年間所繪的《皇清職貢圖》,有淡水右武乃等社「生番及番婦」的圖樣,《臺灣私法債權篇》第一款〈業主權之沿革・佃批〉新港社(苗栗縣後龍)有白番右武乃、右武乃、右武乃子等人名,《清代大租調查書》第三章〈番大租〉第五節〈番業戶〉裡有後壟四社右武乃・胡哥的之名。〔註90〕推估此山在現在的苗栗縣南端(現公館鄉、大湖、卓蘭鎮)、台中縣(大安鄉、大甲鎮)北端的東方,可能為現在的加里山山脈或雪山山脈(中雪山、小雪山)。〔註91〕這兩座山脈為後龍溪、大安溪、大甲溪的上游。這幾條溪的中下游,居住的番人主要是道卡斯族類。

「合歡社」一詞出現在《臺灣府志》、《重修福建臺灣府志》、《臺灣府賦役冊》、《欽定平定臺灣記略》等書中。記載於《臺海使槎錄》卷八〈番俗雜記・番界〉「合歡路頭」指的是現在的新竹縣寶山鄉,《淡水廳志》卷三志二〈水利〉所載的「合番坪」,則位在苗栗縣公館鄉河頭、上坪、下坪、番仔埔一帶。竹塹社人在荷蘭人時代即與之有所互動,並有贌耕納稅的行為。清領之後,他們持續與領政者維持隸屬關係,成為治下「熟番」的一支。康熙年間所立的「合歡路頭」位於新竹縣寶山鄉,推測這時居住在這裡的番人也屬於

〔註86〕「印斗山:在二堡苑裏東,距城南四十二里。枕頭山:在二堡苑裏東,距城南四十四里。」沈茂陰:《苗栗縣志》卷二〈封域志〉,頁 24。
〔註87〕周鍾瑄:《諸羅縣志》〈地圖〉,頁 15。
〔註88〕夏黎明總論,王存立、胡文青編著:《明清時期臺灣的古地圖》,頁 148。
〔註89〕陳培桂:《淡水廳志》,卷一〈封域志〉,頁 27。
〔註90〕詳見注 4。
〔註91〕中港溪、後龍溪均發源於鹿場大山,大安溪發源於大霸尖山及雪山,大甲溪發源於大霸尖山、雪山山群。

道卡斯族，已脫離漁獵生活，具有耕種能力，與統治者維持一定的關係，和不服統領經常出獵人首的賽夏族、泰雅族有所不同。《重修福建臺灣府志》、《臺灣府賦役冊》所言「合歡社」於乾隆二年（1737）由生番成爲熟番，應該說是這一帶的番人（包含了竹塹社與新港社逃入山區的社眾與一部分賽夏族人），在這個時候才正式歸化朝廷，成爲納稅、服勞役的族類。至於《淡水廳志》卷三所載的「合番坪」，則是此處曾爲道卡斯族貓里社、加志閣社原有領域的證據。

（二）姓名與族類

在姓名與族類方面，由新竹的竹塹社、苗栗的後壠社等社人的名字，可以看到名字稱爲「合番」或「合歡」的非常多。合歡多爲頭人（後壠社土目烏牌歐臘加己打老曰合番爲少見的例外），合番多爲社眾，而取此名者多爲道卡斯族，臺灣其餘平埔族就沒有以此爲名者。就此可以推論，「合歡」或「合番」爲漢字擬音，北起自新竹的竹塹社、苗栗的中港社、貓里社、後壠社到最南端的蓬山八社一帶，是道卡斯族類常見的名字。鄭喜夫認爲「合番」是己名，也有連親名的例子。〔註92〕「合歡社」最早見於康熙三十五年（1696）高拱乾的《臺灣府志》，「合歡山」之所以得名，應該即來自被命名爲「合歡」的道卡斯族類。然而另一個問題是「合番」或者「合歡」，在命名之初應該不是如漢字字面上的「與漢人相合的番人」，也非「凡欲開墾者，必先和番。」〔註93〕因爲由荷鄭到清領的康、雍、乾近百年間，漢番的衝突時起時滅。這個詞或如「貓裏」、「大甲」、「北投」、「蔴豆」、「右武乃」等社名、地名，都有其原本的意義。

因爲這兩詞經常混淆，「合番」在清光緒年間文獻撰述者已無法掌握其意，所以這個詞在光緒二十年（1894）左右的《新竹縣採訪冊》以「合番子」來稱呼居於五峰鄉及苗栗縣南庄鄉的賽夏族人。日人據臺後所做的紀錄與觀察報告，如：明治二十九年（1896）總統府檔案資料〈五指山撫墾署事務成績報告〉七月份的報告中有「尖筆山合蕃社」之名，〈大湖撫墾署事務成績報告〉提到「轄內合蕃」，〔註94〕十二月份福山登的覆命報告〈合蕃〉，明治三

〔註92〕鄭喜夫：〈清代道卡斯族姓名初探〉，頁77。
〔註93〕《合校足本新竹縣采訪冊》卷七〈生番風俗〉，頁396。
〔註94〕王學新編譯：《日據時期竹苗地區原住民史料彙編與研究》（上）總督府檔案

十年（1897）〈新竹縣轄各撫墾署事務成績報告〉有〈尖筆山合蕃社〉的調查報告，明治三十一年（1898）五月〈大湖撫墾署事務成績報告〉囑託丸田的〈合蕃與熟蕃〉的報告，都沿用了「合蕃」之名來認定散居於新竹縣及苗栗縣東方的賽夏族類。雖然他們知道賽夏族類與泰雅族不同，但不知道「合蕃」一詞的來源，也不知道應該如何將他們歸類。丸田的調查報告將賽夏族認定是介於生番與熟番之間的一種番人，但較接近生番，〔註95〕如此便依《新竹縣採訪冊》的名稱，逕以「合蕃」來稱賽夏族。使得「合蕃」一詞變成賽夏族專有的族名。且賽夏族長期與客家人往來、通婚，幾乎都會講客語，衍化成「合」也有「客」的意思在內。客語的「客」字讀爲「ha」，與閩南語「合作」的合讀音爲「ha」，兩者幾無差別，也是容易造成混淆的原因。丸田的說「合番」包括了兩個族類，其一是道卡斯族，其二是賽夏族。然而這兩個族來源不同，語言不同，不過因爲所居之地鄰近，文化上彼此影響甚大，也多所互動、通婚，所以常易使人產生混淆。根據清代較早期的記載，其實竹塹社、後壠諸社、貓里諸社屬於熟番，賽夏族屬於生番是很清楚的。且賽夏族一直到光緒年間還維持相當原始的部落生活型態，與道卡斯族主要社群幾已完全漢化很不相同。丸田說「合蕃」的「合」有一半的意思，意即賽夏族是半開化的番人，應該是不正確的推測之詞。伊能嘉矩說居住在苗栗縣南庄鄉東河一帶的賽夏族自稱合蕃，並稱合歡與合蕃兩字音義相通，這樣的看法可以說前者是誤解，後者還算正確。

三、結　語

個人的博士論文《清代臺灣漢語文獻原住民記述研究》第四章〈清代文獻中漢字擬音的運用〉曾提及，以漢字擬音來標記異族語言的做法，基本上有幾個特點：其一音與義有所距離。其二顯示弱勢文化的掙扎。其三用字的歧異。其四詞語的混雜。其五棄用（abrogation）、挪用（appropriation）或轉構〔註96〕。其中第三點說到清領時期，許多記述與原住民相關的漢字，都缺

專題翻譯（十九）原住民系列之三，頁454。
〔註95〕另見林修澈：《臺灣原住民史賽夏族史篇》第五章，（南投市：臺灣省文獻會編印，2000年5月），頁197。
〔註96〕論文收錄於《族群論述與歷史反思》，（苗栗市：苗栗縣文化局出版。2005年12月），頁113、114。

乏標準化，異體字、或體字、訛字特別多，甚至刻意製造歧視性的文字，用來區別漢番。「合歡」與「合番」這兩個詞便具有這個現象。不過如前所述「合歡」應多為首領階級的專用詞，「合番」則為一般番眾，是存在著某種規律性的。且以「歡」代替「番」，基本上有避免使用歧視性字眼的用意在。清代文獻記述者，大多為來自福建的閩南籍人士，在閩南語中「歡」與「番」發音幾乎沒有分別，以國語羅馬字來注都唸成「huan」，若以「國語」來唸「歡」為「huan」，「番」則為「fan」，發音有所差異，將「番」寫成「歡」推測這是當初記述者選字時，曾特別有所斟酌的。論文的第四點：詞語的混雜。所謂混雜，其中一項即是漢語與番人原有語言混雜使用的現象，如竹塹社人的姓名「三‧合番‧比抵」、「廖‧合歡‧加禮」、新港社「合番‧連妹」、「合番‧佛抵」的記述方式就是很好的例子。這個現象表現了原住民漢化的過渡歷程。至於在同治、光緒年間以後，番人的「姓名」就與漢人差異不大，混雜的現象減少很多，這便是棄用（abrogation）原來命名系統，進而挪用（appropriation）或轉構中國的傳統模式。

　　雖然仍無法確切查知「合番」命名的初意為何，大部分的推論也僅是由文獻排比、考證而來，清代文獻或圖示，都免不了有「空間誤置」、「音義不符」、「雜鈔改述」、「詞語混淆」等問題。然而經由以上的討論，大概可以獲致這樣的結論，其一基本上創造這個詞語的人，其原意應是期望漢人與番人能夠和平相處，彼此合作。番人接受漢化後，不會危害移入的民眾。〔註97〕其二「合歡」、「合番」都是新竹縣、苗栗縣一帶道卡斯族常見的名字，這些名字的出現就臺灣原住民的慣例而言，是與社名、地名相關，賽夏族則沒有這個名字。其三「合歡山」位在新竹縣寶山鄉一帶，其山下的番社就稱為「合歡社」，是「合番」居住的地方；與現在隸屬南投縣的「合歡山」無關。

　　因不了解其中規律，及命名緣由，這兩個詞被混用的情形甚為常見。乾隆年間的《臺番圖說‧東社采風圖題解》雖然將合歡山的位置畫在大甲溪的上游，然而其下游經過的仍為大甲社與蓬山社的道卡斯族類。清代相關文獻中有「合歡」、「合番」這樣字眼的都與新竹縣、苗栗縣一帶道卡斯族有關，

〔註97〕苗栗縣後龍鎮校椅里，後龍溪畔的新蓮寺內，供奉有漢代和番的「昭君娘娘」神像，據其廟前碑文「新蓮寺沿革暨地理環境」（撰稿人余雲弘 1977，立碑人釋真敏、余文秀、江燃富 1988）記載，本廟供奉此神的緣故即在清代乾隆末葉經常有番人襲擊漢人，造成傷亡，希望以此神來保佑「行旅免遭番害」，可以為此做一證據。此神祇應為來臺漢人與附近新港社人化解衝突的重要象徵。

而賽夏族因爲與其關係密切，許多記述中容易將之歸爲「合番」、「合蕃」一類。如果我們擴大其範圍來說的話，廣義的「合番」、「合蕃」主要是以道卡斯族爲主，也包括人數較少的賽夏族類在內。狹義的「合番」指的應該只有道卡斯族，賽夏族在清代屬於「生番」一類，在清領末期日據初期，根據福山、丸田的紀錄，都還不能算是「熟番」，族人亦無以「合番」或「合歡」爲名者。

　　本文原名〈合番或者合歡〉，刊於《臺灣史料研究》第 27 號，2006 年 8 月。2012 年 11 月，第三次修訂並改題名。

附錄三　非我族類「生與熟」用語辨析

壹、我與非我族類的建構及區別

一、族類用語辨析

「族類」一詞出自於《左傳‧成公四年》：「史佚之志有之曰：『非我族類，其心必異。』楚雖大，非吾族也，其肯字我乎？公乃止。」〔註1〕文中引周文王史官史佚的說法，楚國雖大，畢竟是異姓，不可能同心一德。「族類」指的是與周天子同姓之族，亦即具有親屬血緣者。後世承襲其用法，而意義有所擴大，稱自己的宗族、國族等都可使用如：《漢書‧王莽列傳》：「莽曰：『宗屬為皇孫，爵為上公，知寬等叛逆族類，而與交通……。』」〔註2〕《後漢書‧袁紹列傳》：「況忘先人之讎，親戚之好，……蠻夷戎狄將有誚讓之言，況我族類，而不痛心邪！」〔註3〕同書〈載記第十四　符堅下〉：「陛下寵育鮮卑、羌、羯，布諸畿甸，舊人族類，斥徙遐方。」〔註4〕以上各條「族類」用

〔註1〕〔晉〕杜預注，〔唐〕孔穎達等正義：《春秋左傳正義‧成公四年》，（台北市：新文豐出版社，2001年），頁。本文採用「族類」做為論述關鍵詞，此詞與近年廣泛使用的「族群（Ethnic group 或 Ethnicity）」相較，更為合乎傳統文獻語義。此外 race 一詞，與中文種、種族意思相近。

〔註2〕〔漢〕班固：《漢書‧王莽傳六十九下》卷九十九下，（台北市：鼎文出版社，1979年），頁4153。

〔註3〕〔南朝宋〕：范曄：《後漢書‧列傳六十四下袁紹》，（台北市：鼎文出版社，1979年），頁2412。

〔註4〕〔南朝宋〕范曄：《後漢書‧載記第十四符堅下》，頁2913。

語包含了宗族、國族、種族等之意。然而這個詞大部分所指的是種族如：《魏書・列傳・蠻》：「自劉石亂後，諸蠻無所忌憚，故其族類，漸得北遷，陸渾以南，滿於山谷。」〔註5〕、《晉書・江統列傳》：「馮翊、河東空地，而與華人雜處。數歲之後，族類蕃息，既恃其肥強，且苦漢人侵之。」〔註6〕《新唐書・李軌列傳》：「無險固自守。又濱接戎狄，戎狄，豺狼也，非我族類。」〔註7〕、《新唐書・歌舒翰列傳》：「……謂翰曰：『父胡，母突厥；公父突厥，母胡。族類本同，安得不親愛？』……」〔註8〕《宋史・列傳・蠻夷三》：「明年，世念等遂與諸蠻峒首領族類四千五百人出降。」〔註9〕等等，所指與種族之意相同。此外「族類」亦可稱外國人如：《明史・外國一朝鮮》：「實同新造，振凋起敝，爲力倍艱。倭雖遁歸，族類尚在。」〔註10〕這裏的用法，也近於種族。

此外傳統文獻中「族類」一詞與「種族」同義的頗爲多見。如：《魏書・列傳・高車・越勒倍泥部》：「漢之匈奴，其作害中國固亦久矣。魏晉之世，種族瓜分，去來沙漠之陲，窺擾部塞之際。」〔註11〕《新唐書・李軌列傳》：「碩有算略，眾憚之，嘗見故西域胡種族盛，勸軌備之，因與戶部尚書安脩仁交怨。」〔註12〕《宋史・列傳・蠻夷四・西南諸夷》：「權南寧州事兼蕃落使，遣牂牁諸州酋長趙文橋率種族百餘人來獻方物、名馬，并上蜀孟氏所給符印。」〔註13〕《明史・列傳・西域二・罕東左衞》：「初，罕東部人奄章與種族不相能，數讐殺，乃率其眾逃居沙州境。」〔註14〕以上諸詞「種族」與「族

〔註5〕〔晉〕陳壽：《魏書・列傳八十九・蠻》，（台北市：鼎文出版社，1979年），頁2246。

〔註6〕〔唐〕房玄齡：《晉書・列傳二十六江統》，（台北市：鼎文出版社，1980年），頁1531。

〔註7〕〔宋〕宋祁、歐陽修：《新唐書・列傳十一李軌》，（台北市：鼎文出版社，1981年），頁3710。

〔註8〕〔宋〕宋祁、歐陽修：《新唐書・列傳六十歌舒翰》，頁4571。

〔註9〕〔元〕脫克脫：《宋史・列傳二百五十四・蠻夷三》，（台北市：鼎文出版社，1980年），頁14208。

〔註10〕〔清〕張廷玉：《明史・列傳二百八外國一・朝鮮》，（台北市：鼎文出版社，1975年），頁8299。

〔註11〕〔晉〕陳壽：《魏書・列傳第九十一・高車・越勒倍泥部》，頁2319。

〔註12〕〔宋〕宋祁、歐陽修：《新唐書・列傳第十一李軌》，頁3709。

〔註13〕〔元〕脫克脫：《宋史・列傳第二百五十五・蠻夷四・西南諸夷》，頁14224。

〔註14〕〔清〕張廷玉《明史・列傳第二百十八・西域二・罕東左衞》，頁8564。

類」替換，意義相類。〔註15〕

二、華夏的擬構與他族指稱

　　對「他國異族」的記述，在《詩經》、《尚書》、《禮》、《春秋》、《國語》等先秦文獻裏多有記載。「華夏」、「中國」這個國族觀念的形成，迄今已有三、四千年的歷史，徐旭生《中國古史的傳說時代》一書中認為古代中國有三個主要集團：華夏、東夷、苗蠻。這個自稱為「華夏」、「夏」、「華」、「諸夏」的集團，在春秋戰國後成為中國的統稱。〔註16〕「夏」是因為禹建國於夏，或稱夏伯而得名；是當時最大的國家。〔註17〕而商、周兩朝，繼承了政權同時也承接了這個「共名」。〔註18〕所謂「夏」、「華」《左傳·定公十年》說「中國有禮儀之大，故稱夏。有章服之美。謂之華。」〔註19〕這這兩個詞，可分稱亦可合稱，既是一個國族的名稱，也是政治、文化奠基與統攝的源頭。繼承華夏的後起之國，雖然名號不同，主政者亦非「華夏」、「中國」或「漢族」的成員，曾被指稱為蠻、夷、戎、狄的各族類，既已「入主」，大部分仍願意接受自己是中國之主，樂於繼承已成固定脈絡的傳統文化。〔註20〕

　　中原一帶在史前時期，基本上是各族類混居的地方，大小邦國甚多。事實上，傳說中的聖賢也非僅「華夏」之人，《孟子·離婁下》：「舜生於諸馮，

〔註15〕〔漢〕司馬遷：《史記·高祖本紀第八》卷八有「蕭、曹等皆文吏，自愛，恐事不就，後秦種族其家，盡讓劉季。」，（台北市：鼎文出版社，1983年），頁350。這裏的「種族」做動詞使用，是殺盡其種族之意。

〔註16〕徐旭生：〈我國古代部族三集團考〉，《中國古史的傳說時代》第二章，（桂林市：廣西師範大學出版，2001年），頁42～147。李學勤主編的《中國古代文明與國家形成研究》下編論及夏、商、周三朝的建立與文明，詳盡說明了由諸夏的存在，商、周兩代建立的國家規模與文化特色。（台北市：知書房出版社，2004年），頁263～596。

〔註17〕田繼周：〈我國古代部族三集團考〉，《中國歷代民族史》第二章，（北京市：社會科學文獻出版社，2007年），頁135～136。

〔註18〕田繼周：〈商朝的社會與民族〉，《中國歷代民族史》第四章，頁182。

〔註19〕〔晉〕杜預注，〔唐〕孔穎達等正義：《春秋左傳正義·定公十年》，頁2511。

〔註20〕先秦文獻中「蠻夷戎狄」之後不加「族」字；這也是傳統文獻的寫法。而「夷夏之辨」在文化與禮儀的差別，華夏與蠻夷之間是可以流動的，只要接受教化及影響即可進入「中國」的集團。見馬戎〈中國傳統「族類觀」與先秦文獻「族」字使用淺析〉，喬健等編：《文化、族類與社會的反思》，（高雄市，麗文文化出版社，2005年），頁189～224。然而，傳統文獻雖不用「族」字，但大部份用的是「種」字，見《三國志·魏書》卷三十、《晉書·四夷》卷九十七等。

遷於負夏，卒於鳴條;舜爲東夷之人。文王生於岐周，卒於畢郢；文王爲西夷之人，曾何損於聖德乎？」〔註21〕，舜是東夷人，周文王是西夷人，並非華夏中人。周處《風土記》:「舜東夷人，生姚丘。」〔註22〕司馬遷《史記‧六國年表序》有「禹興於西羌」之說，《集解》「皇甫謐曰:『孟子稱禹生石紐，西夷人也。傳曰『禹生自西羌是也。』」〔註23〕《華陽國志》及《十三州志》:說黃帝爲其子昌意娶「蜀山氏」〔註24〕《史記正義》稱禹「本西夷人也。」〔註25〕。舜、禹都不是華夏集團的一員。根據目前出土材料及文獻記載，在當時東夷與華夏的文化各有所長。

以「華夏」集團爲主的國家政治，有了高度的發展，與周邊異國、異族發生差別的意識，或交往或爭鬥，始終不曾停止。在不斷的征戰中、比較中，「我族」與「他族」的意識不斷增強，逐漸凝聚了一個共同國體，形成了既抽象又實際的族類觀念。既已自定爲「居天下之中」的大國，也將我族界定在最高的位階；接著便劃出地理區域，文化特徵，祖先源流等來強化自我定位。「我」的位置既定，那麼其他之國便是所謂「類人」（類我）或「非人」的南蠻、北狄、東夷、西戎了。這種定位模式被商、周兩朝繼承，且發揚光大。秦、漢之際，另一個擬構的名稱「漢族」逐漸形成，取代了華夏，成爲另一個中國的代稱。至於漢族的構成源自何處？翦伯贊《中國史綱—秦漢之部》說:

> 這樣看來，所謂漢族者，並不是中國這塊歷史地盤上天生的一個支
> 配族類，而是自有史以前迄於秦族徙入，中原的諸族類之混合的構
> 成。〔註26〕

他認爲漢族基本上就是一個虛擬的新興族類，文化有著混雜與交融現象，就族類來說，也是多樣與混血的。然而這個「新興族類」表現了很強的自我性與排他性。《爾雅‧釋地》說:

> 東至於泰遠，西至於邠國，南至於濮鈆，北至於祝栗，謂之四極。

〔註21〕 〔漢〕趙歧注，〔宋〕孫奭疏:《孟子注釋解經‧離婁篇下》卷第八上，（台
　　　　 北市：新文豐出版社，2001年），頁344。
〔註22〕 引見〔漢〕司馬遷:《史記‧五帝本紀第一》，頁31。
〔註23〕 〔漢〕司馬遷:《史記‧六國年表序》，頁686。
〔註24〕 引見〔漢〕司馬遷:《史記‧五帝本紀第一》，頁10。
〔註25〕 引見〔漢〕司馬遷:《史記‧夏本紀第一》，頁49。
〔註26〕 翦伯贊:《中國史綱——秦漢之部》，原書出版於1943年，台灣於1979年由
　　　　 「大學用書編輯部」出版，本書引用爲台灣版，頁11。

觚竹、北戶、西王母、日下，謂之四荒。九夷、八狄、七戎、六蠻，
謂之四海。〔註27〕

這段話很可以看出是以漢族中心，建構了一個自以爲是的世界版圖，在這中心之外的，即是一些非我的族類。就敘述者來說，這些「蠻夷之邦」，在文化上遠不及禮儀之國，在武力上遠非中國的對手，在血統是與禽獸相近的。以下就春秋以迄秦、漢的觀點擬製一圖如下：

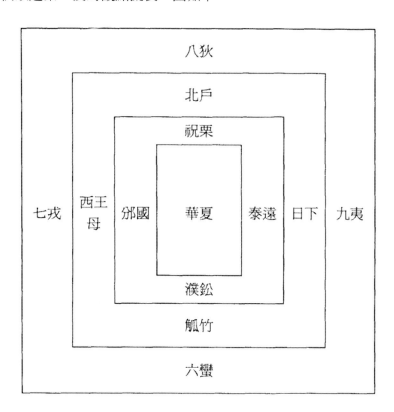

所謂的「華夏」與「蠻夷」之別，是建立在領土、文明與自認優異的血統上的。〔註28〕而中國與他族爭取生存、發展的抗爭，可以由「蠻夷猾夏」（尚書・舜典），「戎狄是膺，荊舒是懲。」（詩經・魯頌）「蠢爾荊蠻，大邦爲仇。」（詩經・采芑）等用語看出。這種文獻上醜詆的語詞，因始終不斷的族類衝

〔註27〕　〔晉〕郭璞注，邢昺疏，李學勤主編：《爾雅注疏・釋地》，（台北市：台灣古籍出版公司，2001 年），頁 221。

〔註28〕　本表 1、2 參酌韋慶遠主編：《中國政治制度史》，（北京市：中國人民大學出版社，1991 年），頁 331～353。

突，各朝歷代都有記述。劉錫蕃《嶺表紀蠻》說漢人用鳥、獸、蟲、魚之類
稱非我族類，從犬如獫狁，從虫如蠻、蜑，從豸如獞、獏，從艸如苗、蒲，
從馬如驪戎，從牛如牟、牢姐，從虫如蠻、蜑等，將之與禽獸類比，是具有
歧視性、排他性的：

> 漢人自稱爲華族（貴盛之義）夏族（夏朝名，又說文大也）亦爲一
> 種戰勝民族誇大狂之表示，亦決非族類之名。〔註29〕

如前所述，華夏及漢族本身即是一個混血族裔，是被建構出來的名詞。以不
雅難堪的稱呼，指稱他族的目地是：「以喚起國人同仇敵愾之熱念，而暗示敵
人之愚頑苟賤，絕不可與之妥協，以動搖本族。」〔註30〕是團結被書寫者「框
入」的人群，打擊框線之外的「異我」的政治策略用語。〔註31〕這些論證，
跨越了華夏意識、漢族意識中心，指出了族類論述邏輯上的矛盾。傳統文獻
中，對非我族類的記述，有一組具有區別意義的詞語：「生」、「熟」，這兩個
詞，基本上是以我族的文明及利益爲量尺，對「他族」進行分類與區別，是
在「蠻夷」指稱中的再劃分。其標示的原則爲何？意義何在？是一個尚缺乏
討論的命題，其涵蓋範圍爲何，是本文探討的重點。

貳、非我族類中的生與熟用語

　　傳統文獻中對非我族類的記述，使用「生」與「熟」標識的詞語，在蠻、
苗、黎、傜、夷、僚、胡、番等皆可見到。這個意念的形成在《禮記‧王制》
篇即有所見：

> 東方曰夷，被髮文身，有不火食者矣。南方曰蠻，雕題交趾，有不

〔註29〕劉錫蕃：《嶺表紀蠻》，（台北市：南天書局，亞洲民族考古叢刊第五輯，1987
　　　　年景印出版），頁275。原書1934年由上海商務印書館出版。

〔註30〕同上註。

〔註31〕正如清末民初人物梁啓操、章太炎、孫中山等人，爲推翻滿清統治，擬造了
　　　　中華民族、中國民族等名詞，其用意在凝聚革命共識。操作人口眾多的漢族，
　　　　被少數族類統治的宣傳策略，以攘取政權。擬造中華民族、中國民族的相關
　　　　論述參見王明珂：〈羌族史：典範與解構典範〉，《羌在漢藏之間：川西羌族的
　　　　歷史人類學研究》第五章，（台北市：聯經出版社，2003年），頁156。及孫
　　　　秋雲：《核心與邊緣——18世紀漢苗文明的傳播與碰撞‧導論》，（北京市：
　　　　人民出版社，2007年），頁22、23。台灣1981年許信良等成立「台灣民族民
　　　　主革命同盟」及1995年出版《新興民族》等書，其作用亦爲以「台灣民族」
　　　　爲口號，倡導融合台灣各族類，做爲取得政權的策略之一。

火食者矣。西方曰戎，被髮衣皮，有不粒食者矣。北方曰狄，衣羽
毛穴居，有不粒食者矣。〔註32〕

夷、蠻、戎、狄種類繁多，其中文明程度各有不同。〔註33〕「不火食者」、「不
粒食者」，指的是仍處在未充分用火煮食，以及缺乏植五穀技術的族類。火的
運用，在人類發展過程中，是非常重要的指標。表示人們脫離茹毛飲血的階
段，不再以「生」爲食。刀耕火種收獲量少，必須遊動不居。耕種技術成熟
後，才能進定居某處，人口才能穩定繁衍。〔註34〕「不粒食者」指的則是農
耕收穫甚少，以肉食爲主的北方遊牧民族。《禮記・王制》對當時族類的差異，
有很準確的觀察，雖未使用「生」、「熟」兩字，卻已能敘述出其間的差異。
遊動不居的群體，人口不多，生產力差，難以形成層級化的社會，無法建立
邦國君主制度。同屬夷、蠻、戎、狄族類，彼此之間的發展有所不同，與「我
族」之間的互動亦有差別。列舉如下：

　　1. 蠻〔註35〕。（1）生蠻。《北齊書》：「招慰生蠻輸租賦者數萬戶」〔註36〕、
《隋書》：「乃遣使說誘江外生蠻向武陽。」〔註37〕、《元史》：「四川行省招諭
懷德府驢谷什用等四洞，及生蠻十二洞。」〔註38〕（2）熟蠻。《隋書》：「寧
計彼熟蠻租調，足供城防倉儲。」〔註39〕、《宋史》：「又遣楊鼎、張謙往辰、

〔註32〕　見孫希旦：《禮記集解・王制》，（台北市：文史哲出版社，1976年再版），頁
　　　　326。傳統文獻裏對夷、蠻、戎、狄的記載頗多混淆不清的地方，族類界線不
　　　　清，戰國時代對北方民族又有「胡」的名稱出現。
〔註33〕　有關傜、僚、㠉、仡、佬等在文獻上通常寫成犬部，本文在引用文獻時保存
　　　　原來書寫方式，正文部份則以人部取代。
〔註34〕　「不火食者」的說法，並非完全不知用火來烤、煮食物，而是大部份食物未
　　　　使用火來處理，各種漁獵、採集到的動植物，以生食爲主。而直到今日，熟
　　　　知運用火來烹調的族類，仍有很多生食的食物。
〔註35〕　蠻的族類分類，在唐代以後較爲清楚，其標示法有以地名、衣飾、膚色、自
　　　　稱、文化特色等連結族名者，具有較清楚的辨別作用，載籍上的泛稱便較少
　　　　使用。何光岳：《南蠻源流史》說：「到明代以後，蠻人的稱謂逐漸消失，至
　　　　今只有瑤族中一部份人自稱爲蠻、荊蠻和興門族、芒族、孟族、門巴族。」，
　　　　見〈蠻人的來源和遷徙〉，《南蠻源流史》第一章，（南昌市：江西教育出版社，
　　　　1988年），頁1。
〔註36〕　〔唐〕李百藥：《北齊書・元景安列傳》，（台北市：鼎文出版社，1983年），
　　　　頁543。
〔註37〕　〔唐〕魏徵：《隋書・趙煚列傳》，（台北市：鼎文出版社，1983年），頁1250。
〔註38〕　〔明〕宋濂：《元史・文宗圖帖睦爾本紀》，（台北市：鼎文出版社，1981年），
　　　　頁773。
〔註39〕　〔唐〕魏徵：《隋書・孟琳列傳》，頁1126。

沅、靖三州，同守倅曉諭熟蠻。」〔註40〕、《明史》：「總督陳大科以元鎮熟蠻事，仍移廣西。」〔註41〕

在蠻字前冠有生、熟的如以上所記，分佈的範圍包括了現在湖南、湖北、四川、雲南、貴州、廣西等地區。以黃河流域爲主的所謂華夏民族所立足的觀點來看，蠻確實是以南方爲主的族類。爲了分辨族類間的差異，在南北朝時的載籍裏，開始有了生、熟之別。

2. 僚（獠、嫛）。（1）生僚。《北史》：「時渠、蓬二州生獠積年侵暴，至州綏撫，並來歸附。」〔註42〕、《舊唐書》：「招慰生獠王元殊、多質等歸國。」〔註43〕、《新唐書》：「智州刺史謝法成招慰生獠昆明、北樓等七千餘落。」〔註44〕、《宋史》：「數以其徒僞爲生獠劫邊民。」〔註45〕（2）熟僚。《宋史》：「時有從軍熟獠，多與恆稜親識。」〔註46〕、《隋書》：「又調熟獠，令出奴婢。」〔註47〕、《宋史》：「初，熟獠王仁貴以木斗親繫獄。」〔註48〕

據何光岳的說法僚人（嫛人），是不願歸附於商朝的一個族類，由山東南方遷到長江中下游，再進入川、黔、滇、桂等，吸收了濮、苗、傜、揚越、巴、漢等，形成了犵嫛、犵獠、仫佬、毛難、哀牢、老撾、老龍等，但大部分融入了漢族。〔註49〕這個論述是蒐集、排比傳統文獻後，所做的概略性的連結。

3. 黎。樂史《太平寰宇記》：「俗呼山嶺爲黎，人居其間，號曰生黎。」

〔註40〕〔元〕脫克脫：《宋史・孟珙列傳》，（台北市：鼎文出版社，1983 年），頁 12377。

〔註41〕〔清〕張廷玉：《明史・李應祥童元鎮列傳》，（台北市：鼎文出版社，1982 年），頁 6401。

〔註42〕〔唐〕李延壽：《北史・李弼等列傳》，（台北市：鼎文出版社，1985 年），頁 2131。

〔註43〕〔後晉〕劉昫：《舊唐書・志第二十》，（台北市：鼎文出版社，1985 年），頁 1659。

〔註44〕〔宋〕宋祁、歐陽修：《新唐書・志第三十三 地理七上》，頁 1114。

〔註45〕〔元〕脫克脫：《宋史・蠻夷四列傳》，頁 14240。

〔註46〕〔唐〕令狐德棻：《周書・異域上 獠列傳》，（台北市：鼎文出版社，1983 年），頁 890、891。

〔註47〕〔唐〕魏徵：《隋書・蘇孝慈兄子沙羅列傳》，頁 1260。

〔註48〕〔元〕脫克脫：《宋史・熊本列傳》，頁 10731。

〔註49〕見何光岳：〈僚人的來源和遷徙〉，《南蠻源流史》第十六章，頁 266。另芮逸夫：〈僚人考〉認爲犵狫即僚（獠）人，（台北市：國立中央研究院《歷史語言研究所集刊》第二十八本下冊，1957 年）。

〔註50〕，趙汝适《諸蕃志》:「黎獠蟠踞其中，有生黎、熟黎之別。」〔註51〕，《宋史》:「其服屬州縣者為熟黎，其居山洞無征徭者為生黎。」〔註52〕，周去非《嶺外代答》:「萬安、昌化、吉陽軍中有黎母山，環山有熟黎、生黎。」〔註53〕

上述的黎族，主要是指生活在海南島的族類，早期文獻上被定名為「黎」的，與這個島的居住者不同。〔註54〕海南島在唐代以後才與「中原」來往較多，島上的人才被稱為黎。這個黎字源於「九黎」一詞，但後世也經常與「俚」、「僚」、「夷」等字混用。〔註55〕

4. 苗。《明史》:「軍至邛水江，諸熟苗驚，欲竄。」〔註56〕，《貴州通志》:「至有與兵民、熟苗關涉之案件，隸交官者仍聽文官辦理。」〔註57〕，陸次雲《峒谿纖志》:「苗人盤瓠之種也，……近為熟苗，遠為生苗。熟苗勞同牛馬，不勝徭役之苦。」〔註58〕，《清史稿》:「貴州境內多與苗疆相接，生苗在南，漢人在北，而熟苗居中。」黎與苗在中國進入信史的前後，為許多不同族類的泛稱，如《國語‧周語 下》說:「王亦無鑑於黎、苗之王。」〔註59〕

〔註50〕 〔宋〕樂史，王文楚等校:《太平寰宇記‧嶺南道十三‧儋州》，（北京市:中華書局，2007 年），頁 3233。

〔註51〕 〔宋〕趙汝适:《諸蕃志》附〈海南〉，（台北市:台灣銀行經濟研究室編印，台灣文獻叢刊第 119 種，1961 年），頁 57。

〔註52〕 〔元〕脫克脫:《宋史‧蠻夷三黎峒列傳》，頁 14219。

〔註53〕 〔宋〕周去非:《嶺外代答‧地理門‧並邊》卷一，（台北市:叢書集成新編，第九十四冊，史地類，新文豐出版社，1985 年），頁 137。

〔註54〕 「九黎」一詞據《史記‧五帝本記第一》孔安國註說「九黎君號蚩尤」見〔漢〕司馬遷:《史記‧五帝本記第一》，孔安國註，頁 1。記載的是中國具有某些共同特色的族類，曾與被建構起來的「華夏」在中原地區，有過爭戰與融合的過程。何光岳《南蠻源流史》說九黎未離開中原的與漢族同化，成為華夏集團的一份子，其餘則離散到南方。有一部分遷入海南島的，與越人融合為黎族。見同書第三章〈祝融和九黎的來源與遷徙〉，頁 63。何光岳對海南島部分的解說，較為粗疏，不符實情。

〔註55〕 《黎族簡史》修訂本編寫組:《黎族簡史》，（北京市:民族出版社，2009 年），頁 6。何光岳:《南蠻源流史》〈祝融和九黎的來源與遷徙〉第三章，頁 63。

〔註56〕 〔清〕張廷玉等:《明史‧彭倫列傳》，頁 4494。

〔註57〕 〔清〕靖道謨等:《貴州通志》，（台北市:中國省志彙編之八，台灣華文書局印行，乾隆 6 年（1741 年）刊印），頁 651。

〔註58〕 〔清〕陸次雲:《峒谿纖志‧苗人》，（台北市:叢書集成新編，第九十一冊，史地類，新文豐出版社，1985 年），頁 223。

〔註59〕 《國語‧周語 下》，（台北市:里仁書局，1980 年），頁 111。

早期的史書對他們記載十分混淆，也與蠻、厘、貍等夾雜，無法做準確的居處定位與族類區分。如《詩經·小雅》說：「如蠻如髦。」毛傳：「蠻，南蠻也。」指的是苗蠻，而苗與蠻乃一聲之轉〔註60〕，《山海經·大荒北經》：「犬戎以西，黑水之北，有人有翼，名曰苗民。」〔註61〕

　　苗族在唐、宋之後被歸類、辨識的愈加確切，人口集中在貴州、湖南、雲南、四川、廣西、湖北等地。許多苗族會以地名或服飾自我命名，或被他者命名。他們的自我認知，族類定位是很清楚的。

　　5. 傜（傜、猺、瑤）〔註62〕。《梁書·張纘傳》說湘州零陵、衡陽等郡，住有「莫傜蠻」。〔註63〕《隋書·地理志下》：「長沙郡又雜有夷蜒，名曰莫傜，自云其先祖有功，常免傜役，故以為名。」〔註64〕《梁書》以「傜」來定義在零陵、衡陽等郡的族類，顯示這些人是必須向「漢」族服勞役、供賦稅的群體。其後「傜」這個詞，變成某些相對弱勢族類的泛稱。傜字前冠有生、熟的如：

> 閔敘《粵述》：「猺有數種，有熟猺、生猺、白猺、黑猺，生猺在窮谷中，不與華通，熟猺與士民雜處，或通婚姻，白猺大類熟猺，黑猺大類生猺，此其大較也。……獞亦有生獞、熟獞，與生猺、熟猺相類。」〔註65〕、「猺獞各部山谷，處處有之，熟者耕田納賦與漢人

〔註60〕 引見何光岳：〈三危、三苗和蚩尤的來源、遷徙語融合〉，《南蠻源流史》第二章，頁 36。
〔註61〕 〔晉〕郭璞，〔清〕郝懿行箋疏：《山海經·大荒北經》，（台北市：中華書局，四部備要·史部，1966 年）第十七，頁 7。翦伯贊認為「南蠻」之族，應該是南太平洋系的人種，在舊石器時代末期進入中國東南沿海及西南山嶽地帶，新石器代初期西南山嶽地帶的一支深入黃河流域，與諸夏的族類有了接觸。推衍其意是南太平洋系的人種與來自中亞的人種，在「中原」一帶發生了戰爭、融合、流散的過程。見翦伯贊：《中國史綱──秦漢之部》，頁 19。
〔註62〕 〔唐〕樊綽，向達校注：〈名類第四〉，《蠻書校注》，（北京市：中華書局，1962 年），頁 99。
〔註63〕 〔唐〕魏徵等：《梁書·張纘列傳》：「纘至州，停遣十郡慰勞，解放老疾吏役，及關市戍邏先所防人，一皆省併。州界零陵、衡陽等郡，有莫傜蠻者，依山險為居，歷政不賓服，因此向化。益陽縣人作田二頃，皆異畝同穎。纘在政四年，流人自歸，戶口增益十餘萬，州境大安。」，（台北，鼎文出版社，1983 年），頁 494。
〔註64〕 〔唐〕魏徵：《隋書·地理志下》，頁 898。
〔註65〕 〔清〕閔敘：《粵述》，（台北市：叢書集成新編，第九十四冊，史地類，新文豐出版社，1985 年），頁 205。

同。」〔註66〕，陸祚蕃《粵西偶記》：「其耕田亦輸賦，亦應役者熟

猺也。間有輸賦而不應役者，生猺也。」〔註67〕

清代的閔敘《粵述》用生熟、黑白來記錄傜、僮。陸祚蕃《粵西偶記》用輸賦應役者爲熟傜，輸賦不應役者爲生傜。

6. 夷（彝）。《宋史》：「施州蠻者，夔路徼外熟夷。」〔註68〕，「二酋浸強大，擅劫晏州山外六姓及納溪二十四姓生夷。」〔註69〕，《清史稿》：「生夷黑骨頭爲貴種，白骨頭者曰熟夷，執賤役。」〔註70〕，「十二姓熟夷皆降，山內倮夷亦就撫。」〔註71〕

《宋史》與《清史稿》所記的夷分佈在湖北、四川、貴州等地。所謂「施州蠻者，夔路徼外熟夷。」蠻、夷兩字同屬一個族類，用語不同而已。《清史稿》「生夷黑骨頭爲貴種」及「白骨頭者曰熟夷，執賤役。」兩句接近巷語街談，並非實錄。

《國語·周語上》提到了「蠻夷要服，戎狄荒服」、「於是乎有蠻夷之國」〔註72〕等語。《禮·王制》：「東方曰夷。」指的是商周時代異於華夏的族類，地理位置上屬於東方。這個詞的範圍最早擴大，許多非我族類都被稱爲夷。田繼周《中國歷代民族史》說：「夷，是夏族對其他民族的總稱」〔註73〕。《後漢書》〈東夷列傳第七十五〉敘述了在中國最早的九種夷如畎夷、于夷、方夷、黃夷等，其後列舉了扶餘、挹婁、高句驪、東沃沮、倭等，〈南蠻西南夷列傳第七十六〉包括西南夷、夜郎、滇、哀牢等等。〔註74〕其中所謂夷所在的區域有的後來屬於中國的一部份，有的則是現在的「外國」韓國、越南

〔註66〕同上註，頁206。
〔註67〕〔清〕陸祚蕃：《粵西偶記》，（台北市：叢書集成新編，第九十四冊，史地類，新文豐出版社1985年），頁9。
〔註68〕〔元〕脫克脫：《宋史·蠻夷四列傳》，頁1424。
〔註69〕同上註，頁14242。
〔註70〕趙爾巽：《清史稿·土司二　四川》，（台北市：鼎文出版社，1981年），頁14226。
〔註71〕同上註，頁11578。
〔註72〕《國語·周語上》，（台北市：里仁書局，1980年），頁4、37。
〔註73〕田繼周：〈夏朝的建立發展及其社會制度與民族〉第三章，《中國歷代民族史》，頁139。
〔註74〕〔北齊〕魏收：《魏書》卷九十七列傳第八十五以「島夷」之稱冠於敵國首領：〈島夷桓玄〉、〈海夷馮跋〉、〈島夷劉裕〉，卷九十八列傳第八十六〈島夷蕭道成〉、〈島夷蕭衍〉。以島夷稱中原東南方的民族，《南齊書》等則以「索虜」稱北方民族。

等地。〔註75〕

7. 番（蕃）。「番」在傳統文獻所指有兩個主要區域，其一是四川西部盆地，此地《禹貢》即有記載，屬於氐、羌所居之處，元代設有天全六番招討司，文獻稱此地人為彝、蠻、番等，而以番為多；而「番」或寫作「蕃」。據《古今圖書集成》〈天全六番宣慰使司諸番考・三十六種〉一節，記述了每年熟番幾百人揹著豬隻，在水落之時「逕巖州絡繹而至，或自崖底關出」，來到司長前奉獻，司長則會用大批茶葉犒賞、慰勞他們。〔註76〕〈天全六番宣慰使司風俗考〉說此處「番漢淆居」，因此「治化漸摩，禮義日生」〔註77〕

其二則是明、清兩代對臺灣原住民的稱述。在兩百餘年間的載籍中，在番字前冠有生、熟的如：

劉良璧《重修福建臺灣府志》：「臺灣僻處海外……遂有生、熟之別。生番遠住內山，近亦漸服教化；熟番則納糧應差，等於齊民。」〔註78〕

鄧傳安《蠡測彙鈔》：「界內番或在平地、或在近山，皆熟番也；界外番或歸化、或未歸化，皆生番也。」〔註79〕

劉良璧對納入版圖之後的臺灣「番人」，沿襲前人的模式做了分類，鄧傳安則以政府畫定的「界線」來分辨生、熟番。

此外對北方的異族如羌、氐、胡，也有生、熟的冠語。如生羌：《北史・劉璠列傳》：「璠善於撫御，蒞職未期，生羌降附者五百餘家。」〔註80〕、《宋史・王博文列傳》：「其禽生羌，則以錦袍、銀帶、茶絹賞之。」〔註81〕。熟羌：《宋史・神宗趙頊本紀》：「首領結彪謀叛，熟羌日腳族青廝扠斬其首來獻，補下班殿侍。」〔註82〕另有生氐：《宋史・劉文質列傳》：「韓琦、范仲淹薦

〔註75〕見〔南朝 宋〕范曄：《後漢書》〈東夷列傳第七十五〉、〈南蠻西南夷列傳第七十六〉，（台北市：鼎文出版社，1979年），頁2807～2868。

〔註76〕〔清〕陳夢家：〈職方典・天全六番宣慰使司諸番考・三十六種〉，《古今圖書集成》第六百四十六卷，（台北市：鼎文出版社，1977年），頁5887。

〔註77〕同上註，頁5882。

〔註78〕〔清〕劉良璧：〈城池附番社〉，《重修福建台灣府志》卷五，（台北市：台灣銀行經濟研究室編印，台灣文獻叢刊第74種，1962年3月），頁80。

〔註79〕〔清〕鄧傳安：《蠡測彙鈔・台灣番社紀略》，（台北市：台灣銀行經濟研究室編印，台灣文獻叢刊第9種，1958年1月），頁1。

〔註80〕〔唐〕李延壽：《北史・劉璠列傳第五十八》，（台北市：鼎文出版社，1985年），頁2438。

〔註81〕〔元〕脫克脫：《宋史・王博文列傳第五十》，頁9745。

〔註82〕〔元〕脫克脫：《宋史・神宗趙頊本紀第十五》，頁289。

授閤門祗候。又破穆寧生氏。」﹝註83﹞生胡：《周書・韋孝寬列傳》：「汾州之北，離石以南，悉是生胡，抄掠居人，阻斷河路。孝寬深患之。」﹝註84﹞等等。

上述傜、傜、猺、瑤四個字，傜與傜通用，其原字應爲「傜役」的傜。猺與獠、犵狫、犵獠、狄、獇夷等皆有犬部，其中部份可能源自於以多蓄犬類或以犬爲貴，加犬部是反映實際情況。在華夏觀念成型後，則或可說是具有歧視性的書寫。對少數族類加犬部的寫法，民國二十九年國民政府渝文字第八五五號訓令「改正西南少數民族命名表」通令改爲人部，故此後寫爲「仡」、「佬」、「僚」等，以表示對這些族類的尊重。﹝註85﹞

我族對他族觀察與記述中，「生與熟」是一種常見的冠語，這兩個詞有其特定的意義及使用原則，具有分類與辨識的作用。然而其涵義頗不一致，如何界定，是下一節討論的重點。

參、如何辨別生與熟

因爲我族與他族是同時並存的，彼此間的「區分」、「差異」往往是相互觀察的重點。兩者之間透過自我發展的經驗，歸納出階段與排序的原則，以對照出可見的差距。這些記述，除了與我族之間的往來、強弱、主從、爭戰關係外，通常以物質文化與社會組織爲主。物質文化包括火的使用、飲食、衣服、住所、器用、產物等，社會組織以政治、婚姻、家族構成、階級、法律、財產、倫理等爲重點。﹝註86﹞載籍中對非我族類的名稱，冠上生與熟的語詞，基本上可以歸納出下幾個原則：

1. 距離遠近與是否服勞役納稅

較早出現這樣記述的見於《南史》：「荊、雍州蠻，盤瓠之後也，種落布

﹝註83﹞〔元〕脫克脫：《宋史・劉文質列傳第八十三》，頁10494。
﹝註84﹞〔唐〕令狐德棻：《周書・韋孝寬列傳》，（台北市：鼎文出版社，1983年），頁539。
﹝註85﹞引見芮逸夫：〈僚爲仡佬試證〉，（台北市：國立中央研究院《歷史語言研究所集刊》第二十本上冊，1948年），頁727。
﹝註86﹞本段參酌林惠祥：《文化人類學》一至四篇，並有所修正，（台北市：台灣商務印書館，1993年，台一版第八次印刷）。

在諸郡縣。……蠻之順附者，一戶輸穀數斛，其餘無雜調。」〔註87〕荊、雍州兩個地區的蠻人是盤瓠的子民，分布在各郡縣居住。歸順朝廷受到管束的，每戶都要繳稅給政府。而宜都、天門、巴東、建平、江北諸郡的蠻人，因「……居皆深山重阻，人跡罕至焉。前世以來，屢為人患。」〔註88〕他們居住在「人」跡罕至的深山中，未與漢人多做接觸，未受先進文化的薰陶，屢屢造成「人」的災禍。這段文字還未用生、熟兩個字做區分，然而其內容已包含了與漢人居住遠近，是否順附並納糧繳稅等基本條件，做為生蠻或熟蠻的判斷用語。《隋書‧地理志下》：「長沙郡又雜有夷蜒，名曰莫徭，自云其先祖有功，常免徭役，故以為名。」〔註89〕居住在長沙郡的「夷蜒」因為有功於朝廷，本來需要服勞役、繳稅的就免除了，因此稱為莫徭。周去非《嶺外代答‧猺人》則直接定義何謂徭人：「猺人者，言其執徭役於中國也。」〔註90〕這段話很清楚的說明兩個現象，一是犬部的「猺」人是非我族類，第二個彳部的「徭」，指的是這個族類是為「中國」人服勞役的。

朱輔《溪蠻叢笑‧犵狫》：「犵狫之受犒者，如熟戶之猺。既納款聽命，縱其出入省地州縣，差人管轄。」〔註91〕、同書〈生界〉：「去州縣堡寨遠，不屬王化者名生界。」朱輔說犵狫族類中，有些是受到官府照顧、犒賞的，算是熟的犵狫。只要納稅聽命，就讓他們出入漢人的領域。距離「州縣」遠的，未接受教化的區域，就稱為「生界」。居住彼處的「未馴者」，就不能讓他們隨便的進出。

趙汝适《諸蕃志》說海南島「四郡凡十一縣，悉隸廣西西路，環拱黎母山，黎獠蟠踞其中，有生黎、熟黎之別。」生黎、熟黎的分別在於居住的區域，「去省地遠者為生黎，近者為熟黎，各以所邇隸於四軍州。」〔註92〕離省地遠的便是生，近的便屬熟。另《宋史》說海南島儋崖、萬安的黎人：「其服屬州縣者為熟黎，其居山洞無征徭者為生黎，時出與郡人互市。」〔註93〕服

〔註87〕〔唐〕李延壽：《南史‧夷貊列傳》卷七十九，頁1980。

〔註88〕同上註。

〔註89〕其說應始於《梁書‧張纘列傳》，見註63。

〔註90〕〔宋〕周去非：《嶺外代答‧猺人》，頁145。

〔註91〕〔宋〕朱輔《溪蠻叢笑》葉錢〈序〉。（台北市：叢書集成新編，第九十一冊，史地類，新文豐出版社，1985年），頁191。

〔註92〕〔宋〕趙汝适：附〈海南〉，《諸蕃志》，頁57。

〔註93〕〔元〕脫克脫：《宋史‧蠻夷三 黎洞》，頁14219。

屬州縣管治的就屬熟黎，居住在山洞地區，不服勞役沒有繳稅的就稱為生黎。

　　吳省蘭《楚峒志略》：「蠻猺居山谷中，以其不事賦役謂之猺人。」而傜人又可分為山傜、民傜二種。山傜因少與漢人往來，所以「與中華言語不通」〔註94〕閔敘《粵述》說百粵的人種甚多，但大體就屬傜、獞這兩類：

> 　猺有數種，有熟猺、生猺、白猺、黑猺。生猺在窮谷中，不與華通，
> 　熟猺與士民雜處，或通婚姻。白猺大類熟猺，黑猺大類生猺，此其
> 　大較也。……獞亦有生獞、熟獞，與生猺、熟猺相類。〔註95〕

生傜因居住在窮山深谷中，所以沒有和華人往來。熟傜則和漢人的官民雜居，也互通婚姻，生獞、熟獞的狀況和傜相類。又說：「猺獞各部山谷，處處有之，熟者耕田納賦與漢人同。」〔註96〕傜、獞分散居住在各山谷中，到處都有，熟傜、熟獞耕田納賦和漢人相同。陸祚蕃《粵西偶記》：「粵西猺人服化最早，……其耕田亦輸賦，亦應役者熟猺也。間有輸賦而不應役者，生猺也。」〔註97〕此書所傳述對生、熟的定義及概念都頗為相同。就上述的觀點，試擬一圖，以說明其間的關係：

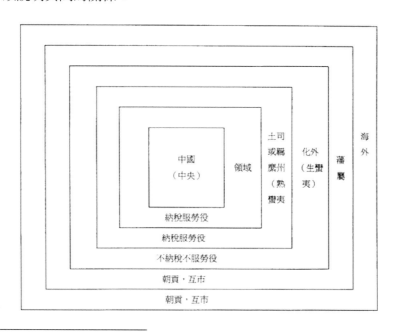

〔註94〕〔清〕吳省蘭：《楚峒志略》，（台北市：叢書集成新編，第九十一冊，史地類，新文豐出版社，1985年），頁235。不事賦役謂之猺人的說法，指的應是山猺。

〔註95〕〔清〕閔敘輯：《粵述》，頁205。

〔註96〕同上註，頁206。

〔註97〕〔清〕陸祚蕃：《粵西偶記》，頁211。此處「生猺」指納稅，但不服勞役。

2. 文明發展的程度

令狐德棻等撰述的《周書》說，北周武帝宇文邕建德初年（572 年～578 年），李暉擔任梁州總管，梁州諸僚表面上聽命歸屬。然而非僅一類，種屬繁多，有部份生活在山林巖壑間，深居野處，很難確實的控制他們「雖屢加兵，弗可窮討。性又無知，殆同禽獸，諸夷之中，最難以道義招懷者也。」〔註 98〕那些僚人因為「無知」的像禽獸一般，不知「道德禮儀」為何物，以武力鎮壓或用道義安撫，效果都不好。其後魏徵等人奉敕撰寫的《隋書》裏，對「南蠻」的整體描述，掌握了主要面貌，這些族類與漢人相較，還處在蒙昧階段：

> 南蠻雜類，與華人錯居，曰蜒，曰獽，曰俚，曰獠，曰㐌，俱無君
>
> 長，隨山洞而居，古先所謂百越是也。

這些蠻的種類繁多，和「華人」混雜的居住。他們尚未發展出君長的制度，大多住在深山洞穴裏，仍有「斷髮文身」的風俗，習性「好相攻討」。因為勢力微弱，隸屬於中國的就「皆列為郡縣」〔註 99〕，成為受中國「羈縻」的附屬部族。「羈縻」是漢代即有的政策，唐代累積前朝的經驗，在各州府廣加設置，目的就在管控國土四周的夷狄戎蠻，使其依從「宗主」的意志。《宋史》曾解釋對這些「蠻夷」的治理態度是「禽獸畜之，務在羈縻，不深治也。」〔註 100〕運用以蠻（夷）治蠻（夷）或漢蠻（夷）共治的方式，鬆散的「牽制」住這些近乎禽獸的人類。與華人混居後，有些族類受到較大的影響，服裝、飲食、習俗、制度等與華人逐步相類。另有不少族類，則仍維持其原有的生活型態，是否「受中國影響」，是否脫離遊牧、漁獵的狀態，成為撰述者判定生、熟的標準。〔註 101〕

閔敘《粵述》指出傜人中的生傜說：「生猺皆棲止山巖，每無定居，種芋

〔註 98〕〔唐〕令狐德棻：《周書・異域上・獠》，頁 892。

〔註 99〕〔唐〕魏徵等：《隋書・南蠻列傳》，頁 1831。

〔註 100〕〔元〕脫克脫：《宋史・蠻夷三列傳》，頁 14209。歷朝的政策有以蠻夷君長、漢夷共治、犒賞制、冊封制等，方法上有因俗而治，軍事剿撫，和親懷柔等，參見姚兆余：〈論唐宋元王朝對西北地區少數民族的羈縻政策〉,（甘肅社會科學，第 5 期，1997 年），頁 72～76。羅康隆：〈唐宋時期西南少數民族羈縻制度數評〉,（懷化師專學報，第 18 卷第 1 期，1999 年），頁 37～38。

〔註 101〕對異我族類「不深治」、「因其俗而治」的策略，源遠流長，在夏朝即已如此，見田繼周：〈夏朝的建立發展及其社會制度與民族〉第三章，《中國歷代民族史》，頁 140。

而食，種豆易布，今歲此山，明年又別嶺矣。」〔註 102〕他們的生產模式仍很
原始，主食是芋頭，種的豆子用以物易物的方式和人交換布匹，居所不固定。
李調元《南越筆記》〈黎人〉：說海南島「黎母山高大而險，中有五指、七指
之峰，生黎獸居其中，熟黎環之。」〔註 103〕生黎如獸類一般居住在山嶺之間，
熟黎才懂得漢語，會來到市集與人交易。同書〈黎人〉說海南島五指山中，
有一枝稱做「歧人」的族類，亦有生熟兩類。「生歧」不受管轄，所以對外來
者很有攻擊性；「熟歧」比較馴善，與漢人頗有往返。還有一種「巢居火種
者」稱爲「乾腳歧」，他們風俗和熟黎相似。介於開化與不開化之間的，有一
種「半生半熟者」的歧人。〔註 104〕李調元的分法很概略的指出「生熟」之間
文明的發展程度。

　　檀萃輯錄的《滇海虞衡志》記述了一個力些族，此族也稱爲犭㬢蘇、粟粟、
一名犭㬢犭束攵，有生、熟二類。這個族類還很原始，外貌不知修飾：「囚首跣
足，麻衣氈衫，毳帶束腰，婦女裹白麻布。」〔註 105〕服裝簡陋，光腳囚首，
擅長的是射箭。卡瓦族則面貌醜陋，本性凶惡「貌醜性惡，紅藤束髮纏腰，
披麻布，持利刃。」這族的人常常拿著標槍，躲在重要路口，伺機搶奪過路
商人。雖然如此，因有生、熟兩類，行爲也有所不同「生者劫掠，熟者保路。」
〔註 106〕生卡瓦因未開化，不受拘束，所以會劫掠，熟卡瓦則因與漢人多所接
觸，所以會保護路人。

　　對文明落後未受中國影響的族類，傳統文獻中常用「生」、「野」、「裸」、
「土」的詞語來定位，對其原始的狀況也有很多記述。如樊綽《蠻書》〈名類
第四〉：「裸形蠻在尋傳城西三百里，爲窠穴，謂之爲野蠻。」〔註 107〕說他們
還處在穴居的狀態裏。《新唐書》對「尋傳蠻」、「裸形蠻」的記述更詳盡：「尋
傳蠻者，俗無絲纊，跣履榛棘不苦也。」尋傳蠻不懂紡織絲綢，赤腳踩在荊

〔註 102〕〔清〕閔敘輯：《粵述》，頁 206。
〔註 103〕同上註，頁 104。
〔註 104〕〔清〕李調元：〈黎人〉，《南越筆記》卷七，頁 104。生歧、乾腳歧等皆爲黎
　　　　　族的一支，見《黎族簡史》修訂本編寫組：《黎族簡史》，（北京市：民族出版
　　　　　社，2009 年），頁 89。
〔註 105〕〔清〕檀萃輯：〈志蠻〉《滇海虞衡志》第十三，頁 171。
〔註 106〕同上註，頁 172。
〔註 107〕〔唐〕樊綽，向達校注：〈名類〉，《蠻書校注》第四，（北京市：中華書局，
　　　　　1962 年），頁 99。

棘上不以爲苦。「射豪豬，生食其肉。戰，以竹籠頭如兜鍪。」射殺野豬後「生食其肉」不懂烹煮、烤炙而食。尋傳蠻者的西邊有裸蠻，也稱野蠻「漫散山中，無君長，作檻舍以居。」〔註108〕這群裸蠻很原始，相較於中國來說連君長制度都未建立，居處簡陋。郁永河《裨海紀遊》將臺灣諸羅、鳳山的番分爲「土番」、「野番」兩種：「野番在深山中，疊嶂如屏，……野番巢居穴處，血飲毛茹，種類實繁。」〔註109〕野番的居處仍爲巢居穴處，飲食仍在茹毛飲血，不知熟食的階段。朱景英《海東札記》：「郡境南北路番，有熟番，一曰土番，有生番，一曰野番。」〔註110〕則說臺灣番人依漢化程度，分爲生熟兩類。吳省蘭《峒谿纖志》：「獞人居五嶺之南，冬綴鵝毛木葉爲衣，能用毒矢，中之者肌骨立盡，雖猺獞人亦且畏之。」〔註111〕僮人多天穿鵝毛和木葉混編的衣服，勉強禦寒。同書：「狖人生廣西谷中，狀如猩狒，不室而處，飢食橡薯。」〔註112〕廣西山谷中的狖人，面貌像猩猩狒狒一般，粗具人形而已，連住處都沒有，過著採集果實維生。

根據上述的記述，可以將其命意做這樣的排序與分類：

表1

發展層次＼具體表徵	屬性	地理	階級	食　物	建　築	衣　飾
華夏	人	中央	宗主	熟食	城池樓臺	絲綢
熟	類人	周圍	奴隸	生熟食	茅舍干欄	麻與布
半生熟	類人	周圍	奴隸	生熟食	茅舍干欄	麻與布
生	非人	邊陲	禽獸	大半生食	巢居穴處	獸皮羽毛

由上表的整理可以看出，是以文明發展程度來做非我族類差異的比較。表內的詞語較爲概括與寬泛，並非嚴謹的界定。這也是傳統書寫方法的侷限，僅就其外顯形象做刻板式、印象式描述，在族類的分類與歸納上較不明確。

〔註108〕〔宋〕宋祁、歐陽修：《新唐書‧南蠻上南詔上列傳》，（台北市，鼎文出版社，19 年），頁 6267。

〔註109〕〔清〕郁永河：《裨海紀遊》卷下，頁 32。

〔註110〕〔清〕朱景英：〈記社屬〉，《海東札記》，（台北市：台灣銀行經濟研究室編印，台灣文獻叢刊第 19 種，1959 年 8 月），頁 57。

〔註111〕〔清〕陸次雲：《峒谿纖志》，（台北市：叢書集成新編，第九十一冊，史地類，新文豐出版社），頁 225。

〔註112〕同上註，頁 226。

肆、生熟之間的變動

　　所謂「漢人」與非漢人本即不是嚴格的定義，如前所述其界線有很多模糊之處。許多漢人會與「蠻人」混居，生、熟之間也是流動的。漢人因不堪苛政而避走他鄉，進入「蠻區」，很早便已出現在載籍中。《南史》：「而宋人賦役嚴苦，貧者不復堪命，多逃亡入蠻。」因爲南朝劉宋（420 年~479 年）賦稅太重，貧弱者只好逃入蠻人聚居之處。而當時的某些蠻族人口甚多，具有一定的力量，既不受官府控管，也不一定納稅服勞役。甚且經常聚攏族類「殺人劫掠」，成爲官府眼中的「盜賊」：「蠻無徭役，強者又不供官稅。結黨連郡，動有數百千人，州郡力弱，則起爲盜賊。」〔註113〕在漢人社會無法生存的人，轉而投向蠻人，依附其族，成爲與漢人抗拮的力量。《南史》另記載了蠻人攻擊漢官的事件，其中也有投蠻的「漢官」加入，宋元嘉二十八年（451年）：「西陽蠻殺南川令劉臺。二十九年，新蔡蠻破大雷戍，略公私船入湖。有亡命司馬黑石逃在蠻中，共爲寇。」〔註114〕「亡命司馬黑石」叛逃後輾轉進入蠻區，與蠻人共謀，襲奪漢人的財貨。這個現象宋代也有，周去非《嶺外代答》說海南島地區的生黎本性質直獷悍，不與人接觸，不受人欺侮。因較單純不會造成禍害，然而其中的熟黎「多湖廣福建之姦民」。他們「外雖供賦於官，而陰結生黎以侵省地邀掠行旅。」〔註115〕這些「熟黎」本即爲漢人社會的邊緣人，入蠻後與本地人混居，結合成一股新的勢力，侵擾漢人領土，劫掠來往行人。

　　「蠻區」位處權力鞭長莫及之處，官兵難到，很容易形成反朝廷的力量。《明史》記載了另一個例子：「熟黎之產，半爲湖廣、福建奸民亡命，及南、恩、藤、梧、高、化之征夫，利其土，佔居之，各稱酋首。」〔註116〕廣西地區所謂的「熟黎」中有很多來自湖廣、福建及廣西各縣的亡命之徒及「征夫」（隨軍隊征討的民夫）〔註117〕冒險進入其中，在無法可管，「民智未開」的區域，尋求發展牟取利益。「征夫」則跟隨軍隊「平定叛亂」；事平之後，藉

〔註113〕〔唐〕李延壽：《南史‧蠻貊下列傳》，頁1980。
〔註114〕同上註，頁1982。
〔註115〕〔宋〕周去非：《嶺外代答‧外國門‧海外黎蠻》卷二，頁141。
〔註116〕〔清〕張廷玉：《明史‧土司十　廣西土司三列傳》，頁8277。
〔註117〕〔唐〕長孫無忌：《唐律疏議‧擅興》三，解釋征夫爲軍隊征討時「征人，謂非衛士，臨時募行者。」然而後世也稱強徵爲士兵者，或自願隨軍爲軍伕，由軍伕編列爲基層兵士者也稱爲征人。（台北市：商務印書館，1966年），頁28。

由軍政力量留在原地，與在地人混居。這些人憑藉軍政優勢，變身成爲黎化的漢人；進一步佔據了土地，冒稱酋首，儼然成爲當地一方的領導者。外人不了解其間的轉化過程，因爲地域標籤化的直覺，將他們歸爲「熟化的黎人」。

李調元《南越筆記》〈猺人〉一則，對漢人移民「潛竄」其間，有十分詳細的記述：

> 以盤古爲始祖，盤瓠爲大宗，其非姓盤者，初本漢人，以避賦役，潛竄其中習與性成，遂爲眞猺。……曲江猺惟盤姓八十餘户爲眞猺，其別姓趙、馮、鄧、唐九十餘户，皆爲僞猺。〔註118〕

李調元說許多漢人爲了逃避賦役，去到蠻人所居之處，受環境影響久了便也成爲僞人。不過由其姓氏可以看出，除了盤姓外，趙、馮、鄧、唐這些人都不是眞僞而是「僞猺」。事實上在僞人地區落地生根，要維持漢人血統的「純正」是很困難的，通婚的情況很多，文化習俗也互相影響。閔敘《粤述》：「……生猺在窮谷中，不與華通，熟猺與士民雜處，或通婚姻，白猺大類熟猺，黑猺大類生猺，此其大較也。」〔註119〕熟僞與漢人混居相處或通婚姻，來往頻繁。白僞受到熟僞影響，各方面也與熟僞相似。而黑僞不與華人往來，所以狀況如同生僞那般，與漢人大不相類。

朱仕玠《小琉球漫誌》引沈光文的《臺灣雜記》說臺灣土番，種類甚多：「有土產者，有自海舶飄來者，有宋時丁零洋之敗遁亡至此者。故番語處處不同。」〔註120〕。郁永河《裨海紀遊》說：相傳臺灣本來空無一人，南宋時元人滅金「金人有浮海避元者，爲颶風飄至，各擇所居，耕鑿自贍。」〔註121〕沈光文認爲臺灣之人有三個來源，一是本土所產，二是在海上漂泊而來的，三是南宋覆滅時的移民入臺的。來源不同，種類語言自然不同。隔海的漢人，輾轉來到臺灣的可能性很大。〔註122〕入「番」而「化於番」是合乎經驗法則的。郁永河臺灣本來無人的說法，爲元人所敗的金人爲番人之源，則有可商榷之處。沈、郁兩人都指出「臺灣人」中，有部份是來自中國政治動亂的殘遺者、流亡者。就臺灣位處偏遠，境內荒野的狀況來說，是有其可能的。〔註123〕

〔註118〕〔清〕李調元：〈猺人〉，《南越筆記》卷七，頁101。

〔註119〕〔清〕閔敘：《粤述》，頁205。

〔註120〕〔清〕朱仕玠：《小琉球漫誌》卷十，頁97。

〔註121〕〔清〕郁永河：《裨海紀遊》卷下，頁29。

〔註122〕沈光文自己的遭遇便是如此，他原本渡海想前往泉州，船隻半途遇颶風，飄盪到現在的宜蘭地區才上岸，後來才輾轉到台南地區生活。

〔註123〕由史料來看，元、明、清三代由對岸來到台灣的許多人，事實上也和「入蠻

　　漢人進入異族居住的區域，雖有官府的支撐，然而畢竟人數較少，且原住者對這些挾著軍事、經濟、文化優勢力量而來的移民，自然會有防衛與抵抗的意識。《宋史・蠻夷四列傳》記載了一個夔州地區漢、夷、僚錯綜複雜的關係，夔州熟夷李光吉、梁秀等是地方大族，擁眾數千家，經常威逼利誘漢人，若不聽從就加以屠殺，沒入土地：「治平中，熟夷李光吉、梁秀等三族據其地，各有眾數千家。間以威勢脅誘漢戶，有不從者屠之，沒入土田。」李光吉、梁秀等人又「藏匿亡命」招納流氓，還讓徒眾偽裝為「生僚」，打劫在邊疆墾荒的人民，有官軍追捕就通風報信，還建築城堡，自備武器，他們的做為「遠近患之」。夔州熟夷本有自己的勢力範圍，他們不見得願意接受所謂「漢化」，對侵墾土地的外來者，政經控制者，進行各種騷擾，以維護原有利益是可以想見的。

　　至於周邊四夷經由化與熟的過程，亦可逐步融入漢民族的集團中，《唐律疏議》、《唐六典》等記載了這樣的過程。唐政府將蠻、蕃、夷、狄畫分為「化外人」與「化內人」，化外人又以其居住地區分為「在蕃者」、「入附者」。〔註125〕這些非我族類設有羈縻府、州加以管制。「入附者」是遷入住漢人所居之處，政府按其來居時間長短，分為「熟戶」與「新降」。凡是「入附」之後所生的子孫，便屬於「熟戶」，所謂「熟戶」《唐六典》〈尚書戶部〉卷三：「凡內附後所生子，即同百姓，不得為蕃戶也。」在法律上視同平民百姓了。〔註126〕在國家強盛之時，以羈縻府州的方式聚攏或管理他族，當時尚稱合宜。在朝政出現危機，權力分散，無法有效統治之後，被羈縻的族類便會脫離控制，尋求自我的發展，又成為化外之人。〔註127〕

區」的現像相類。參見王幼華：2005 年博士論文：《清代臺灣漢語文獻原住民記述研究・第二章原住民名稱釋義》，對台灣原住民的用語有完整的論述。論文收錄於《族群論述與歷史反思》一書，苗栗縣文化局，2005 年 12 月。頁 13~36。

〔註125〕周紹良總主編：《全唐文》唐元宗：〈安置降蕃詔〉：「今諸蕃歸降，色類非一。在蕃者則漢官押領，入附者或邊陲安置。」卷 0027，（長春市：吉林文史出版社，2000 年），頁 341。長孫無忌：《唐律疏議・名例》二說：「『化外人』，謂蕃夷之國別立君長者。」，頁 40。

〔註126〕〔唐〕李林甫等撰，陳仲添點校：〈尚書戶部〉，《唐六典》卷三，（北京市：中華書局，1992 年），頁 77。另參見樊文禮：〈「華夷之辨」與唐末五代士人的華夷觀——士人群體對沙陀鄭全的認同〉，（煙台師範學院學報，第 21 卷第 3 期，2004 年），頁 29。

〔註127〕同上註，頁 30。

　　清代臺灣的番人「受撫」之後，在「仁義」教化之下，逐漸脫離野蠻的階段，由生番變成「熟番」，成爲熟番之後，進一步改姓氏、服飾、受教育，逐漸融入百姓之中，沒有什麼分別了。然而也有原爲熟番的，因爲不堪勞役或侵擾、佔墾，逃離原有領域，進入山區不久又成爲「生番」。〔清〕雍正年間淡水同知王汧之〈臺灣田良利弊疏〉就記載了這個情形：「熟番場地，向由社棍認餉開墾。若任其日被侵削，眾番因無業可依，必至退居山地，漸淪爲生番。」〔註128〕由熟番變回生番這樣的情形，常常發生。至於漢人結合番人，造成紛亂的的也不乏其例，如道光六年的「黃斗乃」事件等。〔註129〕對進入番界與之結合，爲害漢人的人物，孫爾準〈番刈〉一詩副題就稱之爲「漢奸」〔註130〕。同樣的用語陸次雲《峒谿纖志‧漢奸》一則說：「漢人潛入苗峒者，謂之漢奸。」〔註131〕「漢奸」原意指漢人中之奸惡者，後來意義擴大，包含有出賣、背叛漢人與異族合作之人。

　　然而進入蠻區的，不盡然是亡命之徒，除了避稅者、征夫、墾戶之外，也有貶斥官員的後代、知名世家的後裔及朝廷命官等等。明代王元禎《漱石閒談》記載一個案例：「李贊皇之南遷也，卒於崖州，子孫遂爲僚族，數百人，自相婚配。」〔註132〕李贊皇即唐代的李德裕，李德裕在牛李黨爭失敗後，被貶斥到海南島，其後有些子孫便居留下來。明正德年間（1506年～1521年）顧朝楚任儋州同知，聞知了這個訊息，便要人到崖州召見他的子孫，接見之後看到其人「狀與苗僚無異，耳綴銀環，索垂至地，言語不通。」〔註133〕已經全然的「熟黎化」，言語也不通，看不出漢人的面貌。

　　陸次雲《峒谿纖志‧宋家、蔡家》說在蠻苗地區的人群中，有漢人的移民混居在其中：「宋家、蔡家春秋宋、蔡二國之裔也，流而爲蠻。……爲椎髻當前，衣冠盡廢，宛然苗類矣。」〔註134〕，長久之後，已全然苗化了。同書〈谿洞異

〔註128〕雍正五年（1727年）劃定原漢界線，巡台御史尹泰依據淡水同知王汧之〈台灣田良利弊疏〉。

〔註129〕詳見王幼華：〈孫爾準的來台詩作──以〈台陽籌筆集〉爲討論中心〉，《考辨與詮說──清代台灣論述》，（台北市：文津出版社，2008年），頁173～205。

〔註130〕〔清〕孫爾準：《泰雲堂集‧台陽籌筆集》卷十四，（上海市：中國科學院圖書館藏清道光刻本，上海古籍出版社，2002年），頁621。

〔註131〕〔清〕陸次雲：《峒谿纖志》，頁229。

〔註132〕《黎族簡史》修訂本編寫組：《黎族簡史》，頁42。

〔註133〕引見上註。

〔註134〕〔清〕陸次雲：《峒谿纖志》，頁223。

聞四則〉也記載蠻區有韓信、徐敬業、李德裕、陳有諒的後裔。〔註135〕

　　劉錫蕃的《嶺表紀蠻》談到雲貴地區僮人漢化的情形，他說廣西土官在宋代受封，由中原奉派來此任職的「土官」中，以山東人最多，世系斑斑可考，後代枝繁葉茂。然而因爲初來時人數少，不得不服蠻服說蠻語，婚喪禮儀亦同化於僮人，這是所謂「老漢人」。明清之後移來的人，則因人數較多，自成一個群體，居住地很集中，沒有完全僮化的必要，這是所謂「新漢人」。〔註136〕

　　綜上所述，生熟之間的變動可以歸納出數種現象，（1）生可成熟，不論是夷、蠻、僚、黎、番等在漢人的影響下，皆可逐漸變生爲熟。（2）熟可變生。熟的族類可能因不堪奴役、徵稅等，逃離官府控管，再度變成生的族類。（3）漢人與「熟」的夷、蠻、僚、黎、番等都有混居、通婚的情形。（4）進入他族中的漢人，往往與其結合，成爲反漢人統治的力量。（5）漢人可能「異化」爲他族，而標識爲他族的人群，很多其實是漢人。（6）移入他族領域的，有官宦世家後裔、朝廷命官及墾戶、駐軍，這些人自然的或不得已的在地化，成爲其中的一員。

伍、結　語

　　華夏民族或漢族，基本上便是一個擬構的、混血的族類；「中國文化」本爲融匯多元文明而成的統稱。在這個「我族」符號建立之後，便以「他者」的、「俯視」的角度觀察與記錄非我族類。這種概念由先秦到當代，往往以婉曲的寫法敘述其「非漢」族類的淵源，其餘大部分承襲了以「華夏」、「漢族」爲中心的書寫模式。「生」與「熟」則是對次等的、可支配的群體的特殊用語。葉錢在朱輔《溪蠻叢笑・序》說：「苗、猺、獠、獞、仡狫」語言、服食都很相類，認爲他們「率異乎人」與「人」不同。由「中州」來的人，剛開始見到十分驚訝，其後不免譏笑他們的落後。但這些五溪的蠻人卻很不以爲意，不覺有何可怪。〔註137〕方鳳《夷俗考・序》說夷俗本來是不足錄的，「但憫其均是人也」基於都算是人的同情上，還是記錄了下來。這些人出生於夷人間，

〔註135〕同上註，頁226。
〔註136〕劉錫蕃：《嶺表紀蠻》第二十三章，頁318。明代移來的的漢人多居住在廣西省田南、鎮南、南寧各道縣邑，以山東人最多。
〔註137〕〔宋〕朱輔：《溪蠻叢笑・葉錢序》，頁191。

所以壞了習俗，難以教化。不過生於其間「亦有好詩書，守節義，終三年之喪，無淫妬之女。」的人，就人性善的一面來看「無間夷夏。」〔註138〕陸次雲《峒谿纖志・序》同樣說：「或曰峒谿可不志也。」然而他認爲「禮失而求諸野，太古之風猶然在彼。」不可以如宋代朱輔的《溪蠻叢笑》一般，「徒姍（訕）其陋也。」而且只要有方法，統治得當，便可以「以夏變夷」，所以「何陋之有，故爲志。」〔註139〕方鳳以同屬人的立場，陸次雲以禮失求之野的觀點，對之進行記述。在《南史》、《隋書》、《新唐書》、《宋史》、《明史》、《清史稿》等正史上，往往用「叛」、「剿」、「撫」、「患」、「服」等字，來敘述彼此之間的矛盾、爭鬥過程，用「化」、「懷」、「導」、「感」、「變」，等字以敘述教化、提升他們的功績。用「質」、「寇」、「獷」、「悍」等來形容這些族類的行爲特質。至於用犬部、虫部、馬部、牛部、艸部的字做則是用來凸顯這些族類的「野」性，以及與我族的差異性。

　　冠於他族之前的生與熟這兩個詞彙，大致起始於南北朝，一直到清末民初都持續被使用。在文獻中可以看到族類畫界與文明的階層排序；畫界與排序之間包括距離州縣位置的遠近，是否成爲可供勞役的群體，是否繳交稅賦，物質水平高低，是否接受中國文化教誨等等。若合乎這些條件，便可稱爲成熟的、受教化的群體，足以成爲隸屬的族類。這些蠻夷在不久的將來，放棄原有的文化，不著痕跡的融入漢人之中。如若不然，便是徒具人形，難以教化，實類禽獸的「生」的族類。事實上撰述者的寫作動機或爲「凝聚國族」、「經世備治」，或爲「獵奇賞異」，那些被敘述者，大部分並未眞正降服，未必願意接納所謂華夏（漢）文化。就傳寫二三千年的歷史文獻看來，那些周圍的、邊陲的「異族」，其抵抗意識從未眞正消失過。而所謂的華夏文化，不論是語言、文字、服飾、建築、飲食等也持續的變動，有融合、刪減、增加。一直以來，再由魏晉南北朝、五代十國以迄元、清的歷史來看，所謂中原或中國，從來都不是單一民族主導的舞臺；文明的高度與國力強大並非正比。蒙古人、女眞人是北方少數民族，沒有多少文明的顯現，這些被描述爲洞居穴處，茹毛飲血的族類，卻建立了比漢人更強大的帝國。被奴役者，經由不斷的反抗與成長，也可能由周圍、邊陲成爲中央，成爲主流。長久以來，被「中心書寫」審視與分類的族類書寫，自然有反思與辨讀的必要。

〔註138〕〔清〕方鳳：《夷俗考・序》，頁195。
〔註139〕〔清〕陸次雲：《峒谿纖志・序》，頁223。

參考文獻

（1）書　籍

1. 〔清〕靖道謨等撰（乾隆6年（1741年）刊印），《貴州通志》（臺北市：中國省志彙編之八，臺灣華文書局印行）

2. 劉錫蕃（原書1934年由上海商務印書館出版），《嶺表紀蠻》（臺北市：南天書局，亞洲民族考古叢刊第五輯，1987年景印出版）。

3. 翦伯贊（原書出版於1943年），《中國史綱——秦漢之部》（臺灣於1979年由「大學用書編輯部出版」，本書引用爲臺灣版）。

4. 〔宋〕趙汝适（1961年），《諸蕃志》（臺北市：臺灣銀行經濟研究室編印，臺灣文獻叢刊第119種）。

5. 樊綽著，向達校注（1962年），《蠻書校注》（北京市：中華書局）。

6. 〔晉〕郭璞傳，〔清〕郝懿行箋疏（1966年），《山海經》（臺北市：中華書局，四部備要・史部）。

7. 〔清〕孫希旦（1976年再版），《禮記集解》（臺北市：文史哲出版社）。

8. 〔漢〕司馬遷（1979年），《史記》（臺北市：鼎文出版社）。

9. 〔劉宋〕范曄（1979年），《後漢書》（臺北市：鼎文出版社）。

10. 《國語》（1980年）（臺北市：里仁書局）。

11. 〔明〕宋濂（1981年），《元史》（臺北市：鼎文出版社）。

12. 〔清〕趙爾巽（1981年），《清史稿》（臺北市：鼎文出版社）。

13. 〔清〕張廷玉等（1982年），《明史》（臺北市：鼎文出版社）。

14. 〔唐〕令狐德棻（1983年），《周書》（臺北市：鼎文出版社）。

15. 〔唐〕李百藥（1983年），《北齊書》（臺北市：鼎文出版社）。

16. 〔唐〕魏徵（1983年），《隋書》（臺北市：鼎文出版社）。

17. 〔元〕脫克脫（1983年），《宋史》（臺北市：鼎文出版社）。

18. 〔宋〕宋祁、歐陽修等（1983年），《新唐書》（臺北：鼎文出版社）。

19. 〔唐〕李延壽（1985年），《北史》（臺北市：鼎文出版社）。

20. 〔後晉〕劉昫等（1985年），《舊唐書》（臺北市：鼎文出版社）。

21. 〔宋〕周去非（1985年），《嶺外代答》（臺北市：叢書集成新編，第九十四冊，史地類，新文豐出版社）。

22. 〔清〕陸次雲（1985年），《峒谿纖志》（臺北市：叢書集成新編，第九十一冊，史地類，新文豐出版社）。

23. 〔清〕陸祚蕃（1985年），《粵西偶記》（臺北市：叢書集成新編，第九十四冊，史地類，新文豐出版社）。

24. 〔清〕吳省蘭（1985 年），《楚峒志略》（臺北市：叢書集成新編，第九十一冊，史地類，新文豐出版社）。

25. 〔宋〕朱輔（1985 年），《溪蠻叢笑》（臺北市：叢書集成新編，第九十一冊，史地類，新文豐出版社）。

26. 何光岳（1988 年），《南蠻源流史》（南昌市：江西教育出版社）。

27. 韋慶遠主編（1991 年），《中國政治制度史》（北京市：中國人民大學出版社）。

28. 林惠祥（1993 年，臺一版第八次印刷），《文化人類學》（臺北市：臺灣商務印書館）。

29. 郭璞注，邢昺疏，李學勤主編（2001 年），《爾雅注疏》（臺北市：臺灣古籍出版公司）。

30. 徐旭生（2001 年），《中國古史的傳說時代》（桂林市：廣西師範大學出版）。

31. 王明珂（2003 年），《羌在漢藏之間：川西羌族的歷史人類學研究》（臺北市：聯經出版社）。

32. 李學勤主編（2004 年），《中國古代文明與國家形成研究》（臺北市：知書房出版社）。

33. 田繼周（2007 年），《中國歷代民族史》（北京市：社會科學文獻出版社）。

34. 孫秋雲（2007 年），《核心與邊緣——18 世紀漢苗文明的傳播與碰撞》（北京市：人民出版社）。

35. 〔宋〕樂史撰（2007 年）。王文楚等校，《太平寰宇記》（北京市：中華書局）。

36. 《黎族簡史》修訂本編寫組（2009 年），《黎族簡史》（北京市：民族出版社）。

（2）期刊論文

1. 芮逸夫。（1948 年）。〈僚為仡佬試證〉。（台北市：國立中央研究院《歷史語言研究所集刊》第二十本上冊），頁 727。

2. 芮逸夫。（1957 年）。〈僚人考〉。（臺北市：國立中央研究院《歷史語言研究所集刊》第二十八本下冊）。

3. 姚兆余。（1997 年）〈論唐宋元王朝對西北地區少數民族的羈縻政策〉。（甘肅社會科學，第 5 期），頁 72～76。

4. 羅康隆。（1999 年）。〈唐宋時期西南少數民族羈縻制度數評〉。（懷化師專學報，第 18 卷第 1 期），頁 37～38。

5. 樊文禮。（2004 年）。〈「華夷之辨」與唐末五代士人的華夷觀——士人群體對沙陀鄭全的認同〉。（煙臺師範學院學報，第 21 卷第 3 期），頁 29。

本文發表於《聯合大學學報》第八卷二期，2011 年 12 月。